DESENVOLVIMENTO DE SOFTWARE II

D451   Desenvolvimento de software II : introdução ao desenvolvimento web com HTML, CSS, JavaScript e PHP / Organizadores, Evandro Manara Miletto, Silvia de Castro Bertagnolli. – Porto Alegre : Bookman, 2014.
x, 266 p. : il. ; 25 cm.

ISBN 978-85-8260-195-2

1. Informática – Desenvolvimento de software. 2. HTML. 3. CSS. 4. JavaScript. 5. PHP. I. Miletto, Evandro Manara. II. Bertagnolli, Silvia de Castro.

CDU 004.41

Catalogação na publicação: Ana Paula M. Magnus – CRB 10/2052

EVANDRO MANARA MILETTO
SILVIA DE CASTRO BERTAGNOLLI
Organizadores

DESENVOLVIMENTO DE SOFTWARE II

INTRODUÇÃO AO DESENVOLVIMENTO WEB COM HTML, CSS, JAVASCRIPT E PHP

bookman

2014

© Bookman Companhia Editora, 2014

Gerente editorial: *Arysinha Jacques Affonso*

Colaboraram nesta edição:

Editora: *Maria Eduarda Fett Tabajara*

Leitura final: *Susana de Azeredo Gonçalves*

Processamento pedagógico: *Sandra Chelmicki*

Capa e projeto gráfico: *Paola Manica*

Editoração: *Techbooks*

Reservados todos os direitos de publicação à
BOOKMAN EDITORA LTDA., uma empresa do GRUPO A EDUCAÇÃO S.A.
A série Tekne engloba publicações voltadas à educação profissional e tecnológica.
Av. Jerônimo de Ornelas, 670 – Santana
90040-340 – Porto Alegre – RS
Fone: (51) 3027-7000   Fax: (51) 3027-7070

É proibida a duplicação ou reprodução deste volume, no todo ou em parte, sob quaisquer formas ou por quaisquer meios (eletrônico, mecânico, gravação, fotocópia, distribuição na Web e outros), sem permissão expressa da Editora.

Unidade São Paulo
Av. Embaixador Macedo Soares, 10.735 – Pavilhão 5 – Cond. Espace Center
Vila Anastácio – 05095-035 – São Paulo – SP
Fone: (11) 3665-1100   Fax: (11) 3667-1333

SAC 0800 703-3444 – www.grupoa.com.br

IMPRESSO NO BRASIL
PRINTED IN BRAZIL

Autores

Evandro Manara Miletto (Org.)
Bacharel em Informática pela Universidade da Região da Campanha (URCAMP). Mestre e Doutor em Ciência da Computação pela Universidade Federal do Rio Grande do Sul (UFRGS). Professor do Instituto Federal de Educação, Ciência e Tecnologia do Rio Grande do Sul (IFRS).

Silvia de Castro Bertagnolli (Org.)
Bacharel em Informática pela Universidade Federal de Santa Maria (UFSM). Mestre e Doutora em Computação pela UFRGS. Atuou como Professora do Ensino Superior na área de Linguagens de Programação e Engenharia de Software. Professora do Instituto Federal de Educação, Ciência e Tecnologia do Rio Grande do Sul (IFRS).

André Peres
Graduado em Informática pela Pontifícia Universidade Católica do Rio Grande do Sul (PUCRS), Mestre em Ciência da Computação UFRGS e Doutor em Computação pela mesma universidade. Professor do IFRS.

Carlos Tadeu Queiroz de Morais
Graduado em Matemática Aplicada à Informática pela Universidade Luterana do Brasil (ULBRA), Mestre em Ciência da Computação pela UFRGS e Doutor em Informática na Educação pela mesma universidade. Professor do IFRS.

César Augusto Hass Loureiro
Graduado em Tecnologia da Informação pela ULBRA e Mestre em Ciência da Computação pela UFRGS. Professor do IFRS.

Júlia Marques Carvalho da Silva
Graduada em Ciência da Computação pela Universidade do Vale do Itajaí (UNIVALI), mestre em Ciência da Computação pela Universidade Federal de Santa Catarina (UFSC) e Doutora em Informática na Educação pela UFRGS. Professora do IFRS.

Karen Selbach Borges

Graduada em Informática pela PUCRS e Mestre em Ciência da Computação pela mesma universidade. Professora do IFRS.

Lourenço de Oliveira Basso

Graduado em Ciência da Computação pela UFSM, Mestre em Engenharia Elétrica pela PUCRS e Doutor em Informática na Educação pela UFRGS. Professor do Instituto Federal de Educação, Ciência e Tecnologia Sul-Rio-Grandense.

Marcelo Soares Pimenta

Bacharel e Mestre em Ciência da Computação pela UFRGS, Doutor em Informática pela Université Toulouse 1 (França) e Pós-Doutor pela Université Paul Sabatier (França). Professor associado e pesquisador no Instituto de Informática (INF) da UFRGS.

Mariano Nicolao

Graduado em Informática pela PUCRS, Mestre e Doutor em Ciência da Computação pela UFRGS, e Pós-Doutor em Informática na Educação pela mesma universidade. Professor do IFRS.

Patrícia Nogueira Hübler

Graduada em Informática pela ULBRA, Mestre em Ciência da Computação pela UFRGS e Doutora em Ciência da Computação pela PUCRS. Professora do IFRS.

Rodrigo Prestes Machado

Graduado em Ciência da Computação pela Universidade Católica de Pelotas (UCPel) e Mestre em Informática pela Pontifícia Universidade Católica do Rio de Janeiro (PUC-Rio). Professor do IFRS.

Tanisi Pereira de Carvalho

Graduada em Informática pela PUCRS e Mestre em Ciência da Computação pela UFRGS. Professora do IFRS.

Apresentação

O Instituto Federal de Educação, Ciência e Tecnologia do Rio Grande do Sul (IFRS), em parceria com as editoras do Grupo A Educação, apresenta mais um livro especialmente desenvolvido para atender aos **eixos tecnológicos definidos pelo Ministério da Educação**, os quais estruturam a educação profissional técnica e tecnológica no Brasil.

A **Série Tekne**, projeto do Grupo A para esses segmentos de ensino, se inscreve em um cenário privilegiado, no qual as políticas nacionais para a educação profissional técnica e tecnológica estão sendo valorizadas, tendo em vista a ênfase na educação científica e humanística articulada às situações concretas das novas expressões produtivas locais e regionais, as quais demandam a criação de novos espaços e ferramentas culturais, sociais e educacionais.

O Grupo A, assim, alia sua experiência e seu amplo reconhecimento no mercado editorial à qualidade de ensino, pesquisa e extensão de uma instituição pública federal voltada ao desenvolvimento da ciência, inovação, tecnologia e cultura. O conjunto de obras que compõe a coleção produzida em **parceria com o IFRS** é parte de uma proposta de apoio educacional que busca ir além da compreensão da educação profissional e tecnológica como instrumentalizadora de pessoas para ocupações determinadas pelo mercado. O fundamento que permeia a construção de cada livro tem como princípio a noção de uma educação científica, investigativa e analítica, contextualizada em situações reais do mundo do trabalho.

Cada obra desta coleção apresenta capítulos desenvolvidos por professores e pesquisadores do IFRS cujo conhecimento científico e experiência docente vêm contribuir para uma formação profissional mais abrangente e flexível. Os resultados desse trabalho representam, portanto, um valioso apoio didático para os docentes da educação técnica e tecnológica, uma vez que a coleção foi construída com base em **linguagem pedagógica e projeto gráfico inovadores**. Por sua vez, os estudantes terão a oportunidade de interagir de forma dinâmica com textos que possibilitarão a compreensão teórico-científica e sua relação com a prática laboral.

Por fim, destacamos que a Série Tekne representa uma nova possibilidade de sistematização e produção do conhecimento nos espaços educativos, que contribuirá de forma decisiva para a supressão da lacuna do campo editorial na área específica da educação profissional técnica e tecnológica. Trata-se, portanto, do começo de um caminho que pretende levar à criação de infinitas possibilidades de formação profissional crítica com vistas aos avanços necessários às relações educacionais e de trabalho.

Clarice Monteiro Escott
Maria Cristina Caminha de Castilhos França
Coordenadoras da coleção Tekne/IFRS

Ambiente virtual de aprendizagem

Se você adquiriu este livro em ebook, entre em contato conosco para solicitar seu código de acesso para o ambiente virtual de aprendizagem. Com ele, você poderá complementar seu estudo com os mais variados tipos de material: aulas em PowerPoint®, quizzes, vídeos, leituras recomendadas e indicações de sites.

Todos os livros contam com material customizado. Entre no nosso ambiente e veja o que preparamos para você!

SAC 0800 703-3444

divulgacao@grupoa.com.br

www.grupoa.com.br/tekne

Sumário

Introdução 1

capítulo 1
Definição do sistema 3
Introdução 4
A Internet e suas tecnologias 6
Desenvolvimento de software para Web 9
Estudo de caso 11

capítulo 2
Projetando o site 17
Introdução 18
O processo de desenvolvimento de software 20
Delimitação do sistema 23
Análise do sistema 25
   Diagrama de casos de uso: elementos 26
      Atores 27
      Casos de uso 27
      Relacionamentos 28
      Sistema 30
   Diagrama de casos de uso: passos para
      construção 31
Projeto do sistema 33
   Diagrama Entidade Relacionamento 34
   Modelo lógico 39
Outras fases 43

capítulo 3
**Projeto de interface
com o usuário** 47
Introdução 48
A importância de IHC 48
   Usabilidade e IHC 49
   Interação Humano-Computador 51
Interfaces Web: a importância da usabilidade
   na Web 53
Ciclo de concepção de interfaces Web 54

capítulo 4
**Criação e formatação de páginas Web
com HTML/CSS** 61
Introdução 62
   Principais TAGs HTML 63
   Como incluir imagens em páginas Web 66
   Como ligar páginas Web 68
CSS 70
   Folhas de estilo 71
      Folha de estilo inline 71
      Folha de estilo interna ou incorporada 72
      Folha de estilo externa 72
   TAGs `div` e `span` 73
   Seletores 74
      Seletor de TAGs 75
      Seletor de classe 75
      Seletor de IDs 76
      Seletor de atributo 77
      Seletores de pseudoclasses e
         pseudoelementos 77
      Outros tipos de seletores 79
   Herança 80
   Cores e medidas no CSS 81
   Propriedades para formatação de texto 82
   Propriedades para formatação de listas 85
   Formatação de margens,
      preenchimento e bordas 88
   Layout CSS 91

capítulo 5
Comportamento com JavaScript 95
Introdução 96
Inclusão do JavaScript em páginas Web 96
Criação dos primeiros códigos 98
Exibição de informações ao usuário: escrevendo
   no HTML e usando as janelas de diálogo 100

Eventos 102
Validação dos campos dos formulários 109
    Validação de campos com
        expressões regulares 111
    Validação de campos com máscaras 115
Cookies 118
Manipulação de estilos com JavaScript 122

capítulo 6
Linguagem SQL 125
Introdução 126
    Tipos de dados 127
Comandos da linguagem de definição
    de dados (DDL) 128
        `CREATE TABLE` 128
        `ALTER TABLE` 131
        `DROP TABLE` 132
Comandos da linguagem de manipulação
    de dados (DML) 133
    Comando de inserção (`INSERT`) 137
    Comando de atualização (`UPDATE`) 138
    Comando de exclusão (`DELETE`) 139
    Comando de consulta (`SELECT`) 140
        Consulta de uma única tabela 140
        Consulta de duas ou mais tabelas 142
        Funções de agregação 148
        Valores calculados 153
        Formação de grupo 153
        Subconsulta 155

capítulo 7
Linguagem PHP 161
Introdução 162
    Estrutura necessária para o PHP 162
    Ferramentas editoras para programação
        em PHP 163
Sintaxe 164
Tipos de dados disponíveis 166
Uso de operadores 169
Estruturas de controle 171
    Estruturas de controle condicionais 171
    Estruturas de controle de repetição 173
Uso e criação de funções 176
Escopo de variáveis 178
Tratamento de formulários 181

PHP orientado a objeto 184
Herança 186
Reuso de código: Include e Require 188
Utilização de cookies e sessões 189

capítulo 8
Integração de PHP e MySQL 195
Introdução 196
Conexão com o banco de dados 197
Seleção de bases de dados 199
Realização de consultas SQL 200
Tratamento dos resultados de consultas 207
Uso de orientação a objetos no acesso
    ao MySQL 209

capítulo 9
Ajax 213
Introdução 214
Como instanciar um objeto XMLHttpRequest 215
Envio de uma requisição para o servidor 216
Recebimento de uma resposta do servidor 220
JavaScript Object Notation 223
Integração Ajax, JSON e PHP 225

capítulo 10
Introdução à segurança em sistemas Web ... 231
Introdução 232
Atributos de segurança 233
    Autenticidade 233
    Confidencialidade 233
    Integridade 234
    Disponibilidade 234
Manutenção da segurança 234
    Política de Segurança da Informação (PSI) 234
    Mecanismos 235
    Cultura 235
Comprometimento de segurança em
    sistemas Web 236
Implementação básica de segurança em LAMP 240
Criptografia de dados em trânsito com o
    protocolo HTTPS 248
Autenticação de usuários 253
Armazenando dados cifrados no banco
    de dados 261
Registros de atividades e problemas 264

Introdução

Este livro tem como objetivo apresentar aspectos teóricos e tecnológicos relacionados com o desenvolvimento de software para a plataforma Web. Foi organizado em 10 capítulos, e recomendamos que você os leia em sequência, pois cada um utiliza conceitos e aspectos teóricos abordados em capítulos anteriores.

Cada capítulo apresenta os elementos que podem ser utilizados para criar um sistema para a Web. No Capítulo 1, você conhecerá alguns dos aspectos relacionados com a Internet e suas tecnologias, bem como um estudo de caso cuja aplicabilidade será demonstrada nos capítulos seguintes.

O livro prossegue apresentando, no Capítulo 2, a análise, a modelagem e o projeto do site relacionados ao estudo de caso apresentado no Capítulo 1. O objetivo do capítulo é fornecer uma visão ampla de como desenvolver um site ou sistema para Web.

O Capítulo 3 descreve como realizar o projeto de interface gráfica com o usuário, analisando a importância da interface gráfica, formas de concepção, tarefas do usuário, desenvolvimento de maquetes e teste da interface.

No Capítulo 4, são elaboradas algumas páginas Web que serão desenvolvidas com HTML combinado ao CSS, seguindo as recomendações do W3C no que se refere aos padrões Web. O foco do capítulo é mostrar de forma prática como é possível criar páginas Web com estilos e formatações diferenciadas utilizando o CSS.

O Capítulo 5 detalha como introduzir comportamento do lado cliente com JavaScript em páginas Web e como é possível se beneficiar dessa tecnologia para melhorar esse comportamento, criando máscara para formulários, feedback para validação, entre outros recursos.

Já o Capítulo 6 introduz a linguagem de consulta SQL e como ela pode ser adotada para armazenamento, atualização e busca de informações em bases de dados.

O Capítulo 7 apresenta a linguagem PHP, foco desta obra, e como seus recursos permitem o desenvolvimento de aplicações robustas do lado servidor, proporcionando uma solução relativamente simples para criação de um sistema completo na Web.

No Capítulo 8, é possível verificar como integrar a linguagem de programação (PHP) com um banco de dados (MySQL), tendo em vista a separação das camadas mencionadas no Capítulo 1. Também é possível aprender todo o caminho realizado e os processos envolvidos quando o usuário clica em um botão da interface gráfica e acessa o banco de dados.

O Capítulo 9 introduz dinamicidade em páginas Web, demonstrando vantagens e benefícios da utilização do AJAX no desempenho do sistema e experiência de uso da interface gráfica pelo usuário.

Finalmente, o Capítulo 10 apresenta exemplos e dicas práticas de segurança necessários para aplicações Web que envolvem transações financeiras como as propostas no estudo de caso apresentado no Capítulo 1, incluindo cuidados para mecanismo de autenticação, uso de protocolos seguros, aspectos de criptografia, entre outros.

Silvia de Castro Bertagnolli
Evandro Manara Miletto
César A. H. Loureiro

capítulo 1

Definição do sistema

O desenvolvimento de um sistema computacional não é uma atividade trivial, pois envolve analisar e compreender determinado problema. Quando o software é desenvolvido para a plataforma Web, vários aspectos são incorporados de modo que ele possa ser acessado de forma remota e segura por meio de um navegador. Neste capítulo, você conhecerá alguns dos aspectos relacionados com a Internet e suas tecnologias, bem como um estudo de caso cuja aplicabilidade será demonstrada nos capítulos seguintes.

Objetivos de aprendizagem

» Identificar as categorias de sistemas.
» Reconhecer o funcionamento da Internet.
» Analisar o estudo de caso apresentado.

» Introdução

Antes de apresentar os aspectos relacionados ao desenvolvimento Web, tema deste livro, é preciso analisar algumas classificações e aplicabilidades dos software, bem como o funcionamento dos **sistemas para Web**.

Nos dias atuais, o uso de software nas mais diversas áreas, e para diferentes fins, é uma atividade trivial. Um sistema que controla o metrô de uma grande cidade, um jogo de computador, um sistema da folha de pagamento de uma empresa, um sistema de vendas online ou um sistema embutido em um carro são exemplos de aplicabilidades de programas de computador.

Porém, o desenvolvimento dessas aplicações requer técnicas, métodos e mecanismos específicos para que elas funcionem conforme o esperado. Um jogo de computador, por exemplo, tem seu foco principal na interação do usuário, em um bom roteiro e na qualidade visual. Já os sistemas embutidos têm como foco a gerência e o controle de dispositivos físicos (hardware).

Um sistema de folha de pagamento pode ser considerado como uma aplicação que é executada em um **computador local** (não necessitando de conexão em rede). Para isso, todos os dados e recursos necessários para o seu funcionamento já estão disponíveis nesse computador. Assim, ele se concentra no processamento de dados, gerando informações condizentes com os dados de entrada.

Ao considerar um sistema de vendas online, é necessário observar que, em primeiro lugar, ele deve estar sempre disponível, ser executado a partir de um **computador remoto** (denominado servidor) e ser acessado pelos usuários através de seus computadores (clientes) por meio de um navegador (browser).

Analisando o sistema de folha de pagamento e o de vendas online, é possível observar que há uma grande diferença entre eles. O primeiro é **centralizado**, o que significa dizer que tudo é executado e processado em um único computador. Já o segundo sistema é considerado **distribuído**, ou seja, parte do processamento ocorre em um computador e parte em outro, denominado servidor. Esse tipo de sistema é organizado como um **sistema cliente-servidor** (Figura 1.1).

A partir da Figura 1.1, é possível deduzir que o usuário, por meio da máquina cliente em que está executando o navegador, solicita informações a uma aplicação que está rodando em um servidor remoto, através da Internet. Esse servidor analisa a requisição enviada e responde com dados em forma de páginas Web.

Tratando-se de uma **aplicação Web**, é necessário levar em conta vários aspectos para que se possa, de fato, utilizá-la. Esses aspectos incluem o conhecimento dos requisitos exigidos pela aplicação, como:

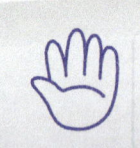

> » **ATENÇÃO**
> Software é diferente de programa de computador! Um **software** é um produto desenvolvido por meio de padrões de qualidade e que possui uma documentação agregada, podendo ser composto por um ou vários programas. Já um **programa** tem um conceito mais amplo, podendo ser definido como um conjunto de linhas de código (ou algoritmo executável) em determinada linguagem de programação, cujo objetivo é resolver um problema.

> » **DEFINIÇÃO**
> A **disponibilidade** é o tempo durante o qual um sistema mantém seus serviços disponíveis para acesso pelos usuários. No caso de sistemas Web, a disponibilidade pretendida é 24 × 7, ou seja, 24 horas do dia, 7 dias por semana.

- Quais tecnologias podem ser utilizadas.
- Como é realizado o processamento do sistema.
- Quais são o perfil do usuário e suas tarefas na interface gráfica da aplicação.
- Como armazenar os dados.

É importante saber, neste momento, que um sistema Web, para ser considerado robusto e consistente, normalmente separa esses aspectos em quatro partes diferentes. Essa separação está relacionada com as **boas práticas de desenvolvimento de software**, em que um dos objetivos é permitir a implementação de alterações e atualizações em cada uma das partes sem prejudicar as demais. A Figura 1.2 esquematiza um modelo com a separação dessas camadas. Cabe lembrar que, à medida que avançarmos nos capítulos deste livro, as relações entre esses aspectos e tecnologias e suas respectivas camadas ficarão mais evidentes.

A próxima seção apresenta o histórico do surgimento da Internet e algumas das principais tecnologias correlacionadas com a camada de apresentação (a qual será abordada com mais detalhes no Capítulo 3, "Projeto de interface com o usuário").

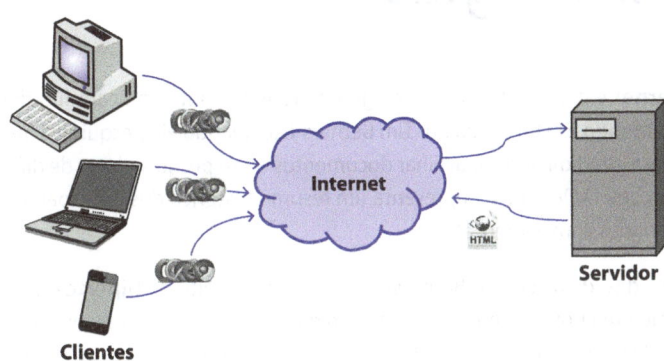

Figura 1.1   Estrutura cliente-servidor.
Fonte: dos autores.

> **» PARA SABER MAIS**
>
> Para aprofundar seus conhecimentos sobre o funcionamento dos sistemas distribuídos e como eles são classificados consulte os livros *Sistemas distribuídos: conceitos e projeto*, 5. ed., e *Sistemas distribuídos*, 2. ed. (Veja as referências ao final do capítulo.)

Figura 1.2 Organização da aplicação em camadas.
Fonte: dos autores.

›› A Internet e suas tecnologias

A **Internet** é conhecida como uma grande rede que interliga computadores de todo o mundo. Ela foi criada por Tim Berners-Lee quando ele pesquisava mecanismos para interligar e compartilhar documentos entre pesquisadores de diferentes instituições. O Quadro 1.1 apresenta um resumo histórico dos principais avanços relacionados com a Internet.

A partir das ideias de Tim Berners-Lee surgiu o conceito de **hipertexto**, que introduziu uma nova forma de organização da informação. Ele possibilita percorrer partes do documento (e outros documentos) por meio de ligações ou palavras que aparecem em destaque no texto, chamadas de **hiperlinks** ou **links**.

Como já mencionamos, a Internet usa o modelo cliente-servidor (representado na Figura 1.1), o que permite interligar qualquer tipo de computador em qualquer lugar do mundo. Nesse modelo, o cliente solicita informações por meio de um "endereço virtual", e o servidor responde à solicitação com a resposta ao pedido enviado.

Esse "endereço virtual" é informado em um software específico para navegar na Internet – o **navegador** (ou browser). Ele é um dos elementos principais para se utilizar uma aplicação Web. Os principais navegadores utilizados para acessar sites na Internet, distribuídos de forma gratuita em sua maioria, são: Internet Explorer, Firefox, Safari, Opera, Google Chrome.

Quadro 1.1 » Resumo histórico do surgimento da Internet

1991	Surgimento da lista de discussão eletrônica WWW-talk, cujo foco é compartilhar experiências relacionadas com a linguagem HTML.
1992	Desenvolvimento do navegador Mosaic.
1993	Criação do navegador de texto Lynx.
1994	Estabelecimento da especificação HTML 2 (unificação das diferentes formas de HTML). Criação da empresa Netscape Communications Corporation. Surgimento do W3C (*World Wide Web Consortium*).
1995	Definição de novas marcações para o HTML. Criação do conceito de frames. Lançamento do navegador Internet Explorer 2.0.
1996	Lançamento do HTML versão 4.
1997	O HTML passa a incorporar tabelas, *applets*, subscritos, sobrescritos e texto combinado com imagens.
1998	Reformulação do HTML em XML.
1999	Lançamento do XHTML 1.0.
2004	Criação do grupo WHATWG (*Web Hypertext Application Technology Working Group*).
2007	Início do desenvolvimento do HTML 5, que incorpora TAGs para animações.

» **DICA**

O **W3C** é um consórcio de empresas que desenvolve padrões para criação e interpretação dos conteúdos para a Web. Sistemas desenvolvidos segundo esses padrões podem ser mais facilmente acessados e visualizados por qualquer pessoa, com o uso de qualquer tecnologia, independentemente do hardware ou software utilizado.

O "endereço virtual", também chamado de URL (*Uniform Resource Locator*), deve ser informado no navegador (na barra de endereços) para acessar o conteúdo disponibilizado. As partes que compõem esse endereço estão destacadas na Figura 1.3.

Já o protocolo identifica o tipo de transferência de arquivo que será utilizado. O HTTP (*HyperText Transfer Protocol*) é o protocolo utilizado para a transferência de documentos hipermídia (hipertexto) na Internet. Após o protocolo, coloca-se a identificação do servidor da Web para onde a requisição será enviada.

Em alguns casos, é necessário identificar o caminho do arquivo que se deseja acessar, especificando os diretórios nos quais é possível localizar o arquivo que está sendo solicitado, e, por fim, o nome do arquivo que será exibido no navegador. Esses arquivos podem ser escritos em várias linguagens (HTML e PHP, por exemplo), sendo que o browser é o responsável por interpretá-las e exibi-las para o usuário.

Outra questão relacionada ao desenvolvimento Web diz respeito às **ferramentas de desenvolvimento** utilizadas. Como as páginas Web são interpretadas pelo navegador, é possível, por exemplo, utilizar o bloco de notas para criar uma página.

» **NO SITE**

Conheça mais sobre o W3C, seus objetivos e suas padronizações no ambiente virtual de aprendizagem Tekne: www.bookman.com.br/tekne.

> » **DEFINIÇÃO**
> **Software proprietário** é aquele que não pode ser copiado, distribuído ou modificado sem a permissão da empresa que o criou. Já o **software livre**, por outro lado, pode ter inclusive seu código-fonte analisado, pois o código geralmente costuma ser distribuído junto com o software.

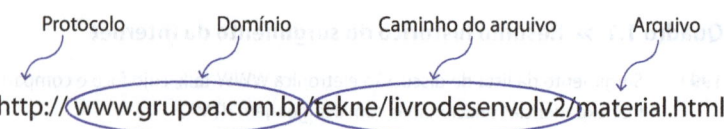

Figura 1.3 Compreendendo as partes de um endereço virtual.
Fonte: dos autores.

Porém, por ser um editor muito simples, o bloco de notas não oferece dicas nem aponta erros nas linhas de código de sua página, fazendo com que ele não seja o editor mais adequado para a criação de páginas Web.

Existem diversos editores de páginas Web disponíveis para download na Internet. Os mais recomendados são os classificados como IDE (*Integrated Development Environment*), que corresponde a um ambiente composto por um conjunto de ferramentas integradas que possibilitam criar o código, sinalizar erros, autocompletar partes do código ou visualizar o resultado do código executado.

A seguir, no Quadro 1.2, são apresentadas as principais ferramentas para desenvolvimento de páginas Web. Para mais informações ou download das ferramentas do Quadro 1.2, acesse o ambiente virtual de aprendizagem Tekne.

> » **DEFINIÇÃO**
> **Open source** é um modelo de desenvolvimento colaborativo de software. Com o código-fonte publicado na Internet, desenvolvedores distribuídos pelo mundo contribuem com o processo de desenvolvimento do produto.

Quadro 1.2 » Principais ferramentas para desenvolvimento de páginas Web

Aptana Studio	Ambiente completo e gratuito para edição de páginas HTML, CSS e JavaScript. Possui extensões para desenvolvimento com Ruby on rails, Python e PHP.
Dreamweaver	Software proprietário desenvolvido pela Adobe.
Eclipse	Baseado na arquitetura de *plugins*, em que diferentes linguagens podem ser incorporadas ao ambiente com a adição de *plugins*.
HTML-Kit	Editor HTML gratuito, integrado a um visualizador de página Web. Realça as TAGs e fornece atalhos para o programador. Possibilita validação, publicação e gerenciamento de projetos Web.
NetBeans	IDE open source que possibilita a criação de programas em várias linguagens, além do desenvolvimento de páginas HTML 5 e PHP.
Notepad++	Editor para HTML e diversas outras linguagens, como PHP, Java e C. Não possui compiladores ou interpretadores integrados como NetBeans e Eclipse, mas é muito útil para a edição de programas.

» Agora é a sua vez!

1. Procure na Internet o que o W3C define como Web Standards. Defina qual é sua importância e quais são as tecnologias relacionadas.
2. Pesquise na Internet o que é *Free Software Foundation* (FSF) e identifique alguns software para desenvolvimento Web que utilizam as filosofias definidas pela FSF.
3. Procure na Internet sobre as licenças GPL (*GNU General Public License*), LGPL (*GNU Lesser General Public License*) e BSD (*Berkley Standard Distribution*) e descreva as principais diferenças entre elas.
4. Pesquise na Internet o que é necessário para o desenvolvimento de um aplicativo cliente-servidor e liste o que considerar mais importante.

» Desenvolvimento de software para Web

A Internet introduziu, no cotidiano das pessoas, novos hábitos de entretenimento, comportamento, comunicação e consumo. O desenvolvimento de aplicações Web precisa acompanhar essas mudanças na rotina dos usuários, com a utilização de métodos e ferramentas específicas.

Conforme o direcionamento da aplicação Web, ela pode ser classificada de diferentes maneiras. A seguir estão elencadas algumas das principais classificações encontradas:

Site de conteúdo: apenas exibe um conteúdo de uma determinada área de forma linear, incluindo recursos (imagens, tabelas, gráficos, etc.) e navegação simples.

Site de registro de dados ou entrada do usuário: utiliza como recurso principal formulários que são preenchidos pelos usuários, com dados relacionados ao objetivo do site.

Portal: compreende um conjunto de páginas, links que convergem para um determinado contexto.

Aplicação orientada à transação: neste modelo, o usuário envia solicitações que a aplicação processa em um banco de dados, retornando ao usuário a resposta de sua solicitação.

As classificações não se restringem às descritas aqui. Uma lista mais completa pode ser encontrada em Pressman (2006) e em Sommerville (2011). Independentemente do tipo de aplicação Web a ser desenvolvida, sua qualidade pode ser determinada por diversos fatores, como: usabilidade, capacidade de navegação, possibilidade de busca e de recuperação, disponibilidade, tempo de resposta, processamento correto dos links (ligações entre páginas), segurança e uso de padrões.

Porém, para a obtenção de qualidade, é necessário utilizar um **processo sistematizado** para o desenvolvimento de sistemas Web. Esse processo deve prever que o prazo para a implantação do sistema seja mais rápido que o de outras aplicações. Ele deve prever etapas e recursos relacionados, como o projeto de interfaces gráficas com o usuário, que inclui aspectos como o layout. Observe que a qualidade visual do software é um dos fatores decisivos para o uso efetivo do sistema por usuários da Web (veja o Capítulo 3 para mais detalhes).

O processo também deve levar em consideração questões de segurança, pois uma aplicação Web está suscetível a ataques ou a acessos dos mais diferentes tipos de usuários. Desse modo, é necessário criar mecanismos para limitar o acesso a certos conteúdos e fornecer mecanismos seguros de transmissão dos dados (veja o Capítulo 10).

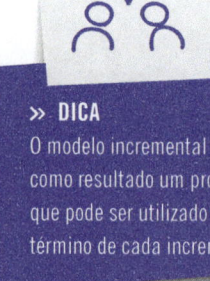

» DICA
O modelo incremental gera como resultado um produto que pode ser utilizado ao término de cada incremento.

Além disso, o ideal é que o processo utilize um **modelo de desenvolvimento incremental**, o que significa dizer que todo o software é construído em partes. Cada uma dessas partes, quando entregue ao cliente, pode ser utilizada, e as partes previamente desenvolvidas são incorporadas, dando origem às versões do software.

O ponto de partida para a construção de uma aplicação Web é a identificação do **objetivo geral da aplicação**. Depois dessa etapa, é possível criar um modelo de análise, detalhando os requisitos (ver o tópico "Engenharia de requisitos" em Pressman, 2011, e Sommerville, 2011), como abordaremos no Capítulo 2. Na análise, serão identificados, além dos requisitos, os principais elementos de conteúdo das páginas.

Após compreender o propósito da aplicação, é necessário desenvolver os modelos de projeto (apresentados no Capítulo 2), bem como o projeto visual e gráfico (apresentado no Capítulo 3). Na etapa final, é encaminhada a **construção das páginas** com o uso de tecnologias específicas para a Web, como HTML, CSS, PHP, Javascript (Capítulos 4, 5, 7, 8 e 9) e ferramentas de edição de códigos.

À medida que cada funcionalidade é finalizada, deve ser testada. Assim, é necessário que o desenvolvedor verifique:

• Se a navegação está funcionando corretamente.

• Se existem erros na visualização do conteúdo da página, ou dos scripts utilizados por ela.

• Se os dados dos formulários estão sendo enviados corretamente ao servidor.

• Se o comportamento da aplicação é o mesmo em diferentes navegadores, visto que alguns possuem restrições com relação a recursos do HTML e CSS.

>> Agora é a sua vez!

Procure na Internet informações sobre os modelos de processo de software: sequencial linear, de prototipagem, RAD (*Rapid Application Development*), incremental e espiral. Liste as principais vantagens e desvantagens de cada um desses modelos e explique, com suas palavras, o porquê de o modelo incremental ser o ideal para o desenvolvimento de aplicações Web.

>> Estudo de caso

O objetivo desta seção é apresentar um estudo de caso como uma "aplicação-guia" que será desenvolvida e aplicada em cada um dos capítulos que compõem este livro. Este estudo de caso estabelecerá soluções para uma situação-problema, com a finalidade de consolidar os aspectos teóricos, práticos e tecnológicos apresentados nos diferentes capítulos. Por meio do estudo de caso, você deve conseguir correlacionar as soluções apresentadas com outras situações práticas.

Para iniciar o desenvolvimento de uma aplicação Web, devemos responder a algumas questões:

- Por que o cliente precisa de uma aplicação para a Web?
- Qual é o objetivo principal da aplicação?
- Que processos ela deve controlar ou executar?
- Quais serão os usuários da aplicação?
- Quais são as tarefas dos usuários na aplicação?

Neste estudo de caso, o principal objetivo é criar uma aplicação Web que possibilite a venda de produtos no varejo pela Internet em uma loja virtual, ou seja, simular na Web alguns dos processos utilizados em uma loja física. Isso é necessário porque o cliente precisa ampliar sua área de atuação e expandir suas vendas.

O cliente analisou dados da Câmara Brasileira do Comércio Eletrônico (camara-e.net) e percebeu que os lucros com comércio eletrônico estão crescendo ano a ano e que algumas redes de varejo destacam percentuais de compras pela Internet iguais ou superiores aos das lojas físicas. Além disso, como sua loja vende produtos que estão nas categorias de produtos mais vendidos no e-commerce (produtos relacionados às áreas de cinema, fotografia, vídeo, áudio e de informática), o cliente resolveu contratar o desenvolvimento de uma aplicação Web.

Para utilizar a aplicação, o cliente acessa o site usando um navegador (Internet Explorer, Google Chrome ou Mozilla Firefox). Ao entrar na página principal, o sistema exibe como conteúdo as promoções do dia, opções de compra, busca, categorias de produtos e área de login e cadastro.

Com relação às categorias dos produtos a loja virtual vende:

• Na categoria "cinema e fotografia": câmeras, filmadoras, impressoras fotográficas, porta-retrato digital e acessórios.

• Na categoria "vídeo": TVs, *Blu-Ray players*, *DVD players*, suportes para TV, *racks* e acessórios.

• Na categoria "áudio": alguns tipos de aparelho de som (portátil, *mini-system*, *micro-system*), *home-theater*.

• Na categoria "'informática": computadores portáteis, computadores *desktop*, impressoras, *scanners* e acessórios.

Caso o cliente deseje um produto específico, deve ser realizada uma pesquisa por meio do nome do produto, do fabricante, do preço ou de outras características que descrevem todos os produtos que se enquadram na mesma categoria. Outro ponto fundamental na exibição de produtos é a necessidade do sistema determinar, em tempo real, a disponibilidade dos produtos, exibindo somente aqueles que possuem quantidade superior a 1.

O resultado da pesquisa deve ser exibido no formato de uma lista ou grade, conforme o usuário achar mais conveniente. Todos os produtos que compõem a pesquisa podem ser ordenados por fabricante, nome e preço (ordem crescente ou decrescente). Se a pesquisa apresentar um número muito grande de produtos, o resultado deve ser organizado de modo que seja possível exibi-lo em páginas, para que o usuário possa selecionar a página que deseja visualizar.

Quando é selecionado um produto para a compra, o cliente da loja virtual deve ter um nome de usuário (o identificador utilizado é o endereço de e-mail) e senha válidos registrados no sistema. Assim, o acesso ao sistema é realizado somente por pessoas autorizadas, com as informações relacionadas às vendas acessadas somente pelo comprador e pelo funcionário encarregado de realizar a expedição do pedido.

Para registrar o usuário e a senha, é necessário que o cliente realize o cadastro, informando os seguintes dados: nome, e-mail, senha, CPF, telefone (residencial, comercial e celular) e, ainda, seu endereço (logradouro, número, complemento, bairro, cidade, CEP, UF). Comumente, um cliente pode solicitar que suas compras sejam entregues em um endereço que não seja o residencial. Dessa forma, é necessário que vários endereços de entrega possam ser cadastrados.

O cliente pode sair do sistema por meio de um componente visual (botão ou link) disponibilizado na interface gráfica. Caso o login não seja encerrado, a sessão estabelecida pelo usuário será finalizada, automaticamente, em 20 minutos. Essa solução evita que o usuário esqueça o navegador aberto em seu computador e que outra pessoa efetue alguma compra usando dados já validados pela aplicação.

Um produto da lista, quando selecionado, deve ser exibido em outra página, que contém as principais informações. Caso o valor do produto seja diferente, conforme a forma de pagamento, essas informações devem ser apresentadas. Por exemplo, se o valor for um para o pagamento à vista ou com boleto, e outro para pagamento com cartão de crédito, isso deve ficar visível ao usuário.

Ainda, em conformidade com a legislação vigente no Brasil, caso incida juros sobre determinada forma de pagamento, é necessário exibir essas informações na tela do sistema. Nessa página, deve(m) constar a(s) foto(s) relacionada(s) com o produto, possibilitando a sua visualização em diferentes níveis de *zoom*. Para apresentar o valor final do produto, a página ainda deve solicitar o CEP do endereço de entrega do produto a fim de calcular o frete.

Cabe destacar que o sistema deverá estar integrado ao sistema dos Correios para determinar o estado da federação e o município onde o produto deverá ser entregue. Com isso, é possível gerar o valor correto do frete, e o usuário saberá exatamente o valor que pagará pelo(s) produto(s) incluído(s) no pedido.

Caso o usuário escolha um único produto, ele pode selecioná-lo e, após verificar as formas de pagamento e o valor do frete, comprá-lo. Ou pode selecionar vários produtos antes de finalizar a compra.

Para efetuar a compra do(s) produto(s), o usuário deve selecioná-lo(s) e incluí-lo(s) no carrinho de compras virtual. Esse carrinho contém a lista de todos os produtos selecionados para compra pelo cliente. Essa lista deve apresentar o nome do produto (e nesse nome deve existir um link para sua descrição), a quantidade desejada, o valor unitário e o valor total do produto (calculado com base no valor unitário e na quantidade de produtos definida).

Após, é necessário expor o subtotal do pedido e o valor do frete. Ao fim de todas essas informações, o sistema exibe o total do pedido, bem como o número de dias para a entrega. Geralmente, é utilizado o número de dias úteis para determinar o prazo de entrega no endereço solicitado. O sistema deve exibir os diversos endereços de entrega cadastrados para que o cliente escolha um, ou possibilitar que o cliente registre um endereço de entrega que ainda não existia no sistema.

O usuário, então, seleciona a forma de pagamento, que pode ser: cartão de crédito (com as bandeiras Visa, Mastercard, American Express, Diners Club International) ou boleto. Caso o pagamento seja realizado com cartão, é necessário solicitar número, nome do titular, código de segurança e data de validade, bem como o CPF/CNPJ do titular do cartão. Esses dados servirão apenas para validação junto ao órgão financiador, não devendo ser armazenados no banco de dados do sistema para futuras consultas ou compras. Conforme o valor do produto, devem ser exibidas as formas de pagamento e as possibilidades de parcelamento do pagamento.

Se a opção for de pagamento por boleto, o sistema deve exibir, de forma clara e visível, diversas informações explicativas ao usuário, como:

• O valor total para pagamento à vista.

• A data-limite de pagamento do boleto.

• Que o valor é válido somente para a condição de pagamento com boleto bancário e em parcela única.

• Que o produto será expedido para o endereço de entrega somente após a confirmação de pagamento do boleto e que os prazos de entrega contam a partir da data de confirmação.

• As indicações de como imprimir o boleto e em qual tipo de papel e impressora o boleto deve ser impresso.

• Que o código de barras não pode ser furado, dobrado, amassado, rasurado ou riscado, pois isso impede o pagamento em qualquer agência bancária.

O sistema ainda deve prever a emissão de uma segunda via do boleto bancário, caso o usuário extravie ou danifique a primeira via. Também é necessário que o sistema possibilite ao usuário a utilização de cupons de desconto, que são aplicados sobre o valor total da venda. É importante observar que o valor do frete não recebe qualquer tipo de desconto.

Antes de concluir a compra, é necessário confirmar todos os dados com o cliente, para evitar inconsistências nos prazos, nas informações do pagamento e no endereço da entrega.

A aplicação deve emitir um comprovante do pedido realizado no sistema com os principais dados do(s) produto(s), bem como com detalhes de pagamento e prazo de entrega. Além disso, é informada ao cliente a situação de seu pedido, bem como o número para que ele possa, posteriormente, efetuar o acompanhamento do pedido pelo site.

Para o acompanhamento do pedido, o usuário deve realizar o login no sistema e acessar o item "pedidos". É exibida uma lista contendo todos os pedidos já realizados e a situação de cada um deles. Ao selecionar os detalhes de um pedido, o sistema exibe a data/hora da compra, os produtos comprados, o endereço indicado para a entrega, as formas de pagamento e a situação. No caso da situação, é

» **DEFINIÇÃO**
Modelo lógico é um modelo utilizado para mapear as entidades que fazem parte da solução de um problema. Ele define as chaves (primária e estrangeira), segue as regras de normalização e de integridade referencial, entre outros conceitos vinculados a banco de dados.

possível saber se ele já foi expedido ou está em transporte, bem como a previsão de entrega na casa do cliente.

Algumas características importantes desse sistema se apresentam quando o pagamento é efetivado, como:

• Para realizar a baixa do(s) produto(s) no estoque, o sistema deve se comunicar com o sistema de estoque.

• Para realizar a expedição do(s) produto(s), é necessário emitir a nota fiscal (que possui um número, uma relação dos produtos vendidos e os dados essenciais do comprador).

A Figura 1.4 esquematiza um modelo lógico inicial que foi sugerido como base para o desenvolvimento do estudo de caso apresentado no livro *Desenvolvimento de software I: conceitos básicos* (OKUYAMA; MILETTO; NICOLAO, 2014). Observe que, para mapear a realidade apresentada pelo estudo de caso descrito previamente, será necessário criar alguns diagramas e acrescentar entidades a esse modelo. O Capítulo 2 descreverá alguns passos e diagramas que você poderá utilizar para fazer o mapeamento correto dos requisitos e do banco de dados.

» **NO SITE**
Você pode usar várias ferramentas para criar modelos lógicos de bancos de dados. No caso deste livro, os modelos lógicos serão todos criados com a ferramenta gratuita BRmodelo, disponível no ambiente virtual de aprendizagem Tekne.

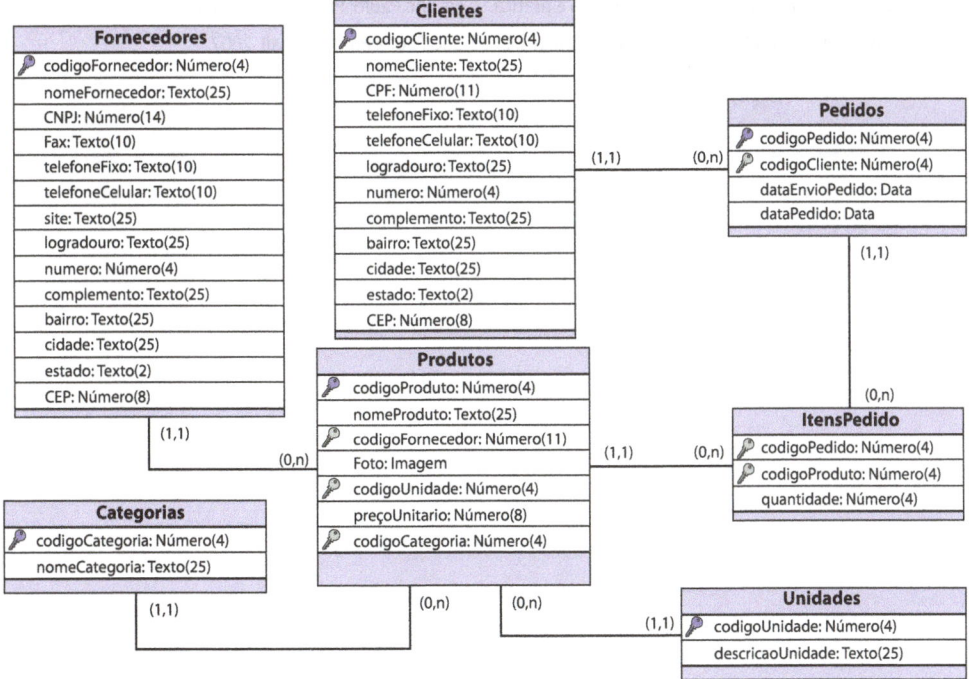

Figura 1.4 Modelo lógico inicial.
Fonte: dos autores.

Agora é a sua vez!

Refaça o modelo lógico apresentado na Figura 1.4 com a ferramenta BRmodelo. Analise o enunciado do estudo de caso e verifique quais informações devem ser acrescentadas/retiradas do diagrama para que ele fique coerente.

REFERÊNCIAS

OKUYAMA, F. Y.; MILETTO, E. M.; NICOLAO, M. *Desenvolvimento de software I*: conceitos básicos. Porto Alegre: Bookman, 2014.

PRESSMAN, R. S. *Engenharia de software*: uma abordagem profissional. 7. ed. Porto Alegre: AMGH, 2011.

SOMMERVILLE, I. *Engenharia de software*. 9. ed. São Paulo: Pearson Education, 2011.

LEITURAS RECOMENDADAS

COULOURIS, G. et al. *Sistemas distribuídos:* conceitos e projetos. 5. ed. Porto Alegre: Bookman, 2013.

PFLEEGER, S. L. *Engenharia de software*: teoria e prática. 2. ed. São Paulo: Prentice Hall, 2003.

TANENBAUM, A. S.; STEEN, M. V. *Sistema distribuídos*. 2. ed. São Paulo: Prentice-Hall, 2007.

Silvia de Castro Bertagnolli
Carlos Tadeu Queiroz de Morais

capítulo 2

Projetando o site

Para projetar um site, é necessário reconhecer que as aplicações Web são um tipo de software que utiliza a Internet como um ambiente de execução. Essa aplicação amplia o conceito de Web site ao adicionar funcionalidades ao sistema. E, para compreender esse tipo de sistema, devemos entender os requisitos e mapear suas principais funcionalidades. Para projetar esse site, são necessários alguns passos, que devem ser mapeados em diagramas e modelos, de modo a facilitar a comunicação entre as pessoas envolvidas.

Objetivos de aprendizagem

» Definir o que é uma aplicação Web.

» Identificar as principais fases de desenvolvimento de uma aplicação Web.

» Modelar um sistema Web com diagramas e modelos.

» Reconhecer como um problema pode ter soluções mapeadas, com diagramas e modelos.

Introdução

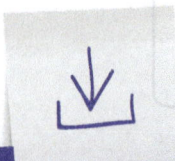

> **DEFINIÇÃO**
> Uma aplicação projetada para uso na Internet e Intranet é um sistema de software baseado em tecnologias e padrões do W3C que provê recursos específicos, como conteúdo e serviços por meio de um cliente Web.

O projeto de uma aplicação para uso na Intranet e/ou Internet envolve o conhecimento de vários conceitos, os quais serão discutidos e apresentados neste capítulo.

Uma aplicação Web é diferente de um site estático. No site estático, o conteúdo é um arquivo ou documento pré-formatado, em que, por exemplo, todo o conteúdo está nas marcações em HTML conhecidas como TAGs, e nenhuma informação é carregada a partir de outros documentos ou bases de dados. Já uma **aplicação Web** é caracterizada por construir dinamicamente o seu conteúdo, com dados provenientes de um banco de dados, a partir da interação do usuário com as páginas, via navegadores.

A partir do esquema ilustrado pela Figura 2.1, podemos observar que um servidor recebe uma solicitação de um cliente por meio de um navegador. O servidor procura pelo documento em um sistema de arquivos e o envia de volta ao navegador para ser exibido ao cliente. Os recursos do sistema (texto, imagem, vídeo e áudio) são interligados entre si por links, que é a forma usual de navegação em aplicações Web. Para que uma aplicação seja executada, ela exige uma arquitetura Web, a qual está ilustrada na Figura 2.1.

As aplicações Web são diferentes das aplicações convencionais, pois apresentam um rápido crescimento no número de requisitos, conteúdo e funcionalidades, além de se caracterizarem pelas constantes alterações sofridas durante o ciclo de vida. Muitas vezes, essas aplicações são mal projetadas, devido a vários fatores, dentre os quais podemos citar:

• Necessidade de atualização constante das informações.

• Evolução extremamente rápida da tecnologia utilizada por esse tipo de aplicação.

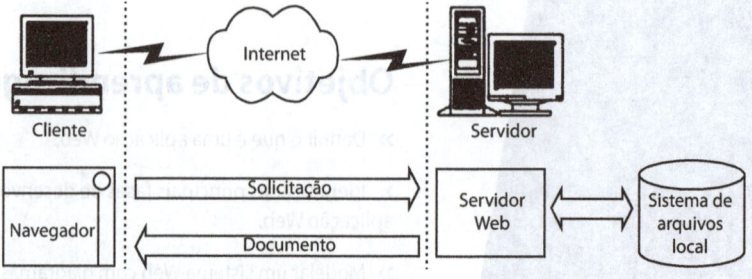

Figura 2.1 Arquitetura básica de site.
Fonte: Winckler e Pimenta (2002).

- Inexistência de modelos do processo.

- Planejamento incorreto e inadequação na definição de prazos e custos.

- Equipes mal organizadas e sem a competência adequada.

- Falta de documentação e dificuldades de implementação e manutenção.

Ao analisar esses fatores, é possível perceber que eles estão vinculados a algumas categorias: funcionamento, usabilidade, desempenho e portabilidade.

Os problemas de **funcionamento** geram no usuário as seguintes dúvidas: O sistema tem a informação ou o serviço de que eu preciso? Eu mandei os dados, mas será que o sistema os processou de maneira correta?

As dificuldades relativas à **usabilidade** estão vinculadas à localização da informação, e quando elas ocorrem o usuário se pergunta: Onde posso encontrar a informação ou o serviço? Como posso solicitar esse serviço? Quais informações eu devo fornecer? Qual foi o resultado? Era o que eu queria?

Já os problemas de **desempenho** têm relação com o tempo de resposta do sistema e podem ocasionar os seguintes questionamentos: Por que a página demora a carregar? A página será exibida, ou ocorreu algum erro?

As questões de **portabilidade** estão vinculadas diretamente com a visualização da informação e com as ações de formulários que não funcionam, gerando dúvidas como: O que aconteceu com a página? Ela não é exibida corretamente neste browser! A linguagem script não funciona neste cliente ou servidor?

> » **DICA**
> Os desenvolvedores de aplicações Web devem ter em mente que não basta saber HTML e um pouco de programação. São necessárias várias competências técnicas, bem como adotar um ciclo de desenvolvimento de software para Web, que deve ser baseado em um processo sistemático e cíclico.

Uma descrição explícita do site pode ajudar de várias formas no seu desenvolvimento. Eis os principais passos:

- Formalização de requisitos do usuário.

- Guia do projeto.

- Construção da aplicação.

- Documentação do conjunto de informações úteis no decorrer das atividades de avaliação e da aplicação.

Durante a fase de especificação do site, são produzidos os modelos que descrevem os requisitos do(s) usuário(s), bem como as tarefas e a estrutura que serão utilizadas para implementar a aplicação Web. Observe, na Figura 2.2, que, no ciclo de desenvolvimento de uma aplicação Web, há um atalho que permite a implementação logo após a análise de requisitos, sem passar pela etapa de especificação, o que é frequentemente observado na prática.

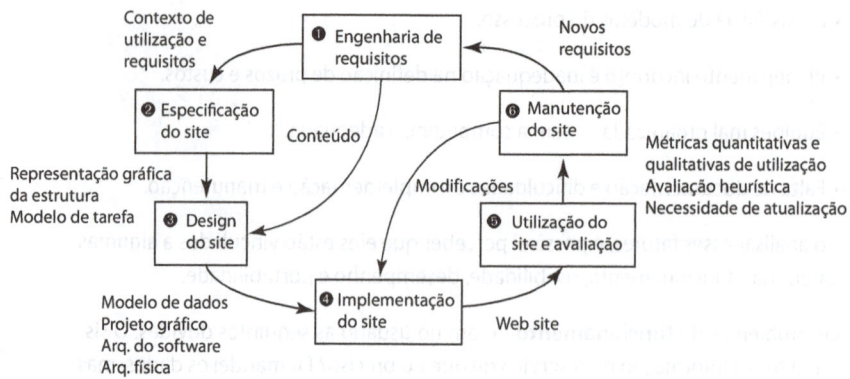

Figura 2.2 Ciclo de desenvolvimento de uma aplicação Web.
Fonte: Winckler e Pimenta (2002).

Agora é a sua vez!

1. Em sua opinião, qual é o principal fator para que uma aplicação Web seja mal definida e mal projetada?
2. Analise os problemas relacionados ao desenvolvimento de aplicações Web e dê sugestões de como resolvê-los.

O processo de desenvolvimento de software

A fim de evitar os erros e problemas relatados na seção anterior, a partir de agora vamos mostrar os principais passos de desenvolvimento e modelagem de uma aplicação Web.

> **» PARA REFLETIR**
>
> Imagine que você foi convidado para desenvolver um sistema. Qual é o seu ponto de partida? Que passos você deve seguir? Como você vai registrar as descobertas realizadas em cada passo? Quais serão as pessoas envolvidas? Esses são alguns dos questionamentos que surgem quando se desenvolve um software.

Ao iniciar o desenvolvimento de um software, podemos optar por usar, ou não, um processo de desenvolvimento. Sua adoção permite definir passos e artefatos de documentação, bem como atribuir responsabilidades.

Um processo abrange as atividades necessárias para compreender, modelar, desenvolver, testar, implantar e manter um produto de software. Portanto, ele deve:

- Definir as atividades que serão executadas ao longo do projeto.
- Determinar quando, como e por quem serão executadas as atividades.
- Delimitar os artefatos que serão utilizados e qual é o melhor momento para aplicá-los.
- Determinar as ferramentas que auxiliarão na construção do produto de software.
- Fornecer um "guia" para as atividades realizadas a todos os envolvidos com o desenvolvimento do produto.

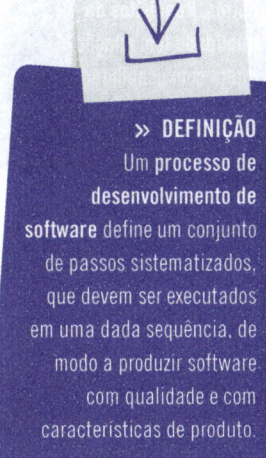

> **» DEFINIÇÃO**
> Um **processo de desenvolvimento de software** define um conjunto de passos sistematizados, que devem ser executados em uma dada sequência, de modo a produzir software com qualidade e com características de produto.

Existem diversos processos, conforme já comentado no Capítulo 1, que podem ser encontrados na literatura (PRESSMAN, 2011; SOMMERVILLE, 2007):

- Modelo cascata ou sequencial linear ou ciclo de vida clássico.
- Baseados em prototipagem.
- Modelos RAD (*Rapid Application Development*).
- Modelo espiral.
- Modelo incremental
- Modelo iterativo e incremental.
- Modelos ágeis.
- Processo unificado.

Cada modelo de processo é recomendado para determinadas situações. Assim, sistemas orientados a eventos podem utilizar o modelo RAD, enquanto sistemas móveis podem ser desenvolvidos utilizando modelos ágeis.

> **» DICA**
> Os processos de desenvolvimento de software são importantes porque transformam modelos conceituais em modelos de solução detalhados.

» **ATENÇÃO**
Requisitos de segurança estão relacionados com autenticação, desempenho, disponibilidade, confidencialidade, entre outros. **Requisitos de qualidade** têm relação direta com usabilidade, funcionalidade, confiabilidade e eficiência.

» **NO SITE**
Obtenha mais informações sobre técnicas de planejamento e gerenciamento de projetos de software e sobre o *Project Management Body of Knowledge* (PMBOK) no ambiente virtual de aprendizagem Tekne: www.bookman.com.br/tekne.

Da mesma forma, o desenvolvimento de uma aplicação Web difere do desenvolvimento de aplicações tradicionais porque se fundamenta em vários tipos de elementos: intensivo uso de redes de computadores, requisitos de segurança, tempo de resposta reduzido, disponibilidade, qualidade visual e prazo de desenvolvimento curto, processamento correto dos links, cuidados especiais com a navegação.

O **modelo iterativo e incremental** é um dos processos recomendados para o desenvolvimento de aplicações Web, pois permite incorporar requisitos de segurança e de qualidade à medida que o software é desenvolvido. Também possibilita que as funcionalidades sejam divididas em partes menores ou iterações.

O ponto fundamental do modelo iterativo e incremental é que a equipe envolvida com o desenvolvimento pode definir um núcleo base de funcionalidades, refinando e ampliando esse núcleo de modo a obter o produto de software desejado.

Além disso, agrega elementos do modelo cascata com a proposta iterativa da prototipagem. Cada sequência produz um incremento nas funcionalidades do software. O número de iterações é estabelecido conforme o escopo e as funcionalidades previstas para o sistema. Para cada sistema é definido o número de iterações necessárias para concluir todas as funcionalidades previstas para o produto de software. Em cada iteração são identificadas as seguintes fases:

Planejamento: estabelece aspectos relacionados com o projeto, como delimitação do escopo, recursos (humanos, hardware e software) e estimativas de tempo para compor um cronograma. Existem diversas técnicas que podem ser utilizadas para realizar o planejamento de um sistema, e elas não serão abordadas neste livro, pois fogem de seu escopo. Optamos por criar uma seção que delimita o sistema, determinando alguns itens que são essenciais para desenvolvimento do sistema, mas que não exigirão do leitor um conhecimento muito avançado de planejamento e gerenciamento de projetos.

Análise: a criação de um modelo de análise descrevendo os requisitos pode ser realizada de forma textual, visual (com modelos e diagramas) ou, ainda, textual/visual, que alia modelos, diagramas e representações visuais dos principais elementos de conteúdo das páginas.

Projeto: define os modelos e o projeto visual e gráfico da aplicação (tópico também abordado no Capítulo 3), que também são essenciais para criar uma aplicação Web.

Implementação: consiste na elaboração das páginas, dos scripts de páginas e de banco de dados (tópicos apresentados nos Capítulos 4 a 10).

Testes: etapa que contempla os testes (unidade, sistema e integração) das funcionalidades previstas para as páginas e das consultas ao banco de dados.

Algumas dessas etapas serão descritas nas próximas seções. Além disso, seus aspectos teórico-práticos serão apresentados e correlacionados com o estudo de caso apresentado no Capítulo 1.

» Agora é a sua vez!

1. Defina com suas palavras o que é um processo de desenvolvimento de software.
2. Qual é o principal objetivo de um processo de desenvolvimento de software?
3. Por que o desenvolvimento de uma aplicação Web é diferente do desenvolvimento de software de um aplicativo como um editor de textos?

» Delimitação do sistema

A delimitação do sistema consiste em determinar o objetivo geral da aplicação e algumas de suas metas por meio de questionamentos que auxiliam a compreender melhor a aplicabilidade do sistema que está sendo desenvolvido.

Vamos começar o desenvolvimento identificando o objetivo geral da aplicação e respondendo aos questionamentos apresentados no Quadro 2.1. Para exemplificar cada questionamento, bem como sua aplicabilidade, foi utilizado o estudo de caso descrito no Capítulo 1.

Após responder esses questionamentos, você pode ainda agendar algumas reuniões com o cliente para verificar os seguintes itens:

• Já existe um sistema semelhante na empresa? Se sim, quem o utiliza?

• Quais são as outras pessoas da empresa que podem dar informações adicionais sobre o problema ou sobre os processos que o sistema terá que solucionar?

Quadro 2.1 » Exemplo de delimitação do problema

Questionamento	Resposta	Fundamentação
Por que o cliente precisa de uma aplicação para a Web?	Para aumentar o volume de vendas de sua loja.	É utilizado para que a aplicação se concentre em atender a principal necessidade do cliente, que, em nosso estudo de caso, é aumentar o volume de vendas da loja do cliente.
Qual é o principal objetivo da aplicação?	Venda de produtos pela Internet.	Tem a função de delimitar o objetivo geral da aplicação Web sem que os detalhes sejam descritos. Analisando o estudo de caso, chegamos ao objetivo principal do sistema "Vender produtos pela Internet".
Que processos a aplicação deve controlar ou executar?	Venda de produtos e gerenciamento de pedidos.	Propicia a percepção sobre qual é o núcleo do sistema, ou seja, quais são as atividades que devem ser priorizadas no desenvolvimento incremental. Considerando a aplicação proposta, deduz-se que o núcleo do sistema é a venda de produtos e o gerenciamento de pedidos, em que gerenciar consiste em acompanhar pedidos (cliente) e expedir pedidos (funcionário).
Quais serão os usuários da aplicação?	Clientes que compram os produtos e funcionários que realizarão a expedição dos produtos comprados. Ambos os usuários utilizam um navegador.	É identificado quem utilizará o sistema para, posteriormente, estabelecer o perfil do usuário, ou seja, determinar como ele irá interagir a partir de seus conhecimentos prévios. Basicamente, o estudo de caso terá dois usuários (cliente e funcionário), que realizarão atividades diferentes no sistema.
Quais são as tarefas dos usuários da aplicação?	Compra de produtos, acompanhamento de pedidos e expedição de pedidos.	Permite identificar as atividades principais sem descrever quais passos são necessários para realizá-las. Considerando o nosso exemplo, para comprar um produto o usuário necessita realizar uma pesquisa ou comprar produtos que estão na "capa" do site em oferta.

Com essas perguntas, é possível detectar problemas frequentes no desenvolvimento de software – como, por exemplo, usuários resistentes a mudanças – ou sistemas semelhantes que você poderá utilizar como fonte de informações para o desenvolvimento do seu sistema.

Além disso, fazendo os questionamentos mencionados, você consegue verificar a viabilidade de desenvolvimento do sistema, pois saberá quais são as funcionalidades que deverão ser atendidas, qual é a plataforma do sistema (desktop, cliente-servidor, móvel, etc.), se haverá restrições de segurança, de desempenho, de usabilidade, entre outros pontos. Você ainda poderá analisar se sua equipe possui condições técnicas de desenvolver a aplicação ou se terá que aprender a tecnologia antes de criar a solução para o cliente, pois isso impacta no prazo para realização do projeto.

Com base em tudo o que foi explicado anteriormente, podemos delimitar o escopo da aplicação, pois já sabemos o que vamos desenvolver e qual é o objetivo principal do sistema. A próxima seção irá apresentar alguns aspectos teórico-práticos vinculados à análise de um sistema.

> **» DICA**
> Nunca estime prazos para a entrega de um projeto sem consultar sua equipe ou analisar muito bem o que o sistema deve fazer. Você pode perder a confiança do cliente se combinar um prazo de entrega e postergar esse prazo várias vezes. Se você não conhece técnicas de estimativa de tempo, pesquise ou use o PMBOK como guia.

» Agora é a sua vez!

1. Monte o Quadro 2.1, com exceção da coluna "Fundamentação", para os sistemas descritos abaixo:
   - Locadora de carros
   - Escola de idiomas
   - Venda de passagens aéreas
2. Se um cliente solicitasse que você desenvolvesse os sistemas acima para a plataforma Web, você mudaria alguma coisa na delimitação de cada um dos problemas?

» Análise do sistema

Um dos pontos principais da análise do sistema é descobrir *o que* deve ser feito, sem focar em *como* fazer. Assim, para iniciar a etapa de análise, é necessário compreender o problema sem se preocupar com como cada funcionalidade vai ser desenvolvida.

> **DEFINIÇÃO**
> Um **requisito** é uma condição ou uma capacidade com a qual o sistema deve estar de acordo.

Após delimitar o sistema, você pode começar a identificar os requisitos da aplicação. Essa tarefa é uma etapa essencial para desenvolver um software, pois com ela podemos identificar as necessidades do usuário e traduzi-las em funcionalidades da aplicação.

Os requisitos podem ser classificados conforme a sua funcionalidade:

Funcionais: estão relacionados diretamente com as funcionalidades que a aplicação deve oferecer aos usuários. Exemplo: cadastro de usuários.

Não funcionais: têm relação com os requisitos de qualidade e de segurança, que se caracterizam por impor limitações na aplicação. Exemplo: disponibilidade, autenticação de usuário (*login*), sistema para Internet.

Quando falamos em requisitos, você pode pensar que encontrá-los é algo muito trivial. Porém, se pesquisarmos mais a fundo, veremos o quanto é difícil identificar os requisitos e modelá-los de forma que todos os envolvidos entendam o que deve ser feito. Se você pesquisar na Internet por "técnicas para encontrar requisitos", encontrará uma lista bem extensa.

Uma das técnicas que costuma se destacar é a de **revisar requisitos existentes**. Essa técnica consiste na análise de especificações de requisitos de sistemas já utilizados pelo cliente ou de outros sistemas com objetivo principal semelhante. Por exemplo, para construir a aplicação da loja virtual de nosso estudo de caso, você pode analisar diversas lojas virtuais, identificar as principais funcionalidades e verificar se elas são adequadas à aplicação que está desenvolvendo. Muitas vezes, é possível identificar funcionalidades que o cliente não havia previsto ou, até mesmo, que havia esquecido.

À medida que você vai descobrindo os requisitos, pode ir esquematizando o que se espera da aplicação por meio de um diagrama ou modelo. Se você pesquisar, verá que o diagrama de casos de uso da Unified Modeling Language (UML) é uma notação muito utilizada para mapear as funcionalidades de uma aplicação.

As próximas seções vão apresentar como criar um diagrama de casos da UML com a utilização do estudo de caso.

» Diagrama de casos de uso: elementos

O diagrama de casos de uso permite descrever os requisitos funcionais de um sistema de maneira simples e direta para usuários e desenvolvedores, pois ele deixa claro o que o sistema faz e quais são as funcionalidades que devem ser desenvolvidas.

Esse modelo é muito utilizado como ferramenta de comunicação entre os usuários e o desenvolvedor, pois, ao olhar o diagrama, fica fácil perceber quem faz o que e, com isso, todos os envolvidos percebem quando algo foi esquecido ou não está mapeado corretamente. Esse modelo mostra o relacionamento entre os atores e os casos de uso dentro do sistema. Todo o modelo é composto por quatro elementos básicos: atores, casos de uso, relacionamentos e a fronteira do sistema.

Atores

Os atores representam um papel dentro do contexto do sistema, e não necessariamente uma pessoa. Isso se dá porque um mesmo usuário pode executar diversos papéis e um mesmo papel pode ser representado por muitos atores. Por exemplo: não podemos dizer que quem vai usar o sistema da loja virtual é "fulano", mas sim o usuário ou o cliente da loja, logo os prováveis atores seriam "usuário" ou "cliente".

Os atores representam o mundo externo, podendo ser pessoas, máquinas, dispositivos ou outros sistemas. Alguns exemplos típicos de atores típicos são: operador, cliente, gerente, computador, impressora e dispositivo de comunicação de rede. Assim, podemos deduzir que um ator é quem ou o que utiliza o sistema. Para facilitar a identificação de atores, você pode utilizar as seguintes questões:

• Que pessoas usarão as funcionalidades do sistema? Que papel elas exercem?

• Que pessoas serão responsáveis por manter e administrar o sistema? Que papel elas exercem?

• Quais são os componentes de hardware que o sistema necessita integrar?

• Existem outros sistemas que devem ser integrados ao sistema que está sendo desenvolvido?

Ao analisar os questionamentos acima, podemos deduzir que o nosso estudo de caso possui quatro atores, os quais estão ilustrados na Figura 2.3.

Um ator é representado por um boneco esquelético com uma descrição, que representa o seu papel no sistema.

Casos de uso

Um caso de uso é uma funcionalidade ou um serviço fornecido pelo sistema utilizado pelo(s) ator(es). Ele serve para documentar os comportamentos que são esperados do sistema.

Figura 2.3 Exemplos de atores.
Fonte: dos autores.

Na maioria das vezes, o caso de uso é um conjunto de ações que um sistema pode executar. Dessa forma, um caso de uso pode ser realizado por um botão, uma tela ou um conjunto de telas.

Em nosso estudo de caso, há diversos casos de uso. Apenas alguns são especificados na Figura 2.4. Note que a representação de um caso de uso é dada por uma elipse, com um texto em seu interior correspondendo ao nome do caso de uso.

Relacionamentos
O diagrama de casos de uso permite que os atores e os casos de uso possam representar as funcionalidades que serão disponibilizadas pelo sistema. Há três tipos de relacionamento, conforme descrito abaixo.

Relacionamento entre ator e caso de uso
É o principal tipo de relacionamento existente. Neste modelo, são informados quais casos de uso cada ator vai utilizar. A Figura 2.5 ilustra o mapeamento que deve ser realizado para indicar, por exemplo, que o Cliente é quem faz o seu próprio cadastro.

Relacionamento entre atores
Recomenda-se a utilização deste tipo de relacionamento quando existe um grande número de atores que possuem características comuns a vários grupos de usuários.

Relacionamentos entre casos de uso
Este modelo se divide em três tipos: inclusão, generalização e extensão. Cada um desses relacionamentos tem uma representação sobre o diagrama. A inclusão é representada por "<<include>>", e a extensão por "<<extend>>", enquanto a generalização utiliza uma representação gráfica (Figura 2.7).

Inclusão: é utilizada quando um caso de uso "inclui" outro caso de uso, de modo que atenda à funcionalidade prevista. Por exemplo: quando o cliente efetua a compra de um produto, deve selecionar a forma de pagamento, e o sistema deve emitir o comprovante do pedido. Logo, podemos criar três casos de uso: um que representa a ação de efetuar a

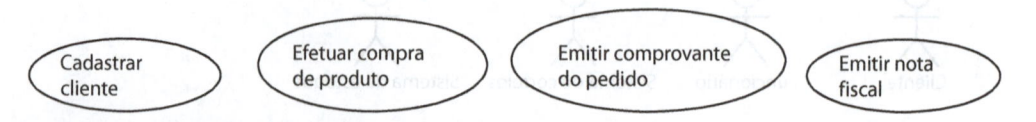

Figura 2.4 Exemplos de casos de uso.
Fonte: dos autores.

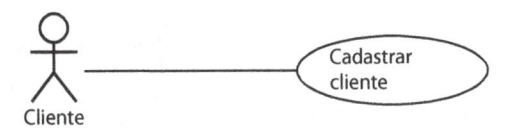

Figura 2.5 Exemplo de relacionamento ator-caso de uso.
Fonte: dos autores.

compra, um para a seleção da forma de pagamento e outro para a emissão do comprovante, como ilustra a Figura 2.6.

Generalização: indica que um caso de uso é mais geral e descreve parte das funcionalidades pertencentes a outro caso de uso mais específico, sendo que essas funcionalidades serão complementadas por esse caso de uso. A generalização entre casos de uso é representada como uma linha sólida direcionada com uma seta vazada apontando para o caso de uso mais geral (Figura 2.7). Nela, temos um caso de uso geral que possui parte da documentação relacionada à seleção da forma de pagamento, e os casos de uso específicos que completam o geral detalhando o que é específico para cada situação (pagamento com boleto ou pagamento com cartão de crédito).

Extensão: é utilizada quando um caso de uso possui uma condição para ocorrer, ou seja, ele somente ocorrerá em situações específicas. Pense em um caso de uso geral que pode permanecer isolado, mas que, sob determinadas circunstâncias, seu comportamento poderá ser estendido pelo comportamento de outro caso de uso. Considere, por exemplo, a situação de comprar um produto e possuir um cupom de desconto na loja virtual. Como você vai modelar, dizendo que o sistema deve levar em consideração o cupom de desconto, se essa situação é aplicável a somente alguns clientes? Para isso, vamos usar a extensão, que determina que o cupom só será cadastrado se o cliente possuir um, e que os cálcu-

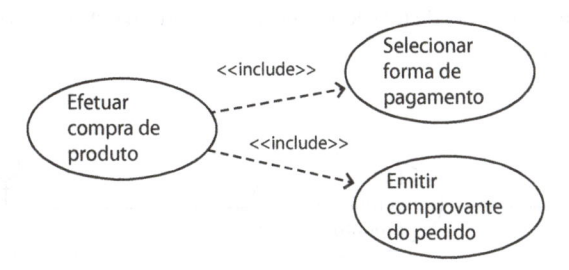

Figura 2.6 Exemplo de relacionamento de inclusão entre casos de uso
Fonte: dos autores.

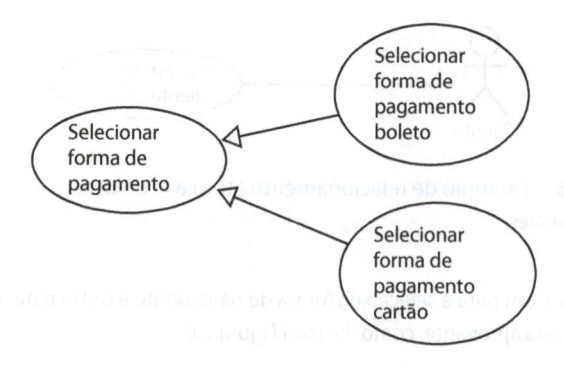

Figura 2.7 Exemplo de relacionamento de generalização entre casos de uso.
Fonte: dos autores.

los relacionados com a venda só levarão este cupom em consideração se ele existir (Figura 2.8).

Sistema

Todo o sistema é determinado pelo diagrama de casos de uso que mostra as interfaces da aplicação, os diferentes tipos de usuários e outros sistemas com os quais ela deve interagir. Note que outros sistemas externos ao que você está desenvolvendo são representados por atores à direita, como ilustra a Figura 2.9. Nessa figura, é possível observar que, para efetivar a compra, pode ocorrer a integração com o sistema dos correios de modo a se obter, a partir do CEP do cliente, as demais informações do endereço de entrega.

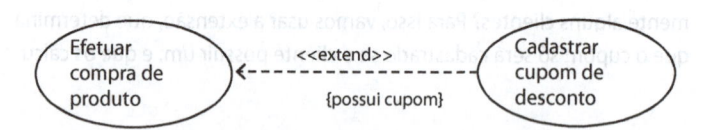

Figura 2.8 Exemplo de relacionamento de extensão entre casos de uso.
Fonte: dos autores.

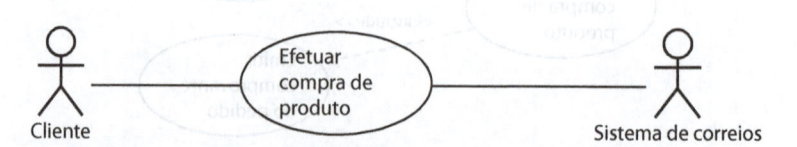

Figura 2.9 Exemplo de sistema externo integrado à aplicação.
Fonte: dos autores.

Até aqui, analisamos os principais elementos do diagrama de casos de uso. Agora vamos analisar os principais passos para criar esse diagrama e como podemos documentá-lo.

» Diagrama de casos de uso: passos para construção

Para criar um diagrama de casos de uso é necessário saber o objetivo da aplicação. Na sequência, você deve identificar quais são os principais papéis relacionados com o sistema e associá-los aos atores que irão utilizar a aplicação.

Também é preciso analisar todas as documentações e situações relacionadas com o problema, identificando as funcionalidades que a aplicação deve prever. Para cada uma dessas funcionalidades é necessário criar um caso de uso correspondente. Observe que você deve criar casos de uso de modo que as funcionalidades não se sobreponham, e, ainda, incluir somente os casos de uso que são importantes para a compreensão do comportamento da aplicação.

Agora, você já possui os atores e os casos de uso e deve começar a ligá-los, observando sempre que os atores devem estar ligados aos casos de uso que ativam. Se dois ou mais casos de uso forem ativados por vários atores simultaneamente, analise se não é possível relacionar os atores.

Concluindo esse passo, você deve analisar os casos de uso entre si e verificar as dependências (inclusão, generalização e extensão) entre eles, de modo a gerar uma representação do que se espera da aplicação.

Observe o diagrama da Figura 2.10. Nele, você pode ver que os elementos estão organizados espacialmente de maneira que os comportamentos e papéis estão separados. Note que os atores que usam o sistema estão à esquerda e os atores que representam sistemas externos estão à direita. Já os casos de uso compõem uma coluna central entre os atores, sendo que os principais estão localizados logo após os atores que usam o sistema – os casos de uso relacionados aparecem ao lado. Quando construímos esse diagrama, tentamos manter fisicamente próximos os elementos relacionados, pois isso facilita a ligação entre eles.

Além do diagrama, é recomendado criar documentações auxiliares para cada caso de uso. Você pode criar uma documentação informal em que cada caso é descrito por um parágrafo que expõe o que se espera dele. Outra forma de documentar é criar uma documentação resumida, abordando os objetivos do caso de uso, seus atores e se ele se relaciona com outros casos de uso. Também é possível criar uma documentação completa com todos os passos envolvidos com o caso de uso.

Não esqueça que o diagrama de casos de uso pode ser validado com o cliente e principalmente, com os usuários da aplicação. Com essa validação é possível iden-

> » **DICA**
> Para facilitar a compreensão do diagrama, distribua os elementos, pois isso minimiza o cruzamento de linhas.

> » **NO SITE**
> Para conhecer mais modelos de documentação de casos de uso, acesse o ambiente virtual de aprendizagem Tekne.

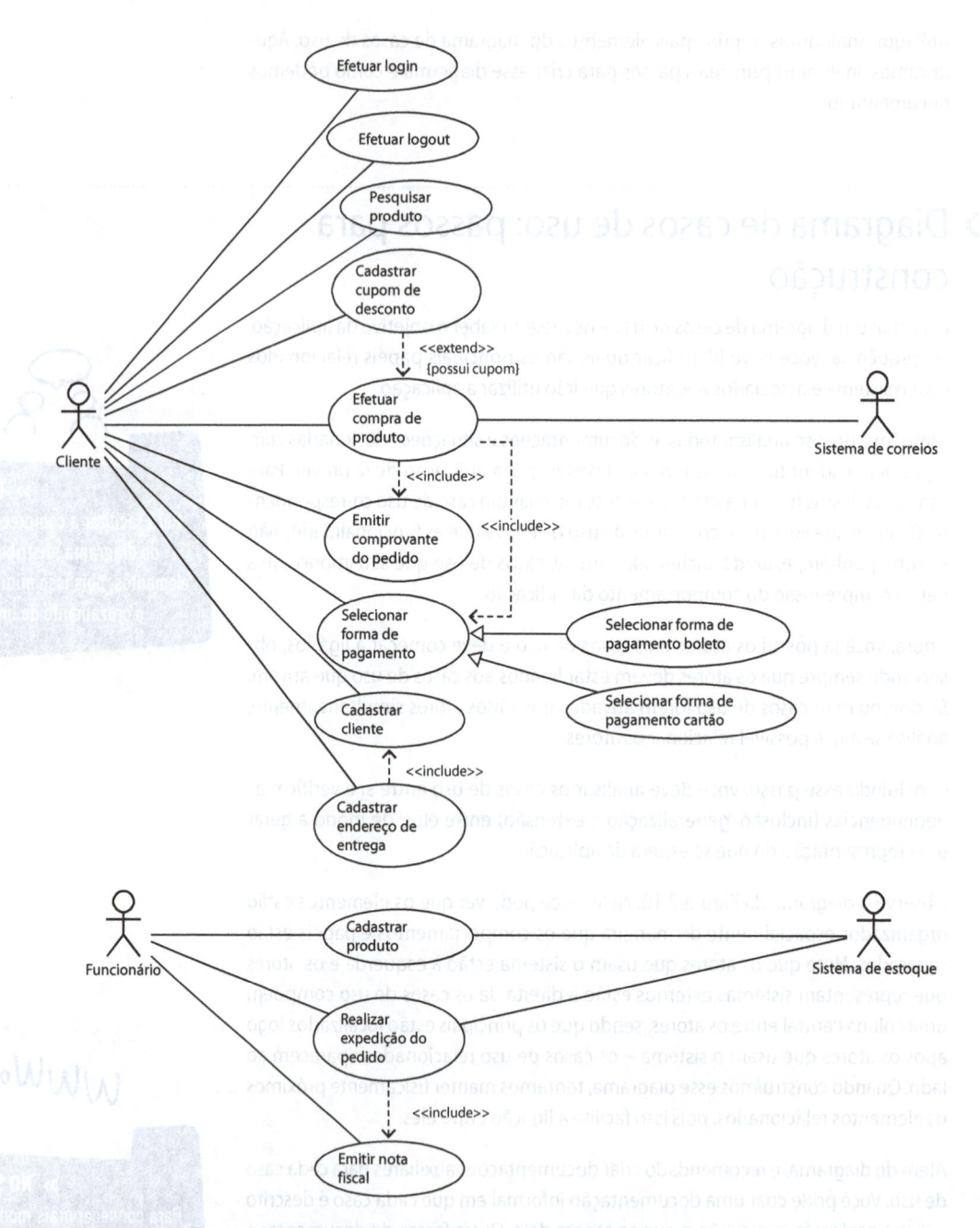

Figura 2.10 Exemplo de diagrama de casos de uso para o estudo de caso.
Fonte: dos autores.

tificar se você perdeu algum detalhe ou funcionalidade e se o usuário esqueceu algum requisito.

Quando estamos criando uma aplicação Web, devemos realizar ainda a análise de conteúdo e de interação. No Capítulo 3, você analisará aspectos relacionados a esses tópicos.

>> Agora é a sua vez!

1. Crie o diagrama de casos de uso do problema da locadora de carros.
2. Crie o diagrama de casos de uso do problema da escola de idiomas e faça a documentação resumida.
3. Crie o diagrama de casos de uso do problema da venda de passagens aéreas e faça a documentação completa.

>> Projeto do sistema

Para iniciar a etapa de projeto, é necessário utilizar como ponto de partida um modelo de análise. Neste livro, optamos por estabelecer como referência para o projeto o diagrama de casos de uso e as documentações vinculadas (especificações, documentação resumida e/ou documentação completa).

Existem alguns elementos da aplicação Web que devem ser projetados: conteúdo, interação, navegação e armazenamento dos dados. Neste capítulo – vamos nos concentrar no último item – você analisará aspectos relacionados aos outros tópicos no Capítulo 3.

Para possibilitar o **armazenamento dos dados**, é necessário criar um banco de dados que permita sua definição e manipulação. Para isso, resolvemos usar dois modelos clássicos da área de banco de dados: o Diagrama Entidade Relacionamento (DER) e o modelo lógico. As próximas seções apresentarão alguns aspectos teórico-práticos relacionados a esses modelos e como eles podem ser gerados a partir da análise e consideração do nosso estudo de caso.

❯❯ Diagrama Entidade Relacionamento

O **Diagrama Entidade Relacionamento** (DER) permite a modelagem dos conceitos que devem ser armazenados em um banco de dados. Nesse diagrama, as entidades representam um elemento da aplicação que deve armazenado em um banco de dados. Os relacionamentos entre entidades representam o número de elementos que uma entidade tem relacionados aos elementos de outra. Tanto entidades quanto relacionamentos podem ser caracterizados pelos seus atributos.

Para descobrir os atributos de uma entidade, devemos analisar todas as documentações relacionadas, bem como o projeto da interface gráfica com o usuário, pois, para fazer o cadastro, os dados necessários têm de ser informados. Alguns atributos da entidade vão se transformar em outras entidades, devido a dois fatores principais:

1) A entidade é composta por diversas outras informações, e se todas as informações fossem colocadas em um única entidade, elas ficariam sem sentido. Por exemplo: Entidade "Cliente" com Entidade "Endereço".

2) A entidade está relacionada a várias outras ocorrências de outra entidade. Por exemplo: Entidade "Produto" com Entidade "Fotos".

As entidades podem ser reconhecidas pelo identificador de entidade, que é formado por um atributo ou por um conjunto de atributos, de modo que cada ocorrência de entidade possa ser identificada de forma única.

❯❯ PARA SABER MAIS

Todos os aspectos teórico-práticos relacionados com o DER podem ser encontrados no livro *Projeto de Banco de Dados*, 6. ed., e também no livro *Desenvolvimento de software I: conceitos básicos*. (Veja as referências ao final do capítulo.)

Ao realizar uma análise do diagrama de casos de uso, podemos perceber que existem diversos elementos que devem ser armazenados no banco de dados. Como vamos priorizar o que será desenvolvido? Quais serão os primeiros casos de uso a serem desenvolvidos? Para responder a isso devemos identificar o caso de uso sem o qual os demais não irão funcionar.

Para que o cliente possa comprar os produtos, eles devem estar cadastrados. Assim, vamos priorizar a modelagem do banco de dados, começando pelo caso de uso "Cadastrar Produto". Se você analisar o "Produto", verá que ele tem várias características (atributos), como ilustra a Figura 2.11, que representa o exemplo no quadro a seguir.

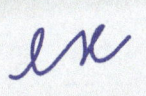

>> EXEMPLO

Resolvemos vincular à Entidade "Produto" outras três entidades: "Fotos", "Categoria" e "Fabricante". Assim, representamos algumas definições do problema:

- "[...] Todos os produtos que compõem a pesquisa podem ser ordenados por fabricante [...]"

Dessa frase do problema, geramos a Entidade "Fabricante".

- "[...] Nessa página é necessário exibir a(s) foto(s) relacionada(s) com o produto [...]"

Dessa frase, foi extraída a necessidade de que o "Produto" pode ter uma ou várias fotos.

Ao concluir a etapa de cadastro de produtos, podemos realizar o projeto do caso de uso "Pesquisar Produto". Note que esse caso de uso não necessita de entidades para ser desenvolvido, somente do projeto da interface gráfica e de navegação.

Dando continuidade à priorização dos casos de uso, para que o cliente possa comprar, ele deve estar cadastrado no sistema. Logo, devemos mapear os seus atributos e as entidades relacionadas ao "Cliente". O aspecto mais interessante ao modelar o "Cliente" é a sua relação com o seu endereço e com os endereços de

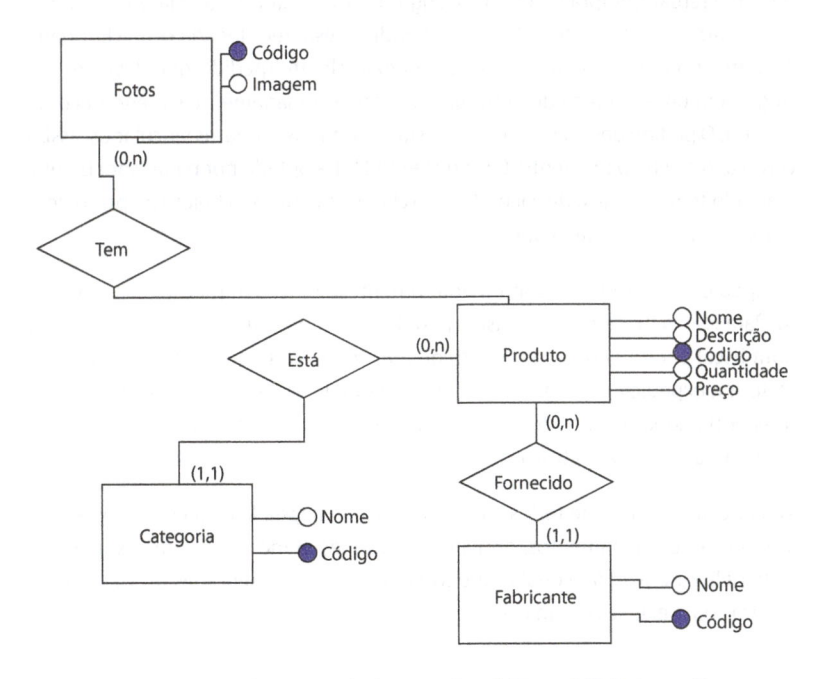

Figura 2.11 Exemplo de Entidades "Produto", "Fotos", "Fabricante" e "Categoria".
Fonte: dos autores.

entrega, pois devemos garantir as restrições impostas na documentação inicial do problema: "Como muitas vezes as compras são realizadas por um cliente que deseja que o produto seja entregue como presente em outro endereço, é necessário que vários endereços de entrega possam ser cadastrados." (Figura 2.12).

Para que o cliente faça seu cadastro, ele deve registrar um identificador de usuário (seu email) e uma senha, de modo a permitir o acesso ao sistema. Assim, para verificar se esses dados estão funcionando, podemos determinar como próximo caso de uso a ser desenvolvido o "Efetuar Login" e "Efetuar Logout". Ambos não precisam de entidades para serem desenvolvidos, somente do projeto da interface gráfica e de navegação. E, no caso do login, os atributos já estão definidos na Entidade "Cliente".

Assim, já mapeamos até o momento:

- O produto com suas fotos, categorias e fabricantes.
- A pesquisa de produto.
- O cliente e seus endereços.
- O login e o logout.

Agora, devemos nos preocupar com a venda do produto para o cliente, ou o caso de uso "Efetuar Compra de Produto" (Figura 2.13), uma vez que ele possui vinculados outros casos de uso. A Entidade "Produto" está relacionada com a Entidade "Cliente", porque um pedido é realizado pelo cliente (pedido que deve ser entregue em um endereço de entrega, que não necessariamente é o endereço do cliente). O pedido deve ainda conter a lista de todos os produtos vinculados, assim como a forma de pagamento. Caso o cliente tenha optado por pagar com boleto, o pedido tem um prazo de validade. Se o cliente não pagar o boleto no prazo definido, o pedido deixa de existir.

A expedição do produto é confirmada somente após a confirmação do pagamento. Para isso, o funcionário analisa o pedido e, se tudo estiver correto, é emitida a nota fiscal para o endereço de entrega registrado. Note que para o funcionário realizar a expedição ele necessita ter permissão de acesso ao sistema, logo, deve possuir um identificador de usuário e uma senha para entrar na área restrita do sistema, como esquematiza a Figura 2.14.

Ao concluir a análise de todos os casos de uso e mapeá-los em entidades e seus atributos e relacionamentos, obtivemos como resultado o diagrama esquematizado pela Figura 2.15, o qual reúne todas as partes apresentadas previamente e mostra como elas se comunicam.

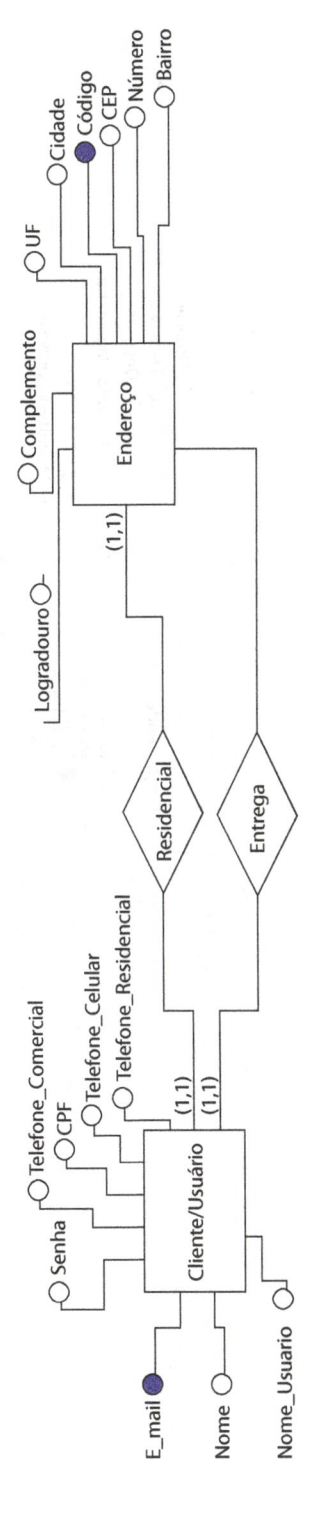

Figura 2.12 Exemplo de Entidade "Cliente" e "Endereço".
Fonte: dos autores.

Desenvolvimento de software II

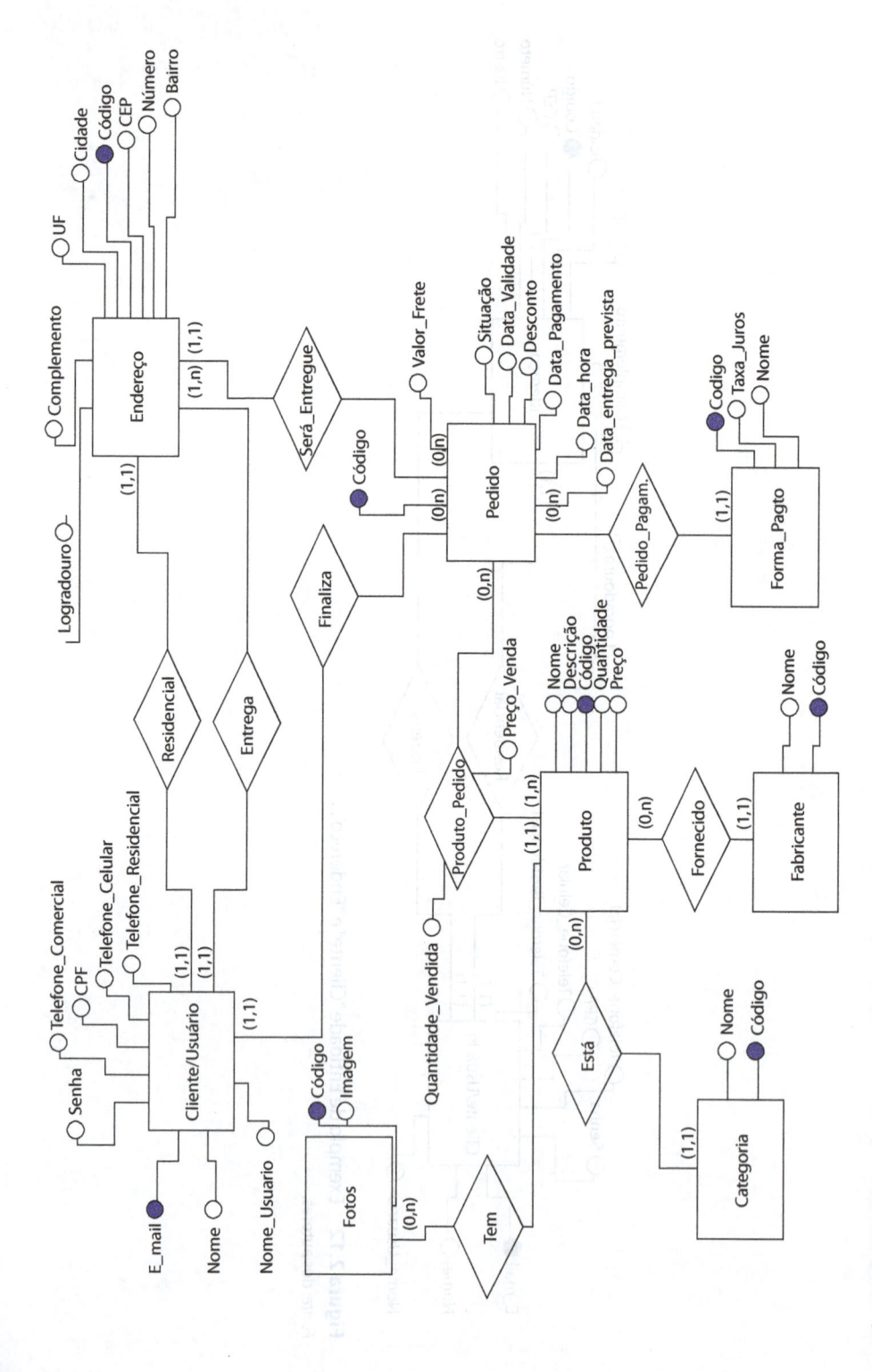

Figura 2.13 Exemplo com as entidades relacionadas com a compra do produto.
Fonte: dos autores.

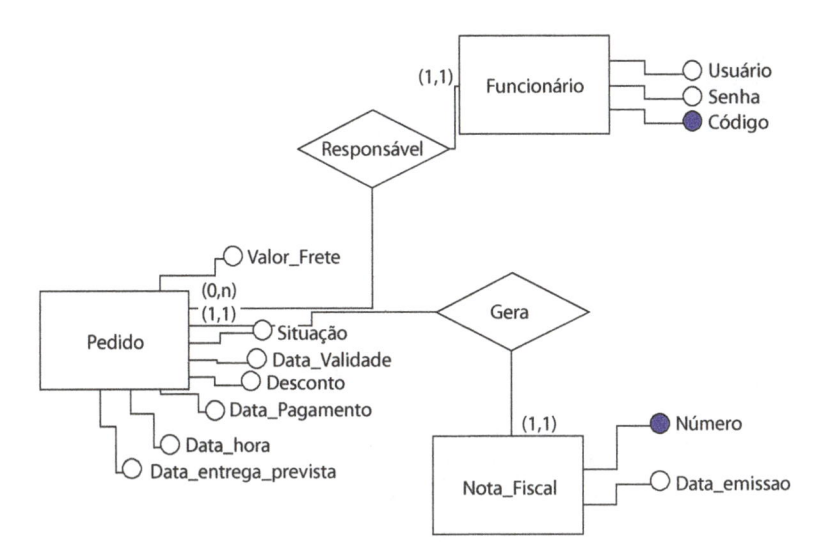

Figura 2.14 Exemplo de Entidade "Pedido" e seus relacionamentos.
Fonte: dos autores.

» Modelo lógico

O **modelo lógico** considera as características e restrições do Sistema Gerenciador de Banco de Dados (SGBD), enquanto o DER é um modelo que serve para realizar um mapeamento dos dados que fazem parte da solução do problema. Com o modelo lógico, passamos a definir as chaves primárias e estrangeiras e utilizamos regras de normalização e integridade referencial.

O modelo lógico pode ser criado a partir do DER, seguindo algumas regras:

Entidade: cada entidade é transformada em uma tabela. A tabela é composta por linhas ou tuplas, e cada linha tem um conjunto de campos, os quais são os valores dos atributos.

Coluna: cada atributo é traduzido como uma coluna da tabela.

Chave primária: usada para diferenciar uma linha das outras linhas na mesma tabela. Geralmente, o identificador de identidade é transformado na chave primária.

Chave estrangeira: usada para implementar os relacionamentos entre tabelas.

Vamos partir do DER, criado na seção anterior, e montar o modelo lógico. O DER será decomposto de modo a facilitar a sua compreensão.

O primeiro mapeamento selecionado para ser realizado foi o do "Cliente" com os seus "Endereços" (Figura 2.16). Observe que as entidades foram transformadas em tabelas, e seus atributos, em colunas. Os atributos identificadores foram traduzi-

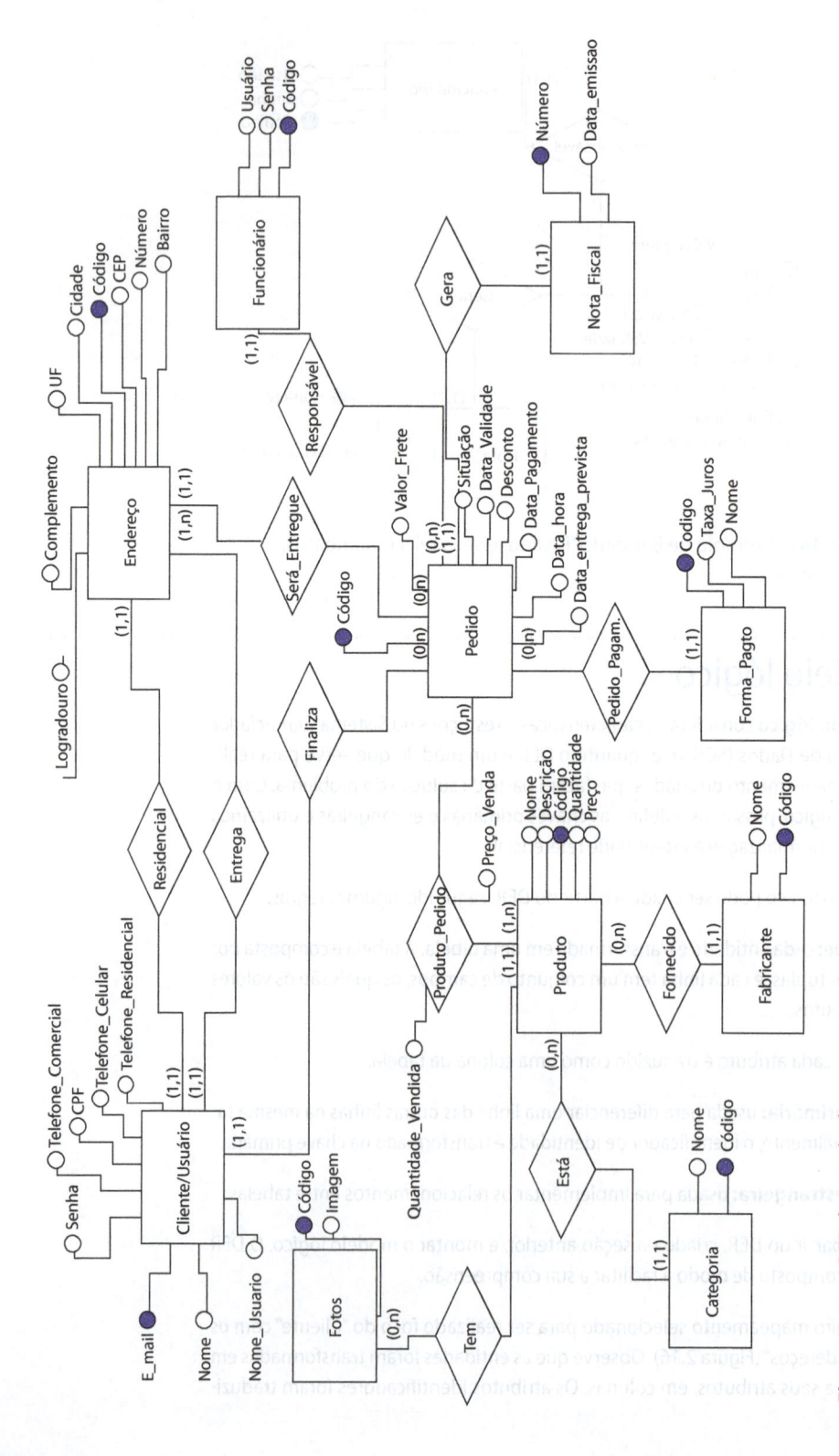

Figura 2.15 DER do estudo de caso.
Fonte: dos autores.

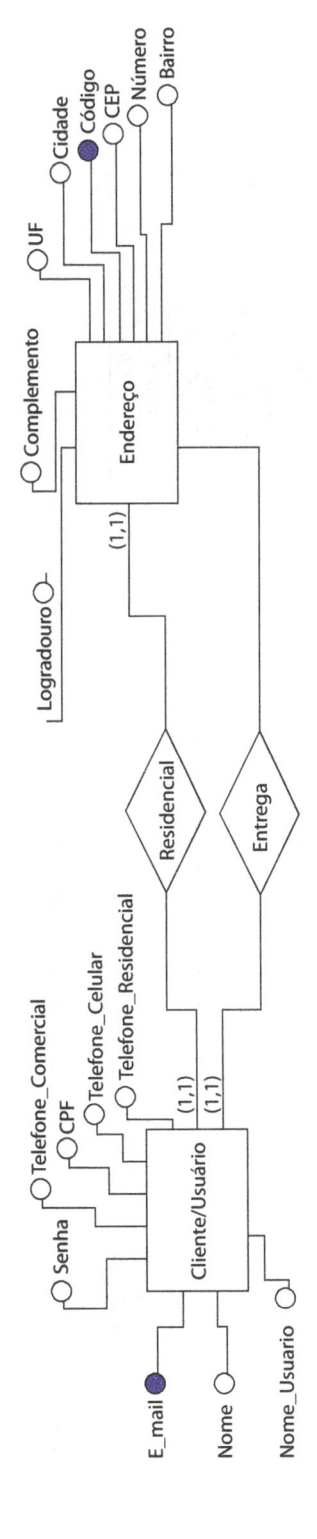

Figura 2.16 Modelo lógico: "Cliente" e "Endereço". (*Continua*)
Fonte: dos autores.

capítulo 2 » Projetando o site

Figura 2.16 Modelo lógico: "Cliente" e "Endereço". (*Continuação*)
Fonte: dos autores.

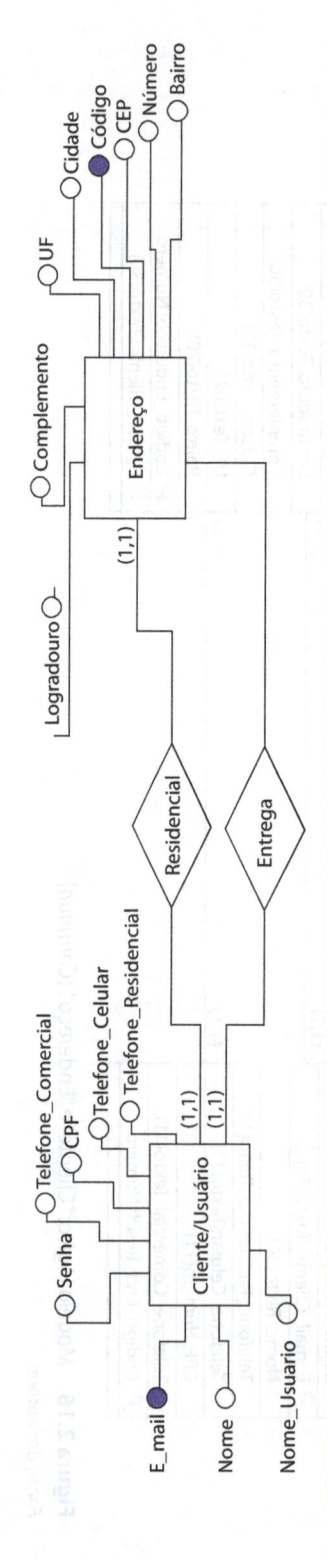

dos para chaves primárias. Já os relacionamentos "Residencial" e "Entrega" foram mapeados com chaves estrangeiras: (i) a chave estrangeira "Codigo_End_Resid" na tabela "Cliente/Usuário" é usada para determinar o endereço residencial do cliente, enquanto a chave estrangeira "E_mail_Cliente" na tabela "Endereço" é usada para determinar a qual cliente pertence o referido endereço de entrega.

A Figura 2.15 ilustra o mapeamento realizado para as Entidades "Fotos", "Categoria" e "Fabricante". Observe que, na tabela "Fotos", aparece a chave estrangeira "Codigo_Produto" indicando a qual produto a foto pertence. E, na tabela "Produto", aparecem duas chaves estrangeiras: "Codigo_Fabricante" e "Codigo_Produto". Essas chaves surgem porque a cardinalidade máxima entre "Fabricante" e "Produto" é "n". Logo, para mapear corretamente, precisamos incluir uma coluna na tabela Produto que corresponde à chave primária da tabela "Fabricante".

O modelo lógico final gerado a partir do DER da Figura 2.15 se encontra esquematizado na Figura 2.18.

» Outras fases

Além das fases de delimitação, de análise e de projeto do sistema, há outras etapas que estão relacionadas com o desenvolvimento de aplicações Web. São elas: a implementação, os testes e a implantação. A seguir, o detalhamento de cada uma delas:

Implementação: consiste em criar o código que vai ser utilizado pelo usuário da aplicação. No caso de aplicações Web, você provavelmente utilizará tecnologias como HTML, CSS, JavaScript e PHP, e, para manipular os dados, SQL e um SGBD (MySQL, no caso deste livro).

Testes: são técnicas para mostrar a presença de erros na aplicação que está sendo desenvolvida. Existem várias estratégias de teste de software como, por exemplo, teste de unidade, teste de integração, teste de validação e teste de sistema.

Implantação: compreende todos os processos necessários para disponibilizar a aplicação para o cliente, desde aspectos de configuração de ambiente até aspectos de manutenção do software.

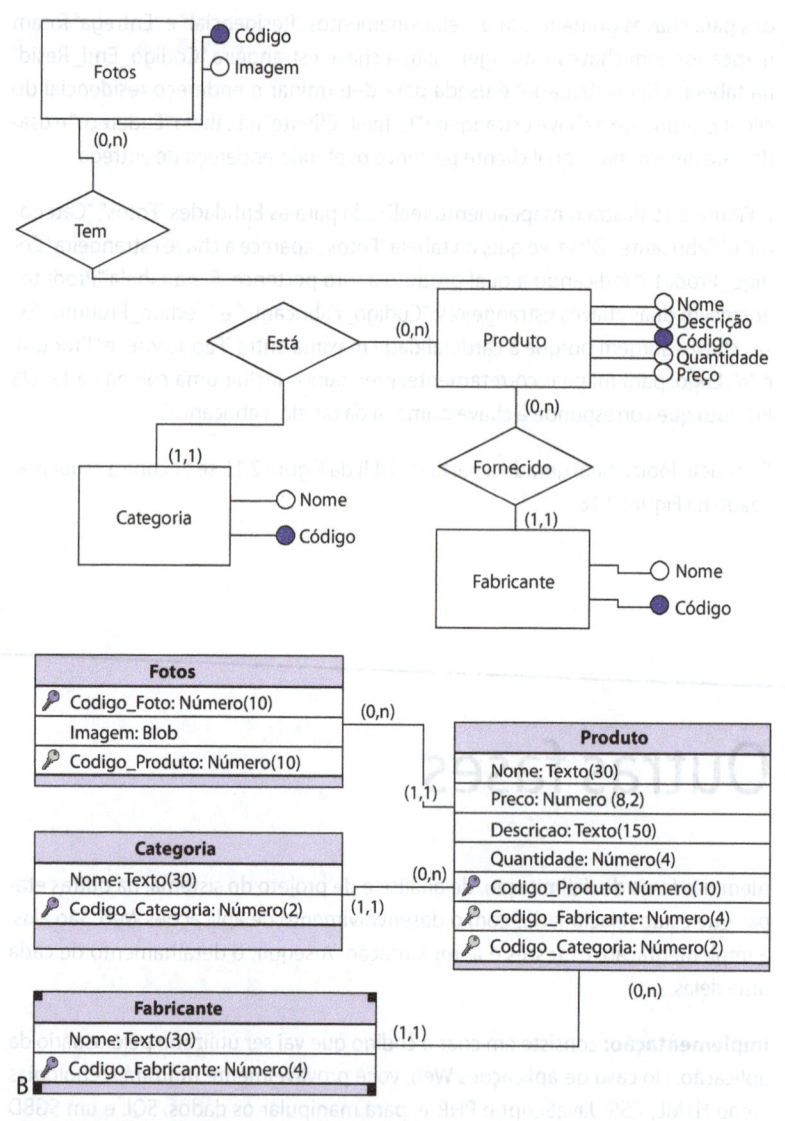

Figura 2.17 Modelo lógico: "Produto", "Categoria", "Fotos" e "Fabricante".
Fonte: dos autores.

Os próximos capítulos vão abordar tecnologias para o desenvolvimento Web, SQL e o banco de dados MySQL. Já os tópicos relacionados a testes e implantação não serão abordados neste livro.

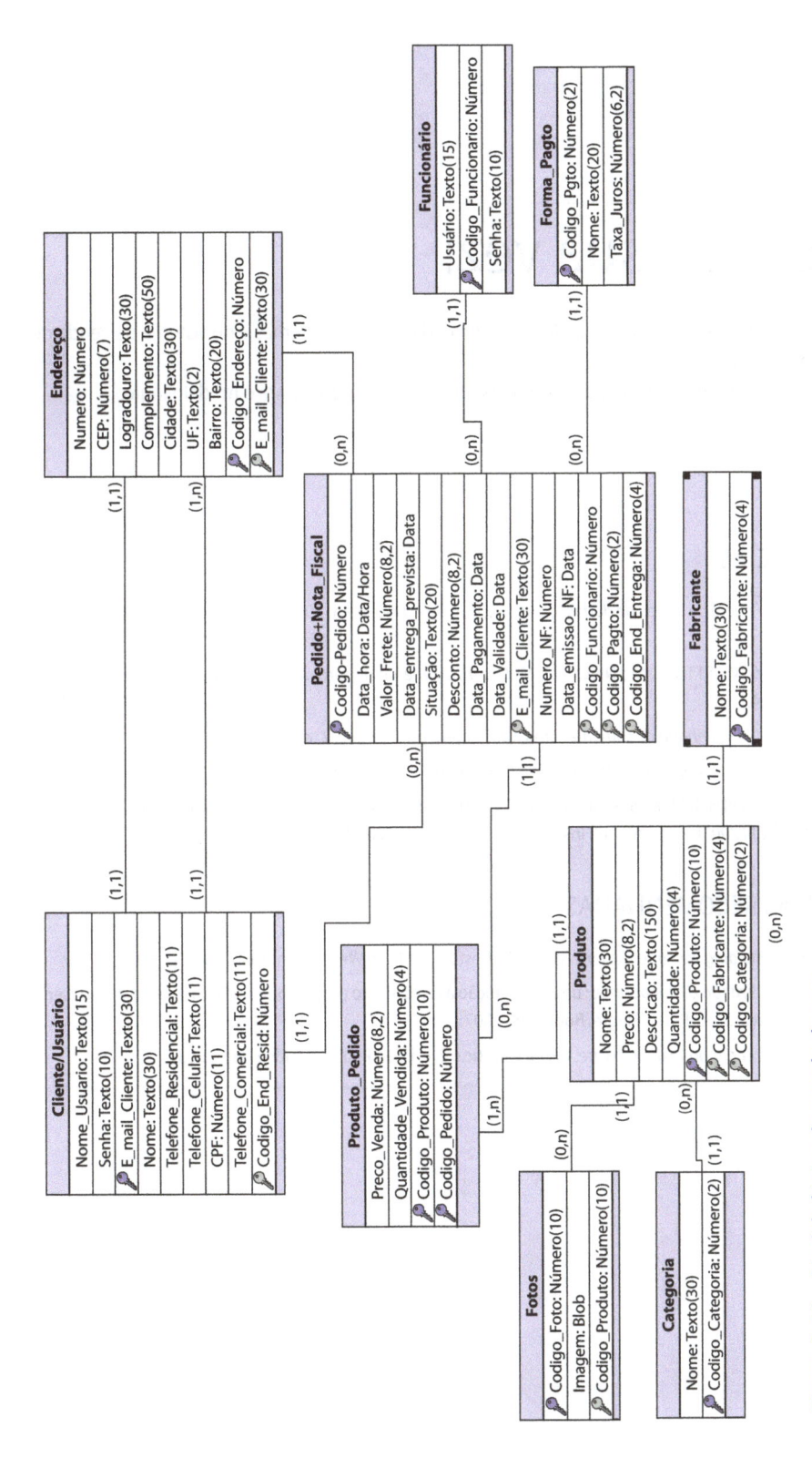

Figura 2.18 Modelo lógico do estudo de caso.
Fonte: dos autores.

capítulo 2 » Projetando o site

Agora é a sua vez!

1. Crie o DER dos problemas da locadora de carros, da escola de idiomas e do sistema de venda de passagens aéreas.
2. Faça o mapeamento dos diagramas criados no exercício anterior para o modelo lógico.

REFERÊNCIAS

HEUSER, C. A. *Projeto de banco de dados*. 6. ed. Porto Alegre: Bookman, 2009. (Série Livros Didáticos Informática UFRGS, v. 4).

OKUYAMA, F. Y.; MILETTO, E. M.; NICOLAO, M. *Desenvolvimento de software I*: conceitos básicos. Porto Alegre: Bookman, 2014.

PRESSMAN, R. S. *Engenharia de software*: uma abordagem profissional. 7. ed. Porto Alegre: AMGH, 2011.

SOMMERVILLE, I. *Engenharia de software*. 9. ed. São Paulo: Pearson Education, 2011.

WINCKLER, M. A.; PIMENTA, M. S. Avaliação de usabilidade de sites web. In: NEDEL, L. P. (Org.). *Escola de informática da SBC Sul (ERI 2002)*. Porto Alegre: Instituto de Informática da UFRGS, 2002. v. 1, p. 85-137.

LEITURAS RECOMENDADAS

CONALLEN, J. *Building web applications with UML*. Boston: Addison Wesley Longman, 2001. p. 320.

LARMAN, C. *Utilizando UML e padrões*: uma introdução à análise e ao projeto orientados a objetos e ao desenvolvimento iterativo. 3. ed. Porto Alegre: Bookman, 2007.

PFLEEGER, S. L. *Engenharia de software*: teoria e prática. 2. ed. São Paulo: Prentice Hall, 2003.

Marcelo Soares Pimenta
Evandro Manara Miletto
Karen Selbach Borges

capítulo 3

Projeto de interface com o usuário

A interação com sistemas informatizados faz parte da nossa vida de forma inquestionável. Esses sistemas (sejam de mesa, notebooks, tablets, smartphones, fotocopiadoras, relógios digitais, calculadoras, entre outros) são interativos e utilizados como apoio fundamental a muitas atividades diárias, das mais simples às mais complexas. O sucesso dos sistemas interativos é determinado pela qualidade do apoio oferecido aos seus usuários, sendo, portanto, profundamente afetado pela facilidade e experiência de uso oferecidas. Neste capítulo, você conhecerá a importância da área de Interação Humano-Computador (IHC) para o desenvolvimento de projetos de interface com o usuário, além de entender algumas técnicas para concepção, prototipação e construção de interfaces Web.

Objetivos de aprendizagem

» Introduzir conceitos de Interação Humano-Computador (IHC) em ambientes Web.

» Aplicar conceitos, modelos e técnicas no design de aplicações Web ou sites, respeitando os princípios e as boas práticas de IHC.

>> Introdução

> **» IMPORTANTE**
> O conceito de **interface** é utilizado em diferentes áreas da ciência da computação. No contexto da área de IHC, a camada existente entre o computador e o ser humano é conhecida como **interface com o usuário**.

O conceito de interface faz parte do nosso dia a dia. Ao comprar um *cappuccino* em uma máquina de café expresso, por exemplo, você utiliza um painel para visualizar e escolher as opções de café. Esse painel é a interface entre você e o tão desejado cafezinho. Além disso, as interfaces podem desempenhar dois tipos de funções, que, aplicadas ao exemplo da máquina de café, seriam:

Utilitárias: quando utilizada para escolher café curto ou longo.

Informativas: quando avisam, por exemplo, que o cliente tem troco.

A qualidade na construção das interfaces é fundamental para garantir uma interação que traga a sensação de confiança e satisfação para o usuário. Confiança no sentido de que a interface seja segura e eficaz (cumpre sua missão) e satisfação no sentido de que a interface seja agradável de usar e eficiente (cumpre sua missão em menos tempo e com menos custo e esforço).

Do ponto de vista comercial, interfaces de boa qualidade ajudam a promover o produto: usuários satisfeitos por atingirem seus objetivos com menos esforço, em menos tempo e com menos erros tendem a indicar o produto para amigos e colegas de trabalho (CYBIS; BESTIOL; FAUST, 2007). Consequentemente, haverá um aumento nas vendas e uma valorização da imagem da empresa desenvolvedora.

Neste capítulo, você conhecerá a importância da área de Interação Humano-Computador (IHC) para o desenvolvimento de projetos de interface com o usuário, enfocando principalmente em aplicações Web. Além disso, visualizará como determinados conceitos, modelos e técnicas podem ser utilizados para o design de aplicações Web ou sites que respeitem os princípios e as boas práticas de IHC. Apresentaremos técnicas para concepção de interfaces, como a criação de modelos e a prototipação.

>> A importância de IHC

O sucesso de um sistema interativo é determinado pela qualidade do apoio que oferece aos usuários. Esse sucesso é profundamente afetado pela facilidade de uso e pela capacidade de desfazer ações indesejadas e de auxiliar a minimizar erros. Na perspectiva do usuário, esses são alguns dos principais critérios de usabilidade que tornam o sistema satisfatório e eficiente, fazendo com que a experiência de uso seja mais agradável.

O conceito de usabilidade vem sendo empregado em substituição ao obsoleto e antropomórfico "amigabilidade" para significar qualidade de uso. De fato, usabilidade não é apenas um conceito mais recente, mas mais amplo e consistente. Sua investigação tem sido objeto de estudo de uma área multidisciplinar em destaque atualmente: a Interação Humano-Computador (ou IHC, na sigla traduzida do inglês *Human-Computer Interaction*).

>> Usabilidade e IHC

É comum observarmos pessoas com celulares sofisticados, que apresentam múltiplas funcionalidades, não conseguindo ajustar o relógio ou acionar alguma outra função. Quantos de nós descobrimos, durante o uso, que a fotocopiadora não funciona da maneira que se espera? Por que isso acontece? A razão é que esses aparelhos são resultado direto de um processo de design deficiente em termos de IHC, ou seja, não foram necessariamente projetados tendo o usuário em mente. Em outras palavras, durante o desenvolvimento do seu design, não foi levada em conta a **lógica de uso**, que é a de quem os utiliza: o seu **usuário**.

> ### >> PARA REFLETIR
>
> Quantos equipamentos de uso diário são realmente fáceis e agradáveis de usar? Pense em alguma ocasião em que um deles tenha lhe causado algum incômodo – quanto tempo você gastou tentando fazê-lo funcionar?

Em geral, produtos são projetados para realizarem determinadas funções, desempenhadas de maneira eficaz, de uma perspectiva de engenharia. Porém, na maioria das vezes, seus usuários são prejudicados, pois essa perspectiva da engenharia contempla principalmente a lógica de funcionamento em detrimento da lógica de uso. Em outras palavras, produtos são projetados com a eficácia do comportamento interno como prioridade (mecanismos e circuitos, por exemplo), prejudicando a eficácia e a qualidade de uso por parte de seus usuários.

Idealmente, devemos conceber sistemas que priorizam a usabilidade, o que significa dar prioridade ao ponto de vista de seus usuários. A literatura denomina esse tipo de concepção como **centrada no usuário**.

Um sistema interativo, quando construído orientado pela usabilidade, pode tornar mais fácil, precisa, agradável e satisfatória a realização de atividades. Em con-

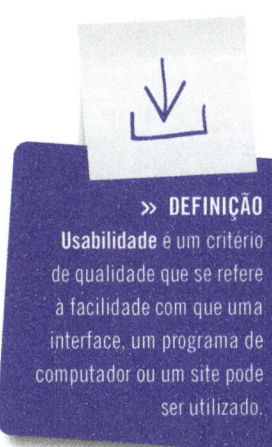

> **>> DEFINIÇÃO**
> **Usabilidade** é um critério de qualidade que se refere à facilidade com que uma interface, um programa de computador ou um site pode ser utilizado.

trapartida, se não forem construídos de modo centrado no usuário, os sistemas podem se tornar inadequados à atividade humana e, em vez de a apoiarem, atuarem como obstáculo ou fonte de problemas. Isso faz que o usuário necessite de muito mais esforço para realizar suas tarefas, podendo levar a uma subutilização, ou mesmo a um abandono do uso do sistema.

A facilidade de uso de um sistema, no entanto, depende do tipo de usuário a que ele se destina, uma vez que pode ser considerado eficaz e fácil apenas para parte desses usuários. Por isso, é essencial uma boa compreensão acerca dos usuários-alvo.

O entendimento a respeito dos usuários inclui o reconhecimento de que os humanos são limitados em sua capacidade de processar a informação, principalmente se lidamos com um volume muito grande de dados em um período de tempo muito curto.

Assim, é preciso levar em consideração que os usuários, em sua maioria, possuem limitações em relação à:

- Capacidade de percepção (visual, auditiva e tátil).
- Memória para armazenamento de informação (de curto ou longo prazo).
- Capacidade de raciocínio, de aprendizagem e de resolução de problemas.

Todos os usuários compartilham esses limites, que levam a importantes implicações para o design. Obviamente, além de características que são comuns a todos os seres humanos, somos indivíduos essencialmente diferentes, o que não pode ser ignorado. Assim, um sistema interativo deve permitir:

Customização de características: permite que cores, formatos, tamanhos e estilos de caracteres sejam modificados a critério do usuário.

Flexibilização de modos de operação: permite que usuários inexperientes tenham acesso a menus mais explicativos e a auxílio mais frequente, enquanto disponibiliza atalhos aos usuários mais experientes. Essa flexibilização deve ficar a critério do usuário.

Outra preocupação importante no projeto de sistemas interativos consiste em entender o tipo de atividades que as pessoas realizam durante a interação. Portanto, as escolhas do designer dependerão da definição das atividades que serão apoiadas pelo sistema (e de que forma), assim como de uma maior compreensão acerca dos usuários.

Ao contrário do que muitas pessoas imaginam, a aceitação de um sistema depende mais da qualidade da realização de algumas funções e da sua adequação às atividades do usuário do que da quantidade de funções disponíveis. Assim, para tornar um sistema usável, é preciso conhecer (ou ao menos tomar consciência de) uma série de teorias e técnicas práticas direcionadas basicamente a uma parte do sistema denominada **interface com o usuário**.

Devido a uma concepção errônea desse termo, muitos estudantes de informática e designers acreditam que a criação de uma boa interface consiste em abarrotar uma tela com gráficos inovadores e animações, o que corroboraria seu domínio sobre as tecnologias disponíveis. No entanto, não se deve pensar apenas na aparência: a noção do que é uma interface atraente é subjetiva e depende muitas vezes de modismos culturais e tecnológicos.

Para definir o que é uma boa interface, devemos pensar, sobretudo, na **qualidade da interação** que ela propicia. Assim, estaremos mais interessados em entender e/ou estabelecer princípios de usabilidade que podem ser aplicados durante o design. Um software que segue esses princípios é muitas vezes descrito como intuitivo, ou seja, exige somente intuição para ser aprendido, utilizado ou considerado agradável. Os termos "intuitivo" e "agradável" são vagos e pouco científicos, mas apontam para a direção que devemos trilhar.

> » NO SITE
> Para conhecer os princípios de usabilidade, saiba mais sobre as **10 Heurísticas de Nielsen** acessando o ambiente virtual de aprendizagem Tekne: www.bookman.com.br/tekne.

» Interação Humano-Computador

Interação Humano-Computador (IHC) é o nome da área que pesquisa o design, a implementação e a avaliação de sistemas interativos no contexto das atividades dos usuários. IHC é eminentemente multidisciplinar e tem intersecções com áreas como ergonomia, design gráfico, informática, linguística, semiótica e psicologia cognitiva.

O desenvolvimento de sistemas interativos é um processo que requer o trabalho de uma equipe formada por profissionais dessas várias áreas envolvidas. É claro que não é qualquer organização que pode manter uma equipe desse tipo: apenas empresas de médio e grande porte têm, provavelmente, condições para isso.

E mesmo as empresas maiores reconhecem o enorme desafio de comunicação e integração entre os membros de equipes multidisciplinares, devido à dificuldade de composição de conceitos de suas disciplinas. Cada uma possui seu vocabulário específico, suas expressões e notações, suas formas de organizar o trabalho, entre outros fatores.

Recentes trabalhos de pesquisa convergem para a ideia central de que, para desenvolver sistemas interativos que sejam úteis e usáveis, é necessária uma perspectiva não só multidisciplinar, mas também interdisciplinar. Com isso, é possível estabelecer a integração sistemática e a correspondência explícita entre a variedade de teorias, modelos, técnicas e ferramentas das diferentes áreas, possibilitando um desenvolvimento em equipe mais concreto e efetivo.

A área de IHC é uma área em franca expansão, pois a velocidade do surgimento de novas tecnologias é cada vez maior, e a necessidade de que essas tecnologias

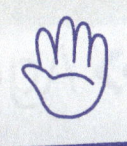

> » NO SITE
> Acesse o ambiente virtual de aprendizagem Tekne e tenha acesso exclusivo ao capítulo "O que é design de interação" do livro *Design de interação: além da interação humano-computador* (Bookman, 2013).

> » ATENÇÃO
> Nem sempre os profissionais de uma área estão receptivos a ouvir e a trocar ideias com profissionais de outra.

> **IMPORTANTE**
> IHC envolve a integração dos aspectos humanos na concepção, no desenvolvimento e na avaliação de soluções tecnológicas.

> **DICA**
> É preciso considerar diferentes alternativas de teorias, conceitos, princípios e técnicas em IHC para que, de forma combinada, tenham alguma contribuição para a solução em desenvolvimento.

sejam, de fato, usáveis e difundidas é muito grande. Embora a redução no preço dos equipamentos permita que mais pessoas comprem ou tenham acesso a essas tecnologias, apenas a preocupação com sua usabilidade é que permitirá que as pessoas de fato as utilizem.

A área de IHC nos ajuda a entender por que alguns software são fáceis de usar e outros são complicados. Esse entendimento não é uma fórmula garantida para criar um produto bem-sucedido, mas funciona como um conjunto de princípios, diretrizes e recomendações que podem ser consultados e aplicados durante o design. Nem sempre a solução mais otimizada em termos funcionais é a mais adequada a um usuário, e precisamos aprender a levar isso em consideração.

O principal atributo para a criação de sistemas com usabilidade é a atitude do desenvolvedor ou designer, que inclui sua consciência de centrar a atenção nos seguintes elementos essenciais:

• Compreensão dos usuários e de suas necessidades.

• Definição das soluções tecnológicas que podem servir de apoio às atividades desses usuários.

Somos todos capazes de perceber como e com que rapidez a importância de IHC se expandiu nos últimos anos. Muitas vezes, passamos grande parte de nosso tempo, seja no trabalho, no lazer ou em casa, utilizando sistemas interativos. Por isso, IHC tem um papel fundamental a cumprir e merece toda nossa atenção.

» Agora é a sua vez!

Encontre dois sites ou dois aplicativos que tenham usabilidade deficitária e justifique a sua escolha a partir das 10 Heurísticas de Nielsen.

Interfaces Web: a importância da usabilidade na Web

Desde a invenção da Web, a tecnologia para construção de suas interfaces vem sendo progressivamente incrementada, permitindo o desenvolvimento de aplicações que utilizam a Web não apenas para troca de informações, mas também como plataforma para aplicações mais complexas, como comércio eletrônico e intranet.

Durante esse processo evolutivo, o número de usuários e de sites cresceu exponencialmente. A Web se tornou acessível a quase todas as pessoas e passou a contar com uma grande variedade de aplicações. Contudo, observa-se que tal popularidade não implica necessariamente satisfação dos usuários – prova disso é que muitos sites são visitados uma única vez.

Quando a usabilidade é levada em conta durante o processo de desenvolvimento de interfaces Web, vários problemas podem ser eliminados. Um deles é a redução do tempo de acesso à informação, o que evita a frustração do usuário por não encontrar as informações em um site ou aplicação Web.

As aplicações Web podem ser convenientemente descritas como híbridas entre aplicações hipermídia e sistemas de informação.

Aplicação hipermídia: quando uma aplicação Web é acessada de forma exploratória, não linear, e, portanto, as suas formas de apresentação e navegação são de grande importância.

Sistema de informação: quando a estrutura, o tamanho e a dinamicidade dos seus dados exigem soluções metodológicas (como modelos conceituais, métodos de mapeamento entre estruturas, abstrações) e soluções tecnológicas consolidadas e eficazes (como SGBDs e arquiteturas cliente-servidor) que auxiliem a gerenciar esta complexidade e que permitam fácil interoperabilidade, evolução e manutenção.

Devido à natureza híbrida das aplicações Web, há fatores complicadores, como a necessidade de manipular tanto dados estruturados (tuplas e registros) quanto dados não estruturados (multimídia) e a de compatibilizar essa variedade de informações a diferentes estilos de apresentação e de navegação para usuários com diferentes níveis de competência.

Por isso, segundo Fraternali (1999), uma aplicação Web é caracterizada por três dimensões de projeto principais:

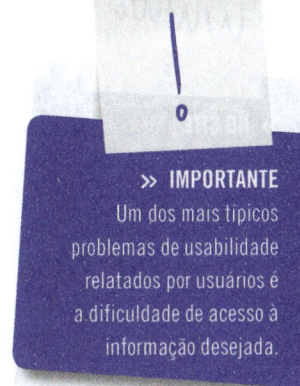

> **» IMPORTANTE**
> Um dos mais típicos problemas de usabilidade relatados por usuários é a dificuldade de acesso à informação desejada.

Estrutural ou conceitual: descreve a organização da informação a ser gerenciada pela aplicação, suas propriedades estruturais e os relacionamentos entre si. Relata também os objetos, as associações entre eles e seus objetos componentes. Padrões para esta dimensão incluem modelos de dados (por exemplo, Entidade Relacionamento) ou de objetos (por exemplo, diagrama de classes UML) ou quaisquer outros arquétipos comumente utilizados para modelagem conceitual de sistemas de informação.

Navegacional: focaliza as facilidades para o acesso e a movimentação em relação às informações da aplicação. Para isso, especifica as ações disponíveis para movimentação direta de um objeto a outro (navegação contextual) e os caminhos de acesso disponíveis para alcançar a finalidade da aplicação, independentemente de movimentação (navegação não contextual). Dado um esquema estrutural, pode haver vários esquemas navegacionais, representando diferentes maneiras de acessar e de se mover por meio da mesma informação. Modelos para essa dimensão são geralmente baseados em máquinas de estados (por exemplo, *statecharts*) ou redes de Petri.

Apresentação: define como o conteúdo e os aspectos de navegação serão apresentados para o usuário. Também especifica o layout e o conteúdo de um conjunto de elementos (páginas) similares da aplicação. Dado um par composto por esquema de estrutura e esquema de navegação, pode haver vários esquemas diferentes de apresentação que representem diversos modos de exibir graficamente a mesma aplicação. Entre modelos utilizados para essa dimensão incluem-se *storyboards* (sequência de cenas), *Abstract Data Views* (COWAN e LUCENA, 1995), croquis, maquetes, protótipos ou quaisquer outros normalmente utilizados para representar o componente de apresentação de interfaces.

> **» NO SITE**
> Conheça o funcionamento de uma ferramenta que permite criar *storyboards* de suas interfaces gráficas com o usuário acessando o ambiente virtual de aprendizagem Tekne.

»Ciclo de concepção de interfaces Web

O ciclo de concepção de interfaces Web é uma espiral contínua notadamente marcada por sucessivas modificações, muito mais frequentes em aplicações Web do que em outros tipos de interfaces. Dentro desse ciclo espiral, várias etapas se sucedem, embora o número e a importância de cada uma delas variem em função da abordagem utilizada. O ciclo proposto por Scapin et al (2001) (Figura 3.1), compreende seis etapas (veja o Quadro 3.1).

Nesse ciclo, um atalho possível permite a implementação logo após a análise de requisitos sem passar pela etapa de especificação, o que é frequentemente obser-

Quadro 3.1 » Etapas para a concepção das interfaces

Engenharia de requisitos	A estrutura do site e o contexto de utilização são identificados. (Ver requisitos e descrições abordados no Capítulo 2.)
Especificação	Modelos da interface são construídos a partir dos requisitos obtidos durante a fase de análise.
Design	Modelos são construídos para que se possa refletir sobre o site e suas propriedades sem ter que implementá-lo.
Implementação	Criação de páginas HTML e de objetos de som/imagem necessários à aplicação. (Exemplos da implementação podem ser vistos no Capítulo 4.)
Utilização e avaliação	Usabilidade da interface e a sua coerência em relação aos requisitos iniciais são avaliadas.
Manutenção	Envolve um ciclo de maior duração, que abrange a coleta de novos requisitos e o planejamento das modificações identificadas durante a etapa de avaliação.

vado na prática. Contudo, isso dificulta a construção de sites com maior usabilidade. Devido à necessidade de modificações frequentes, cada vez que um desenvolvedor altera manualmente uma interface, está sujeito a criar um problema de usabilidade.

Assim, os sites podem apresentar problemas que estejam associados a um erro relacionado à operação em si (por exemplo, um erro de digitação que torna um link inacessível) ou a uma modificação na estrutura de navegação que elimina um caminho a um ramo da estrutura antes acessível.

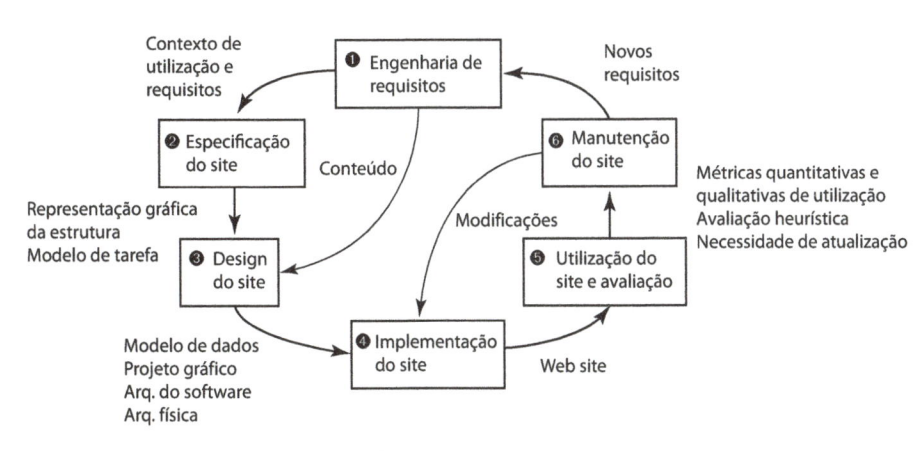

Figura 3.1   Ciclo de desenvolvimento de um site.
Fonte: Winckler e Pimenta (2002).

Para diminuir a ocorrência de erros, sugere-se que o desenvolvedor construa um protótipo de baixa fidelidade (*paper prototyping*), conforme a Figura 3.2.

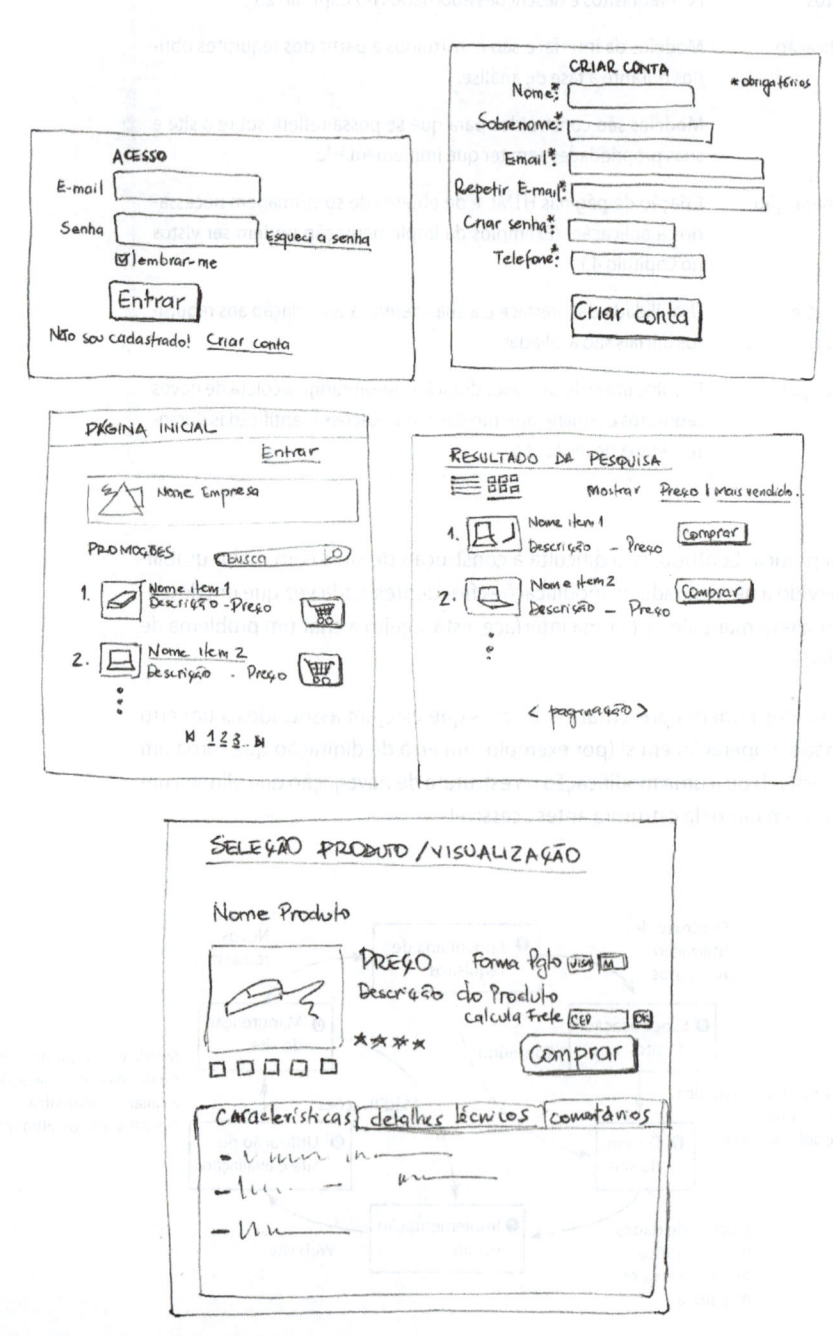

Figura 3.2 Protótipos de baixa fidelidade.
Fonte: dos autores.

> **CURIOSIDADE**
>
> A prototipação em papel (*paper prototyping*) é uma técnica na qual usuários representativos realizam tarefas realísticas, interagindo com uma versão em papel da interface, manipulada por uma pessoa na função do computador.

O modelo de navegação do site representado na Figura 3.3 está relacionado com os protótipos de baixa fidelidade mostrados na Figura 3.2. Da mesma forma, é um exemplo inicial e não finalizado que serve para elucidar a ligação ou a comunicação entre essas telas. Durante seu desenvolvimento, também pode servir para auxiliar na detecção de lacunas, problemas ou ações possíveis não previstas nas telas. Na Figura 3.3, há exemplos para as possíveis ações de cancelamento previstas no modelo navegacional que não foram contempladas nos protótipos de baixa fidelidade.

No modelo mostrado na Figura 3.3, as caixas representam as telas do protótipo de baixa fidelidade, e as linhas com as setas significam as ações, normalmente representadas por botões ou links existentes nessas telas.

> **» NO SITE**
> Para saber mais sobre prototipação em papel, acesse o ambiente virtual de aprendizagem Tekne.

Além do projeto (design), é importante realizar a avaliação (da usabilidade) do site. Idealmente, a avaliação deve ser realizada ao longo do processo de desenvolvimento, pois tem as seguintes funções:

- Testar conceitos iniciais, principalmente de produtos novos.

- Decidir entre opções de design, como o uso de barra de progresso ou porcentagem.

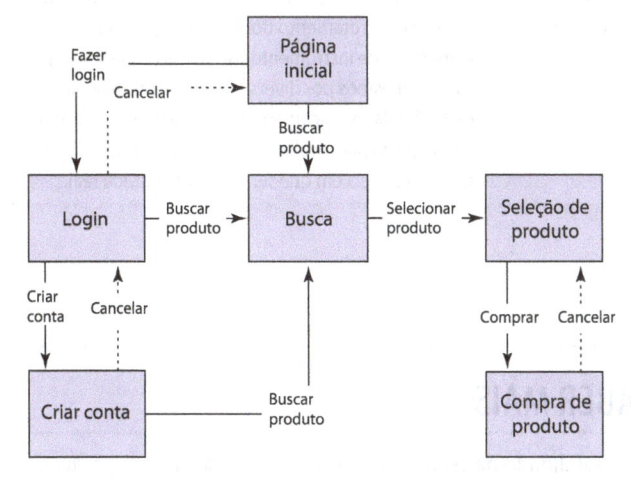

Figura 3.3 Modelo de navegação do site.
Fonte: dos autores.

> **NO SITE**
> Para saber mais sobre a técnica de inspeção da ergonomia de interfaces humano-computador, acesse o ambiente virtual de aprendizagem Tekne.

- Verificar problemas de usabilidade o mais cedo possível, para buscar rapidamente as soluções ou, ao menos, minimizar seus efeitos.

- Testar a aceitação junto ao usuário final.

Existe uma série de métodos de avaliação que podem ser utilizados em diferentes etapas do desenvolvimento de interfaces Web, com ou sem a participação de usuários. Uma classificação básica os divide em **métodos de inspeção**, feitos por especialistas, e **testes empíricos**, que contam com a participação de usuários. O Quadro 3.2 resume alguns dos principais métodos e suas características.

Quadro 3.2 » Métodos de avaliação de usabilidade

Tipo	Nome	Envolvidos	Características
De inspeção	Avaliação heurística	Especialistas	É feita com base em uma lista resumida dos princípios de design. Atualmente existem vários conjuntos de heurísticas, sendo as heurísticas de Nielsen (2013) as mais tradicionais.
	Percurso cognitivo	Especialistas	O avaliador tenta se colocar no lugar do usuário e analisa cada ação, questionando sua realização e o cumprimento da tarefa, registrando problemas de usabilidade e propondo eventual solução.
	Checklist	Especialistas	São instrumentos de avaliação desenvolvidos para inspecionar as interfaces a partir de uma lista de verificações cujos itens podem variar conforme o domínio de aplicação (educação, saúde, etc.) ou plataforma em que a aplicação será executada (windows, mac, *mobile*, etc.).
Empíricos	Ensaio de interação e questionários	Especialistas, desenvolvedores e usuários finais	Avaliam a qualidade da interação entre usuário e sistema e a qualidade da experiência de uso. Tem como desvantagem o seu alto custo, pois envolve a criação de um ambiente de testes, a identificação e o recrutamento dos usuários que irão realizar os testes, a elaboração de instrumentos de coleta de dados e a posterior análise dos mesmos por diversos tipos de profissionais (engenheiros de usabilidade, psicólogos, pedagogos, etc.). Entretanto, é o melhor método para avaliar o uso do sistema em uma situação muito próxima àquela em que será utilizado na vida real.

» PARA SABER MAIS

Mais detalhes sobre avaliação de usabilidade na Web podem ser encontrados no artigo *Avaliação de usabilidade de Sites Web*. (Veja as referências ao final do capítulo.)

>> Agora é a sua vez!

1. Reflita sobre outras possíveis ações e respectivas telas para o exemplo do sistema de carrinho de compras (Cap. 1).
2. Crie novos protótipos de baixa fidelidade para:
    a) Editar perfil de usuário.
    b) Cancelar compra.
    c) Listar desejos – guardar produto para futuras compras.
    d) Fazer perguntas ao vendedor.
3. A partir dos protótipos de baixa fidelidade que foram criados no item 2, desenvolva um modelo de navegação para eles.
4. Para descobrir novas necessidades, requisitos ou eventuais problemas do sistema que você está criando, faça uma introdução do sistema (carrinho de compras) e peça que outros colegas realizem algumas tarefas, como busca de produto, registro de usuário e compra de produto.

REFERÊNCIAS

COWAN, D. D.; LUCENA, C. J. P. Abstract data views: an interface specification concept to enhance design for reuse. *IEEE Transactions on Software Engineering*, New York, v. 21, n. 3, p. 229-243, 1995.

CYBIS, W.; BETIOL, A. H.; FAUST, R. *Ergonomia e usabilidade*: conhecimentos, métodos e aplicações. São Paulo: Novatec, 2007.

FRATERNALI, P. Tools and approaches for developing data-intensive Web applications: a survey. *ACM Computing Surveys*, New York, v. 31, n. 3, p. 227-263, 1999.

NIELSEN, J. *10 usability heuristics for user interface design*. [S.l.]: Nielsen Norman Group, 1995. Disponível em: <http://www.nngroup.com/articles/ten-usability-heuristics/>. Acesso em: 15 set. 2013.

SCAPIN, D. et al. Transfering knowledge of user interfaces guidelines to the web. In: VANDERDONCKT, J.; FARENC, C. *Tools for working with guidelines*. London: Springer, 2001. p. 293-304.

WINCKLER, M. A.; PIMENTA, M. S. Avaliação de usabilidade de sites web. In: NEDEL, L. P. (Org.). *Escola de informática da SBC Sul (ERI 2002)*. Porto Alegre: Instituto de Informática da UFRGS, 2002. v. 1, p. 85-137.

LEITURA RECOMENDADA

GARRET, J. J. *The elements of user experience*: user-centered design for the web and beyond. 2nd ed. New Riders: Pearson, 2011.

Silvia de Castro Bertagnolli
Evandro Manara Miletto

capítulo 4

Criação e formatação de páginas Web com HTML/CSS

O HTML é a base para criar uma página exibida em um navegador Web. Ele é constituído por um conjunto de TAGs que possibilita exibir o conteúdo e utilizar recursos hipermídia – links, imagens, tabelas, vídeos. Porém, seus recursos de formatação visual são muito restritos e simples. Já o CSS, ou folhas de estilo, permite diferentes tipos de formatações, como bordas, cores, fundo, elementos textuais estilizados e layouts diferenciados. Neste capítulo, você conhecerá as principais características do processo de criação de páginas com HTML/CSS.

Objetivos de aprendizagem

» Criar páginas Web com HTML.

» Definir estilos e aplicá-los a páginas Web.

» Compreender como ocorre a estilização de páginas Web com CSS.

>> Introdução

HTML, ou HyperText Markup Language, é uma linguagem de marcação utilizada para criar páginas acessadas a partir de um navegador. A característica principal dessas páginas é que elas utilizam hipertexto para viabilizar a navegação.

Todos os elementos que compõem uma página são posicionados por meio de comandos específicos da linguagem, denominados TAGs. Uma **TAG** é uma palavra específica, definida em HTML, envolta por sinais de "menor que" (<) e "maior que" (>). De um modo geral, as TAGs aparecem em pares, uma indicando o início e a outra indicando o fim da marcação, como ilustra a Figura 1.4. Para criar uma página Web, devem ser utilizadas algumas TAGs básicas, como apresenta o Quadro 4.1.

> **>> DEFINIÇÃO**
> O **hipertexto** é um arquivo no formato de texto composto basicamente por títulos, textos, parágrafos, imagens, tabelas e links. Os links aparecem destacados de forma sublinhada e, quando clicados, levam a outras páginas Web, ou a outras seções de uma mesma página.

`<tag>` Conteúdo/elementos afetados pela TAG `<tag>`

Ativa a formatação (início da TAG)

Desativa a formatação (fim da TAG)

Figura 4.1 Regra para definição e uso de TAGs.
Fonte: dos autores.

A estrutura de um documento HTML básico apresenta as TAGs do Quadro 4.1 organizadas conforme ilustra a Figura 4.2.

> **>> IMPORTANTE**
> A linguagem HTML não faz diferença entre letras maiúsculas e minúsculas. Então, `<body>` é equivalente a `<BODY>` ou `<Body>`. Porém, o padrão definido pela W3C é sempre usar o nome das TAGs com todas as letras minúsculas.

Quadro 4.1 >> TAGs HTML

TAG	Função
html	Marca o início e o fim da página Web, informando ao navegador que o texto contido no documento está escrito em HTML.
head	Marca o início e o fim do cabeçalho, a área onde serão descritos os cabeçalhos e o título da página. Pode ser utilizado, ainda, para declarar scripts em Javascript ou definir formatações CSS.
title	Marca o início e o fim do título da página, que sempre está posicionado na barra superior do browser.
body	Marca o início e o fim do corpo da página, que contém imagens, textos, títulos, links, etc.

> **>> DICA**
> Os caracteres dentro da TAG (marca) são, geralmente, uma abreviação de uma instrução de formação ou um elemento a ser adicionado à página.

```
1    <html>
2        <head>
3            <title> Título </title>
4        </head>
5        <body>
6            Conteúdo da página
7        </body>
8    </html>
```

Figura 4.2 Exemplo de página Web.
Fonte: dos autores.

» Agora é a sua vez!

1. Siga os passos descritos abaixo:

- Abra um editor de textos como, por exemplo, o bloco de notas.
- Digite o código esquematizado pela Figura 4.2.
- Salve o arquivo como "Exercicio1.htm" ou "Exercicio1.html".
- Abra o navegador e carregue o arquivo salvo.

2. Crie uma página baseada no arquivo "Exercicio1", de modo que ela exiba, no título, o nome da loja virtual definida no Capítulo 1.

» Principais TAGs HTML

Antes de começar a estudar as TAGs HTML, é necessário deixar claro que, neste livro, as TAGs HTML serão utilizadas apenas para definir a estrutura do conteúdo das páginas, pois a formatação e a inclusão de estilos visuais serão aplicadas via CSS. Além disso, ao definir o estilo pelo CSS, o código HTML acaba ficando bem simples, o que facilita a indexação das páginas pelos mecanismos de busca.

> » **NO SITE**
> Para dicas de como construir um site facilmente indexado pelo Google, acesse o ambiente virtual de aprendizagem Tekne: www.bookman.com.br/tekne.

> » **DICA**
> Tente utilizar apenas uma TAG `h1` por página, preferencialmente indicando o tópico principal da página. Isso propicia a indexação correta da página pelos mecanismos de busca.

Assim, nesta seção abordaremos as principais TAGs HTML, desconsiderando as TAGs que já estão em desuso e os atributos que podem ser substituídos por propriedades com folhas de estilo.

O Quadro 4.2 apresenta as principais TAGs relacionadas com títulos e formatações básicas de estilo.

Quadro 4.2 » TAGs de títulos e formatações

TAG	Descrição
`h1` `h2` `h3` `h4` `h5` `h6`	Divide o texto em seções, estabelecendo a ideia de cabeçalhos no documento. Os números podem variar de 1 a 6, sendo que o cabeçalho de nível 1 exibe o texto no seu maior formato, e o de nível 6, no menor.
`strike`	Permite tachar algum trecho: uma linha reta horizontal fica sobreposta ao texto.
`sub`	Possibilita o subscrito: um trecho de texto fica abaixo da linha das demais partes do texto.
`sup`	Permite o sobrescrito: um trecho do texto fica acima da linha das demais partes do texto.
`big` `small`	Modifica o tamanho de um trecho do texto, tornando-o um pouco maior (*big*) ou menor (*small*).
`tt`	Mantém o mesmo espaçamento entre todos os caracteres. É utilizada para escrever o texto com fonte de máquina de escrever, chamada de monoespaçada. Por exemplo, a letra "i" ocupa o mesmo espaço horizontal que a letra "m".
`pre`	Faz com que o navegador exiba o texto como ele é digitado, incluindo novas linhas, tabulações e espaços extras. Utilizada para texto pré-formatado.
`cite`	Mantém o título de uma publicação em itálico.
`strong`	Dá ênfase a uma palavra ou frase por meio do negrito.
`em`	Dá ênfase a uma palavra ou frase por meio do itálico.
`blockquote`	Permite a inclusão de uma citação longa ou de uma citação a um trecho de texto que tem origem em outro site.
`q`	Atua de forma semelhante à TAG `blockquote`, porém é aplicada para citações com uma única linha.

Outras TAGs que podem ser utilizadas para criar o conteúdo de uma página Web são `<p>` e `<br />`. A TAG p é utilizada para inserir um parágrafo no texto com o intuito de ajustar visualmente os blocos de texto ao documento HTML. Já a TAG br é utilizada para inserir quebra de linha ou novas linhas no texto.

A TAG br é chamada de TAG vazia, pois não possui TAG de fim. Assim, para usá-la conforme estabelece o padrão da W3C, você deve colocar a TAG br, acrescida de um espaço e da barra de fim: `<br />`.

Outras TAGs muito utilizadas no HTML são as **TAGs de listas**. Com elas, podemos usar as listas ordenadas e as não ordenadas. As listas ordenadas são utilizadas para indicar os passos, as etapas ou a ordem dos itens. A TAG ol é utilizada para criar listas ordenadas e numeradas. As listas não ordenadas são utilizadas para organizar itens que possuem afinidade, mas não têm relação de ordem como, por exemplo, os links, as dicas e os itens descritivos.

A Figura 4.3 ilustra a codificação de uma página Web, utilizando algumas das TAGs analisadas até o momento.

> » **ATENÇÃO**
> Use os cabeçalhos na ordem de sua numeração, procurando não sair da sequência. Por exemplo: coloque sempre um h2 antes de um h3.

> » **IMPORTANTE**
> Ao usar a TAG de parágrafo, lembre-se de começar o parágrafo com `<p>` e finalizá-lo usando `</p>`.

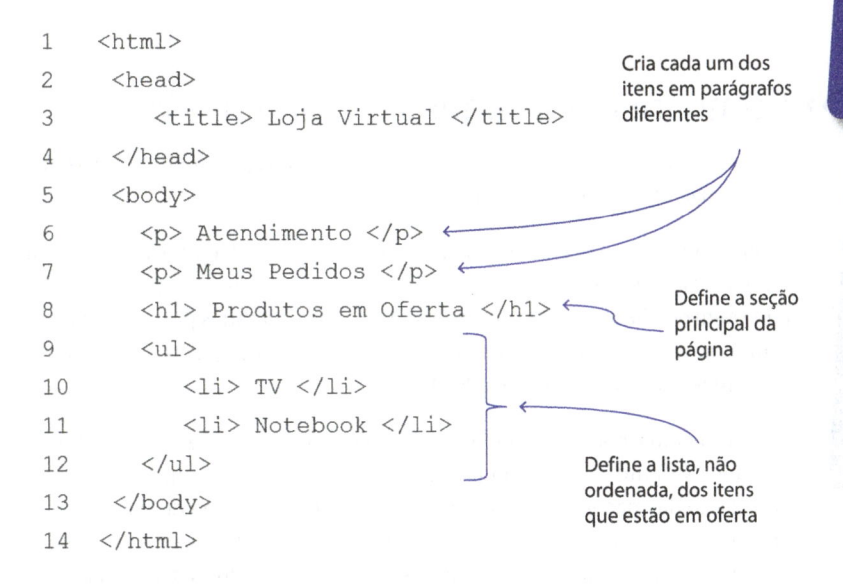

```
1    <html>
2      <head>
3        <title> Loja Virtual </title>
4      </head>
5      <body>
6        <p> Atendimento </p>
7        <p> Meus Pedidos </p>
8        <h1> Produtos em Oferta </h1>
9        <ul>
10         <li> TV </li>
11         <li> Notebook </li>
12       </ul>
13     </body>
14   </html>
```

- Cria cada um dos itens em parágrafos diferentes
- Define a seção principal da página
- Define a lista, não ordenada, dos itens que estão em oferta

Figura 4.3 Exemplo de uso de algumas TAGs HTML.
Fonte: dos autores.

» Agora é a sua vez!

1. Crie a página "index.html".
2. Escreva um texto simples no topo da página contendo o nome da loja.
3. Inclua na página "index.html" um item que será utilizado para entrar em contato com o atendimento da loja virtual, usando o texto "Atendimento".
4. Inclua na página "index.html" um item que será utilizado para entrar na área de acesso restrito, com o texto "Meus Pedidos".
5. Inclua na página "index.html" a lista das categorias dos produtos que serão vendidos pela loja virtual:
    a) Cinema e Fotografia
    b) Vídeo
    c) Áudio
    d) Informática
6. Inclua na página as principais ofertas usando um cabeçalho "h1" para o título das ofertas e um cabeçalho "h2" para cada produto que está em oferta.

<u>Observação</u>: Preocupe-se somente com a estrutura da página neste momento, incluindo um elemento abaixo do outro. Deixe a questão de estilo e formatação para definir após estudar a seção CSS.

» Como incluir imagens em páginas Web

As imagens são um recurso visual muito utilizado em páginas Web, pois deixam a página mais atrativa para os usuários.

As imagens utilizadas em páginas Web podem ser de diferentes formatos: GIF (*Graphics Interchange Format*), JPEG (*Joint Photographic Experts Group*) e PNG (*Portable Network Graphics*). Esses formatos são os mais utilizados porque trabalham com compressão, reduzindo o tamanho da imagem e, consequentemente, o tráfego na rede para baixá-la (ver Quadro 4.3).

Para incluir uma imagem em uma página Web, você deve usar a TAG `img`. Ela possui vários atributos, entre os quais os mais utilizados são `src`, que determina a localização da imagem que será exibida, e `alt`, utilizado como descrição textual rápida e alternativa à imagem. Existem outros atributos relacionados às imagens, mas eles são substituídos pelo CSS, uma vez que envolvem formatação, dimensionamento e localização de imagens.

Considerando a localização da imagem, o caminho pode ser classificado em dois tipos:

Caminho absoluto: utilizado quando é necessário inserir uma imagem em um documento HTML que está em um servidor Web. É composto pelo protocolo (http://), o nome do servidor e a pasta em que o arquivo está localizado (Figura 4.4).

» **ATENÇÃO**
Cuidado para não reduzir demais a qualidade da imagem. Em alguns casos, como o formato JPEG, por exemplo, quanto maior a compressão, menor o tamanho do arquivo e mais baixa a qualidade da imagem.

» **NO SITE**
Consulte o ambiente virtual de aprendizagem Tekne para mais informações sobre os formatos GIF e PNG.

Quadro 4.3 » Principais formatos de imagem utilizados na Web

Formato	Descrição	Observação
GIF	Utilizado para imagens que contenham logotipos, ícones, botões e outras ilustrações com cores e tons uniformes. Pode ser transparente ou animado – nesse caso, o tamanho dos arquivos é maior, resultando em maior tempo para visualização no navegador.	256 cores
JPEG	Usado para reproduzir imagens fotográficas. Possui boa qualidade e não pode ser transparente ou animado.	24 bits
PNG	Inclui os recursos do GIF e do JPEG. Porém, antes de usar esse formato, é necessário identificar a aplicabilidade da imagem. Para imagem com vários níveis de transparência, recomenda-se o formato PNG32. Para qualidade alta da imagem, mas com tamanho reduzido, o ideal é utilizar o formato JPEG.	PNG8 – 8 bits PNG24 – 24 bits PNG32 – 32 bits

Caminho relativo: utilizado para localizar os arquivos, tomando como ponto de partida a pasta raiz do site. Esse tipo de caminho não inclui o protocolo (http://) nem o nome do domínio. Começa com uma barra (/), sinalizando a raiz do site e é seguido pelos diretórios em que está o arquivo que contém a imagem. Esse tipo de localização é utilizado para imagens armazenadas no próprio site (Figura 4.4).

A Figura 4.4 esquematiza um exemplo de código HTML que utiliza caminhos absoluto e relativo com imagens. Observe que, como a imagem do logotipo está na pasta imagens e está localizada um nível acima da pasta onde se situa o arquivo

> **» IMPORTANTE**
> Quando você informar o valor dos atributos de qualquer TAG, recomendamos o uso de aspas duplas para atribuir os valores.

```
1   <html>
2     <head>
3       <title> Loja Virtual </title>
4     </head>
5     <body>
6       <img src="../imagens/logotipo.jpg"
            alt="Logotipo da loja virtual"/>
7       <p> Atendimento </p>
8       <p> Meus Pedidos </p>
9       <h1> Produtos em Oferta </h1>
10      <h2> Notebook Sony</h2>
11      <img src="http://www.sony.com.br/eletronicos/_content/
            uploads/2013/07/14e-235x190.png"
            alt="Figura notebook Sony"/>
12    </body>
13  </html>
```

A imagem do logotipo está sendo informada usando caminho relativo.

A imagem do produto está sendo informada usando caminho relativo ao site do fabricante.

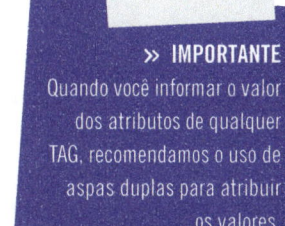

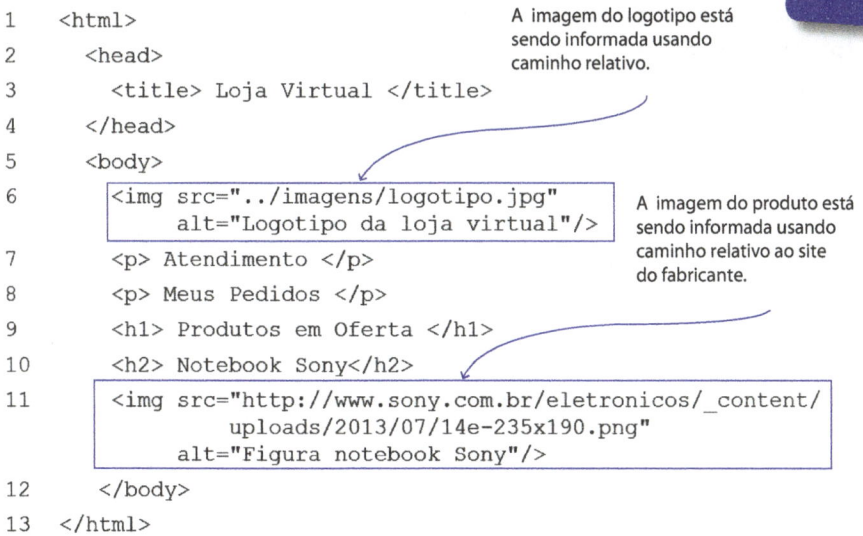

Figura 4.4 Exemplo de inclusão de imagens em páginas Web.
Fonte: dos autores.

> **DICA**
>
> Se você estiver utilizando CSS em suas páginas Web, pode usar o caminho relativo ao documento. Com esse caminho, é possível referenciar imagens que estão no seu computador, facilitando o desenvolvimento das páginas.

.html, foi necessário usar ../ para que a página Web localize corretamente a imagem (Figura 4.4, linha 6). Note, ainda, que o valor do atributo `alt` das TAGs `img` está entre aspas duplas, conforme estabelece o padrão.

Como ligar páginas Web

O link é utilizado para permitir a navegação entre páginas de um site ou de outros sites. Com ele, é possível ligar páginas entre si utilizando texto ou imagens que estão na página Web. Os tipos mais comuns de links que podem ser utilizados em páginas Web são:

Links internos: ligam partes de uma mesma página. Por exemplo: se sua página for muito extensa, é possível criar um link no fim dela para retornar ao início, e vice-versa.

Links locais: se dirigem a outras páginas do mesmo site. Por exemplo: na loja virtual, você pode clicar na imagem de um produto, e o site carrega uma página para vendê-lo (Figura 4.5).

```
1    <html>
2      <head>
3        <title> Loja Virtual </title>
4      </head>
5      <body>
6        <img src="../imagens/logotipo.jpg"
                alt="Logotipo da loja virtual"/>
7        <p> Atendimento </p>
8        <p> Meus Pedidos </p>
9        <h1> Produtos em Oferta </h1>
10       <h2> Notebook Sony </h2>
11       <a href="venda_notebookSony_14e.html">
12          <img src="http://www.sony.com.br/eletronicos/_content/
                uploads/2013/07/14e.png" alt="Figura do notebook Sony"/>
13       </a>
14       <p>
15         <a href="http://sony.com.br/eletronicos/computadores/
                fit-14-e-svf14213cb/">
              Detalhes do Produto
           </a>
16       </p>
17     </body>
18   </html>
```

O link local para a página venda_notebookSony_14e.html é ativado por meio de uma imagem.

Figura 4.5 Exemplo de ligação entre páginas Web.
Fonte: dos autores.

Links remotos: se dirigem a páginas de outros sites. Por exemplo: quando você deseja acessar os detalhes de um produto na loja virtual, é possível direcionar o link para o site do fabricante do produto (Figura 4.5, linha 15).

Para incluir um link em uma página Web, é necessário usar a TAG a. Ela possui como atributo principal `href`, o qual é utilizado para indicar a página destino do link.

> **» IMPORTANTE**
> Se você quiser incluir uma imagem de fundo em uma página Web, não a inclua usando a TAG body. Veremos como fazer isso usando CSS, mais adiante.

» Agora é a sua vez!

1. Crie uma página chamada de categoria `Video.html`.
2. Inclua uma lista contendo os seguintes itens:
   a) TVs
   b) *Blu-Ray*
   c) DVD players
   d) Suportes para TV
   e) *Racks*
   f) Acessórios
3. Para cada item da lista do exercício anterior, crie uma página Web específica. Por exemplo: para as TVs, crie a página categoria `Video_TV.html`.
4. Crie um link para cada item da lista do Exercício 2, observando que esse link deve levar o usuário para a página correspondente. Por exemplo: ao clicar no item TV, abrirá a página categoria `Video_TV.html`
5. Dentro da página categoria `Video_TV.html`, crie uma lista contendo algumas TVs com os seguintes itens:
   • Imagem da TV
   • Modelo
   • Valor à vista: R$ 0000,00
   • Valor parcelado: R$ 000,00 em *N* vezes
   • Detalhes
6. No Exercício 5, a imagem da TV pode estar armazenada no seu site ou você pode incluir um link para a imagem disponível no site do fabricante.
7. Ajuste o Exercício 5 de modo que você inclua um link para os detalhes do produto. Esse link deve ser direcionado para o site do fabricante e exibir as especificações técnicas de cada TV.

CSS

> **NO SITE**
> Acesse o ambiente virtual de aprendizagem Tekne para ver tutoriais relacionados ao CSS.

Antes de o CSS ser utilizado para a formatação de páginas Web, era necessário utilizar TAGs HTML específicas. Assim, quando algum elemento da aparência era alterado, todas as páginas deviam ser revisadas e até mesmo refeitas em alguns casos.

As folhas de estilo em cascata (ou CSS – *Cascading Style Sheets*) mudam a forma de organização das páginas. O HTML passa a ser utilizado somente como elemento para estruturar as páginas, e o CSS é utilizado na formatação da aparência das páginas. Com o CSS, é possível definir em um único local a formatação que será utilizada por cada TAG. Com isso, apenas um arquivo é alterado, sendo que a mudança é automaticamente propagada a todas as páginas que compõem o site.

As folhas de estilo possibilitam criar estilos personalizados para títulos, listas, imagens, etc., além de permitirem a definição de cores, fontes, bordas, alinhamentos, entre outras características vinculadas à aparência das páginas Web.

Para criar um estilo, você precisa definir uma **regra CSS**. Cada regra deve utilizar a sintaxe esquematizada pela Figura 4.6.

Alguns exemplos de regras CSS são descritos no Quadro 4.4.

Quadro 4.4 » Regras CSS

Exemplo	Descrição
`h1 {font-size: 36pt;}`	Todos os cabeçalhos de nível 1 usarão fonte de 36 pontos.
`h2 {font-size: 24pt; color: blue;}`	Todos os cabeçalhos de nível 2 usarão fonte de 24 pontos e a cor azul.

`p {`
`font-family: Times;`
`font-size: 12pt;`
`color: blue;`
`margin-left: 0.5in;`
`}`
	Todos os parágrafos usarão fonte Times, 12 pontos, na cor azul e recuados meia polegada a partir da margem esquerda da página.

seletor { propriedade1: valor; propriedade2: valor; ...; propriedade-n: valor; }

Bloco de delaração (entre os símbolos de "{" e "}"):
define as informações que serão aplicadas ao seletor.

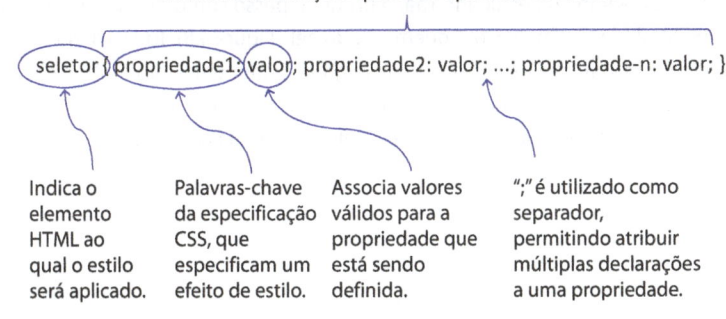

Indica o elemento HTML ao qual o estilo será aplicado.

Palavras-chave da especificação CSS, que especificam um efeito de estilo.

Associa valores válidos para a propriedade que está sendo definida.

";" é utilizado como separador, permitindo atribuir múltiplas declarações a uma propriedade.

Figura 4.6 Regra para definição de seletores em CSS.
Fonte: dos autores.

>> **NO SITE**
Agora que você já conhece um pouco de CSS, acesse o ambiente virtual de aprendizagem Tekne para treinar suas propriedades.

>> Folhas de estilo

As regras de estilo CSS podem ser definidas de três formas:

Inline: as regras são definidas dentro de uma TAG HTML.

Interna: as regras são definidas no cabeçalho do documento HTML.

Externa: as regras são definidas em um documento separado, fora de todos os documentos HTML.

Folha de estilo *inline*

Para criar uma folha de estilo *inline*, as formatações devem ser acrescentadas uma a uma para cada TAG que se deseja personalizar, como ilustra a Figura 4.7, à esquerda.

```
1   <html>
2     <head>
3       <title> Loja Virtual </title>
4     </head>
5     <body>
6       <img src="../imagens/logotipo.jpg"
            alt="Logotipo da loja virtual"/>
7       <p> Atendimento </p>
8       <p> Meus Pedidos </p>
9       <h1 style="color: #0066ff;font-family: Arial;">
10        Produtos em Oferta
11      </h1>
12    </body>
13  </html>
```

TAG h1 foi personalizada para que a cor da fonte seja #0066ff e a família da fonte seja Arial.

Figura 4.7 Aplicando folha de estilo *inline*.
Fonte: dos autores.

> **DICA**
> A TAG `style`, utilizada para folhas de estilo *inline* e interna, é uma TAG HTML, não uma propriedade CSS. Ela tem como função informar ao navegador que todas as informações contidas nela são códigos vinculados a CSS e não ao HTML.

Folha de estilo interna ou incorporada

Para criar uma folha de estilo interna, o primeiro passo compreende a criação do arquivo html (um exemplo é o esquematizado pela Figura 4.8). Toda a definição do CSS é realizada na área de cabeçalho da página, juntamente com a TAG de título. Para utilizar o CSS dentro do HTML, basta incluir as TAGs que sofreram formatação na área de cabeçalho, como as TAGs p e h1, ilustradas na Figura 4.8.

```
1   <html>
2     <head>
3       <title> Loja Virtual </title>
4       <style type="text/css">
5         h1{color: #0066ff;font-family: Arial;}
        p{color: #09f; font-size: 1.5em;}
6       </style>
7     </head>
8     <body>
9       <img src="../imagens/logotipo.jpg"
            alt="Logotipo da loja virtual"/>
10      <p> Atendimento </p>
11      <p> Meus Pedidos </p>
12      <h1>Produtos em Oferta </h1>
13    </body>
14  </html>
```

Definição do estilo que será aplicado no corpo do HTML.

Figura 4.8 Aplicando a folha de estilo interna.
Fonte: dos autores.

Folha de estilo externa

Embora as folhas de estilo *inline* e interna sejam fáceis de criar e usar, recomendamos que você utilize o estilo de folhas externas quando se tratar de um site composto por muitas páginas.

Para incorporar folhas de estilo externas, é necessário criar um arquivo em separado para a definição das regras CSS. Esse arquivo pode ser criado com um editor de textos simples, como o bloco de notas, porém sua extensão deve obrigatoriamente ser .css.

A segunda etapa para o uso desse tipo de folha de estilo é indicar no arquivo .html onde ela está definida. Para isso, é utilizada a TAG link no cabeçalho da página HTML. Essa TAG referencia o arquivo .css, e todas as regras nele definidas são aplicadas ao arquivo .html (Figura 4.9).

> **IMPORTANTE**
> A TAG `link` é definida no cabeçalho da página, onde em `href` é realizada uma referência absoluta ou relativa ao arquivo .css, que contém as regras CSS de formatação.

```
1    h1{color: #0066ff;font-family: Arial;}
2    p{color: #09f; font-size: 1.5em;}
```
arquivo: regras.css

```
1    <html>
2      <head>
3        <title> Loja Virtual </title>
4        <link href="regras.css" rel="stylesheet" type="text/css" />
7      </head>
8      <body>
9        <img src="../imagens/logotipo.jpg"
             alt="Logotipo da loja virtual"/>
10       <p> Atendimento </p>
11       <p> Meus Pedidos </p>
12       <h1>Produtos em Oferta </h1>
13     </body>
14   </html>
```
arquivo: .html

- Localização/nome da folha de estilo
- Link com uma folha de estilo
- Informa ao navegador que o arquivo é do tipo texto contendo CSS.

Figura 4.9 Aplicando a folha de estilo externa.
Fonte: dos autores.

>> CURIOSIDADE

Se você usa os navegadores Firefox ou Google Chrome, pode inspecionar todo o HTML e o CSS. Para tanto, abra a página HTML que usa CSS e clique com o botão direito sobre ela. Surgirá, então, o menu pop-up contendo a opção "inspecionar elemento". Ativando esse item, você poderá analisar cada uma das TAGs HTML e verificar onde cada estilo CSS é aplicado. Se você usa o navegador Internet Explorer, pode ativar a inspeção da página usando a tecla F12.

>> TAGs div e span

A TAG HTML div estabelece divisões lógicas nas páginas. Elas são semelhantes aos parágrafos, porém uma div pode abranger diversas TAGs e se estender por uma porção de código bem ampla.

Com o uso da TAG div, é possível aplicar um estilo para seções inteiras de HTML, permitindo que cada seção de uma página Web possa ser definida por uma div diferente. Podemos criar uma div para o *banner* da página, o menu lateral, o menu superior, a área de conteúdo e o rodapé, ou para qualquer outra seção.

> **>> DICA**
> Utilize validadores para saber se suas páginas HTML, bem como o CSS que você está criando, estão corretos.

» Agora é a sua vez!

1. Usando uma folha de estilo externa, crie o estilo abaixo no arquivo exercicios.css:

```
body{
    background-color:#9cf;
    color: #06f;
}
```

2. Use esse estilo na página index.html criada nas seções anteriores deste capítulo.

Quando uma div é utilizada, algumas seções da página podem receber nomes específicos e ser alteradas dinamicamente com JavaScript ou com propriedades CSS. Além disso, usando essa TAG, é possível aplicar uma formatação específica apenas às TAGs que estão dentro do bloco de código delimitado pela div.

Os principais atributos da TAG div são os seguintes:

- style: associa um estilo à div.

- class: associa um seletor de classe à div.

- id: nomeia a seção, de modo que ela possa ser acessada a partir de outros pontos da página, e associa um seletor de ID (seletores serão abordados na próxima seção).

A TAG span tem propriedades semelhantes às da TAG div, porém a TAG span é recomenda para pequenas porções de texto (palavras ou frases). Outro item importante que devemos observar é que a span não modifica a estrutura do documento, enquanto a div insere uma quebra de parágrafo automática quando encontra a TAG \div.

Essas TAGs serão muito utilizadas em conjunto com o CSS, e as próximas seções ensinarão como aplicá-las para estruturar as páginas Web.

Seletores

No CSS, existem vários tipos de seletores que você pode usar para personalizar uma página: seletor de TAGs, seletor de classes, seletor de IDs, seletor de atributos, seletores pseudoclasse e pseudoelemento. As próximas seções apresentarão esses seletores e indicarão quando usar cada um deles.

> » NO SITE
> Acesse o ambiente virtual de aprendizagem Tekne para conhecer o validador disponibilizado pela W3C.

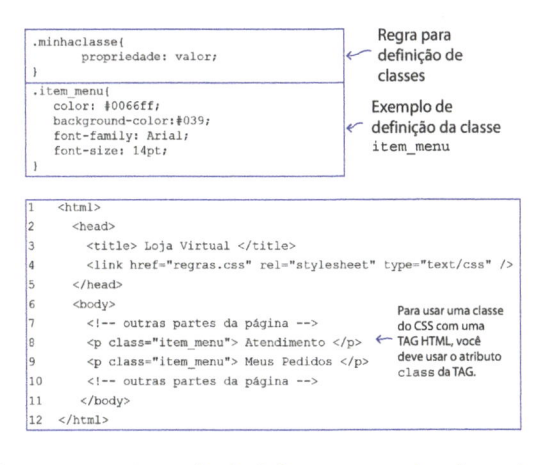

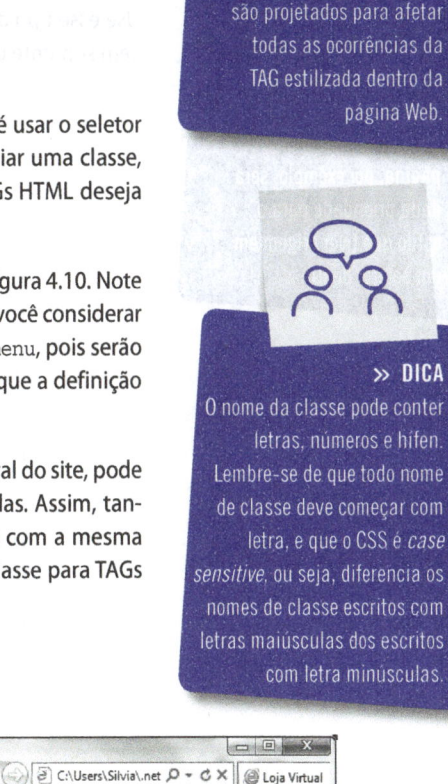

Seletor de TAGs

O seletor de TAG é aquele aplicado às TAGs HTML, como, por exemplo, os seletores h1 e p vistos nas seções anteriores. Isso porque os seletores de TAGs usam o mesmo nome da TAG que irão formatar. No Quadro 4.4, você encontra alguns exemplos de seletores de TAGs.

Quando esse tipo de seletor é utilizado em uma página, o navegador recebe a informação de que todas as TAGs que possuem aquele seletor definido devem aplicar o estilo criado com a regra CSS. Com essa abordagem, se você quiser mudar a cor da fonte ou de fundo, deve apenas alterar a regra CSS, sem necessidade de alterar todas as páginas Web que usam o estilo.

Seletor de classe

Uma solução para o problema apresentado pelo seletor de TAGs é usar o seletor de classes. Ele permite criar o nome de um seletor e, com ele, criar uma classe, onde serão definidas as regras CSS. Após, você escolhe quais TAGs HTML deseja associar ao seletor de classe.

A sintaxe para definir um seletor de classe é esquematizada pela Figura 4.10. Note que o elemento minhaclasse deve assumir o nome de classe que você considerar adequado. No caso do nosso exemplo, o nome da classe é item_menu, pois serão os elementos que irão compor o menu superior do site. Observe que a definição do nome da classe deve ser precedida de "." (ponto).

Observe que, se você quiser usar a mesma classe para o menu lateral do site, pode nomear a classe como "menu" e aplicar as formatações já definidas. Assim, tanto os itens do menu superior quanto os do menu lateral ficarão com a mesma aparência. Note, ainda, que você pode usar o mesmo nome de classe para TAGs completamente diferentes.

> » **IMPORTANTE**
> Quando você desejar que cada parágrafo do site tenha uma aparência diferente, não poderá usar seletores de TAG, pois eles são projetados para afetar todas as ocorrências da TAG estilizada dentro da página Web.

> » **DICA**
> O nome da classe pode conter letras, números e hifen. Lembre-se de que todo nome de classe deve começar com letra, e que o CSS é *case sensitive*, ou seja, diferencia os nomes de classe escritos com letras maiúsculas dos escritos com letra minúscula.

```
.minhaclasse{
     propriedade: valor;
}
.item_menu{
   color: #0066ff;
   background-color:#039;
   font-family: Arial;
   font-size: 14pt;
}
```
← Regra para definição de classes
← Exemplo de definição da classe item_menu

```
1   <html>
2   <head>
3     <title> Loja Virtual </title>
4     <link href="regras.css" rel="stylesheet" type="text/css" />
5   </head>
6   <body>
7     <!-- outras partes da página -->
8     <p class="item_menu"> Atendimento </p>
9     <p class="item_menu"> Meus Pedidos </p>
10    <!-- outras partes da página -->
11  </body>
12  </html>
```
← Para usar uma classe do CSS com uma TAG HTML, você deve usar o atributo class da TAG.

Figura 4.10   Exemplo de definição e uso de seletor de classe.
Fonte: dos autores.

>> **ATENÇÃO**
Não esqueça que o seletor de IDs tem prioridade sobre os seletores de classes quando a página for formatada por um navegador. Caso o navegador encontre dois estilos conflitantes sobre a cor da fonte em uma página, por exemplo, será dada prioridade para o estilo que tiver origem em um seletor de ID.

Com o seletor de classes, você pode aplicar o estilo a TAGs, a palavras ou a frases dentro de outras TAGs do HTML. Para isso, é necessário optar pelas TAGs span ou div do HTML, conforme mencionado anteriormente.

Seletor de IDs

O seletor de IDs identifica uma parte da página, como o *banner*, o rodapé, a barra de navegação, ou ainda a área de conteúdo. De forma semelhante ao seletor de classe, o seletor de ID também deve receber um nome para associá-lo com a TAG HTML através do atributo id.

Use esse tipo de seletor para identificar seções dentro da página Web que aparecem somente uma vez como, por exemplo, o *banner* (Figura 4.11).

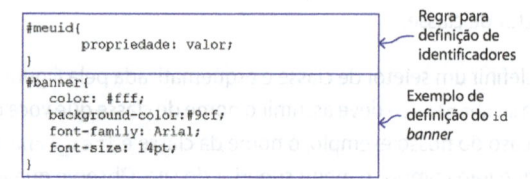

```
#meuid{
      propriedade: valor;
}
```
Regra para definição de identificadores

```
#banner{
   color: #fff;
   background-color:#9cf;
   font-family: Arial;
   font-size: 14pt;
}
```
Exemplo de definição do id *banner*

```
1  <html>
2    <head>
3      <title> Loja Virtual </title>
4      <link href="regras.css" rel="stylesheet" type="text/css" />
5    </head>
6    <body>
7      <!-- outras partes da página -->
8      <div id="banner">
9        <p class="menu_sup"> Atendimento </p>
10       <p class="menu_sup"> Meus Pedidos </p>
11     </div>
12     <!-- outras partes da página -->
13   </body>
14 </html>
```
Para usar um id do CSS com uma TAG HTML, você deve usar o atributo id da TAG

Figura 4.11 Exemplo de definição e uso de seletor de ID.
Fonte: dos autores.

Seletor de atributo

O seletor de atributo compreende uma regra que é definida para formatar algumas TAGs HTML de acordo com os atributos que elas apresentam. O Quadro 4.5 apresenta alguns exemplos de seletores de atributos. Note que, no seletor CSS, e corresponde ao elemento HTML e atrib compreende o atributo que será utilizado para definir o seletor.

Seletores de pseudoclasses e pseudoelementos

Os seletores pseudoclasses selecionam elementos baseados em informações que não estão presentes na árvore HTML da página Web. No CSS, existem alguns seletores predefinidos que podem ser utilizados em páginas Web, conforme apresenta o Quadro 4.6.

> **» DICA**
> Os símbolos =, |=, ~=, ^=, $= e *= são as máscaras aplicadas ao seletor, para que ele possa selecionar adequadamente o elemento dentro da página Web.

Quadro 4.5 » Principais seletores de atributos

Seletor CSS	Exemplo	Descrição
e[atrib]	img[title]{border-style:dotted;}	Indica que, sempre que a TAG img possuir um atributo do tipo title, a borda da imagem assumirá o estilo dotted.
e[atrib="Val"]	img[title="logotipo"]{border-style:dotted;}	Indica que, sempre que a TAG img possuir um atributo do tipo title com o valor logotipo, a borda da imagem assumirá o estilo dotted.
e[atrib|="Val"]	img[title|="logo"]{border-style:dotted;}	Indica que, sempre que a TAG img possuir um atributo do tipo title com o valor inicial logo, a borda da imagem assumirá o estilo dotted.
e[atrib~="Val"]	img[title~="logotipo"]{border-style:dotted;}	Indica que, sempre que a TAG img possuir um atributo do tipo title que contenha a palavra logotipo em qualquer parte, a borda da imagem assumirá o estilo dotted.
e[atrib^="Val"]	img[title^="logo"]{border-style:dotted;}	Indica que, sempre que a TAG img possuir um atributo do tipo title que comece com logo, a borda da imagem assumirá o estilo dotted.
e[atrib$="Val"]	img[title$="tipo"]{border-style:dotted;}	Indica que, sempre que a TAG img possuir um atributo do tipo title que termine com tipo, a borda da imagem assumirá o estilo dotted.
e[atrib*="Val"]	img[title*="ogo"]{border-style:dotted;}	Indica que, sempre que a TAG img possuir um atributo do tipo title que contenha goti, a borda da imagem assumirá o estilo dotted.

Quadro 4.6 » Resumo das pseudoclasses

Pseudoclasse	Exemplo	Descrição
:link	a:link{color:#336; text-decoration: none;}	O estilo padrão utilizado para links não visitados é azul e sublinhado. O exemplo altera essas propriedades para outra cor, sem sublinhado.
:visited	a:visited {color:yellow;}	Utilizado para alterar propriedades de links já visitados.
e:hover	a:hover {background-color: red;}	Possibilita alterar a aparência do elemento quando o ponteiro do mouse passa em cima do elemento. Pode ser aplicado a links (como no exemplo) e a outros elementos do HTML.
e:active	a:active{color:black;}	É ativado quando o usuário permanece com o mouse clicado sobre o elemento. Também pode ser aplicado a links e a outros elementos do HTML.
e: focus	a: focus{background-color: red;}	É semelhante ao seletor hover. Enquanto o hover é ativado pelo mouse, o focus é ativado via teclado, geralmente pela tecla TAB.

Os pseudoelementos permitem selecionar partes do documento que não estão na árvore HTML da página Web, possibilitando introduzir ao HTML abstrações não definidas. No CSS versões 1 e 2, os pseudoelementos definidos compreendem: :first--letter, :first-line, :before e :after. Já na versão 3 do CSS, houve modi-

Quadro 4.7 » Resumo dos pseudoelementos

Pseudoelemento	Exemplo	Descrição
e::first-letter	p::first-letter{color: blue; border:dotted;}	Permite destacar a primeira letra do elemento que está sendo formatado.
e::first-line	p::first-line{color:red; letter-spacing: 6px;}	Possibilita destacar a primeira linha do elemento que está sendo formatado.
e::before e::after	p::before{content: Obs.:"}	Permitem a inclusão de conteúdo antes (*before*) ou depois (*after*) do conteúdo que já consta na TAG. O conteúdo adicionado deve ser definido dentro do CSS, usando a propriedade content.

» Agora é a sua vez!

1. Faça o download do arquivo seletores_exemplos.css no ambiente virtual de aprendizagem e coloque-o em uma pasta de seu computador.
2. Baixe também o arquivo index_com_seletores.html e coloque-o na mesma pasta do arquivo seletores_exemplos.css.
3. Carregue a página e verifique como ficou a sua visualização.
4. Analise os códigos dos arquivos html e css, e responda:
   a. Quais os tipos de seletores que foram utilizados na página .html?
   b. Justifique o uso de cada um dos seletores utilizados.
5. Que regra o seletor `div ul li` estabelece? Explique por meio de exemplos.
6. Há alguma pseudoclasse ou algum pseudoelemento sendo definido no arquivo .css? Explique qual é sua aplicabilidade.

ficação por meio da adição de um sinal de dois-pontos duplo (`::first-letter`, `::first-line`, `::before` e `::after`). O Quadro 4.7 traz um breve resumo dos pseudoelementos que compõem o CSS.

Outros tipos de seletores

Além dos tipos apresentados nas seções anteriores, o CSS disponibiliza outros seletores. O Quadro 4.8 introduz alguns desses seletores, uma breve explicação sobre o seu funcionamento e alguns exemplos, para você testar em suas páginas Web.

Quadro 4.8 » Seletores CSS

Seletor	Descrição	Exemplo
De grupo	Utilizado para formatar um grupo de TAGs.	`h1, h2, h3, h4, h5, h6 {color:#9cf;}`
Universal	Utilizado para formatar todas as TAGs de uma página.	`*{color:#9cf;}`
Descendente	Utilizado para formatar uma TAG que está aninhada em outra TAG.	`div a {background-color:#9cf;}`

No caso dos seletores descendentes, para melhor compreensão, o ideal é construir a árvore que compõe o HTML (Figura 4.12). Depois, é preciso analisar a formatação que se deseja empregar em determinada TAG. A Figura 4.13 esquematiza a página

```
              html
           /       \
        head       body
        /  \       /  \
     title link  div   h1
                 / \
                a   a
```

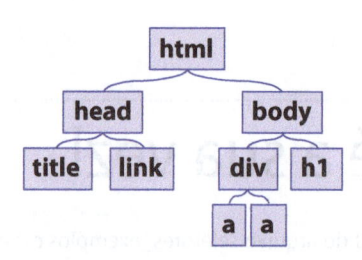

Figura 4.12   Árvore de hierarquia HTML.
Fonte: dos autores.

Web contendo TAGs `div` e `h1`, e TAGs `a` aninhadas à TAG `div`. Quando a regra CSS é criada, fica determinado que todas as âncoras (TAGs `a`) que estiverem dentro de uma TAG `div` devem assumir a cor de fundo `9cf`.

» Agora é a sua vez!

Se você analisar o arquivo seletores_exemplos.css, verá que todas as seções usam a mesma fonte. Crie, então, uma regra CSS neste arquivo, que indique a fonte a ser usada em toda a página.

» Herança

A herança no CSS consiste na capacidade que uma TAG possui de transferir suas propriedades CSS às TAGs aninhadas. Um exemplo muito comum são as TAGs `body` e `h1`, pois uma TAG `h1` está sempre aninhada a uma TAG `body`, logo as propriedades CSS aplicadas à `body` são herdadas por `h1`.

As propriedades definidas por meio dos seletores vistos na seção anterior são todas herdadas pelas TAGs que se encontram aninhadas. A herança possui muitas vantagens. Imagine, por exemplo, que você quer que um conjunto de elementos dentro de uma `div` assuma uma determinada formatação. Para isso, é preciso associar o estilo à `div`, o que faz as demais TAGs aninhadas herdarem as suas propriedades.

> **» ATENÇÃO**
> Quando ocorrer conflito entre estilos, o mais específico predomina, ou seja, se o estilo definido para a TAG `body` entrar em conflito com a TAG `p`, será utilizado a TAG `p`, justamente por ser a mais específica.

```
.menu{
    color: #0066ff;
    background-color:#039;
    font-family: Arial;
    font-size: 14pt;
}
div a { background-color:#69f}      ← Exemplo de seletor
#banner{background-color:#9cf;}        descendente
h1{color: #0066FF;font-family: Arial;}
```

```
1    <html>
2      <head>
3        <title> Loja Virtual </title>
4        <link href="regras.css" rel="stylesheet" type="text/css" />
5      </head>
6      <body>
7        <!-- outras partes da página -->
8        <div id="banner">
9          <a class="menu" href="atendimento.html"> Atendimento </a>
10         <a class="menu" href="pedidos.html"> Meus Pedidos </a>
11       </div>
12       <h1>Produtos em Oferta </h1>
13     </body>
14   </html>
```

Figura 4.13 Exemplo de definição e uso de seletor descendente.
Fonte: dos autores.

> **» IMPORTANTE**
> As propriedades relacionadas com margens, cores de fundo (preenchimento) e bordas não são herdadas.

» Cores e medidas no CSS

Alguns dos elementos mais utilizados em CSS para incorporar estilos em páginas Web são o uso das cores e a definição de medidas. É possível definir as cores do texto de três formas distintas, conforme segue:

Valor hexadecimal: define as cores com a utilização de seis caracteres ou o valor abreviado (#fff = #ffffff, #cf9 = #ccff99, #cde= #ccddee).

Nome: determina as cores pelos próprios nomes, em inglês (aqua, black, blue, fuchsia, gray, green, lime, maroon, navy, olive, orange, purple, red, silver, teal, white e yellow).

Sistema RGB (Red, Green, Blue): define a quantidade de cada uma das três cores com o uso de números de 0 a 255 para cada cor RGB (145, 230, 50) ou percentuais RGB (20%, 0%, 70%).

Com o CSS, muitas vezes é necessário determinar o espaço que os elementos da página ocuparão, como a espessura de uma borda, o tamanho de uma fonte, etc. Existem várias unidades de medida que podem ser utilizadas, mas recomendamos que você se concentre em usar os seguintes: "em", "pixel" ou "porcentagens".

Unidade de medida "em": essa unidade tem origem na tipografia, em que um "em" corresponde à altura da letra maiúscula "M" de uma determinada fonte. Em

> **» NO SITE**
> Acesse o ambiente virtual de aprendizagem Tekne para conhecer uma tabela de cores completa, contendo o nome, o código hexadecimal e o sistema de codificação RGB de cada cor.

> **» NO SITE**
> Para que seu site fique com uma combinação de cores adequada, recomendamos o uso de algum seletor de cores. Descubra algumas opções no ambiente virtual de aprendizagem Tekne.

alguns navegadores, a unidade pode ser equivalente a 16 pixels e, em outros, a 24 pixels. Logo, podemos afirmar que essa medida é relativa.

Unidade de medida pixel: um pixel corresponde a um ponto na tela do computador. Quando algum elemento é adicionado em uma página Web usando a medida em pixel, a mesma será relativa à resolução que cada computador utiliza.

Unidade de medida porcentagem: a definição de propriedades usando porcentagem leva sempre em consideração o valor de outras propriedades. Por exemplo, quando for aplicada à altura de um elemento, o cálculo da porcentagem leva em consideração a largura da página.

» Propriedades para formatação de texto

Uma das principais propriedades CSS utilizadas na introdução de recursos mais visuais nas páginas Web é a font-family. Ela é utilizada para definir quais fontes podem ser aplicadas a parágrafos, listas, cabeçalhos e outros elementos.

Quando você escolhe uma fonte para usar em sua página, deve lembrar que, se ela não existir no computador do usuário, não será possível para ele ver o texto da forma como você o formatou. Desse modo, é necessário prever uma lista de fontes. Se a primeira fonte da lista não estiver instalada, deverá ser usada a segunda, e assim por diante até ser encontrada uma fonte instalada. É possível usar nomes para famílias de fontes ou nomes para famílias genéricas:

Nome para famílias de fontes: usa o nome da família da fonte escolhida. Exemplo: Arial, Times New Roman, Tahoma, Gill Sans e Helvética.

Nome para famílias genéricas: são fontes que pertencem a um grupo com aparência semelhante. Esses nomes são definidos como serif (p.ex. Times), sans-serif (p.ex. Helvetica), cursive (p.ex. Zapf-Chancery), fantasy (p.ex. Western), monospace (p.ex. Courier).

Outra propriedade muito utilizada é a color, que define a cor que o texto irá assumir. Lembre que, se você deseja colocar uma cor de fundo diferente, deve usar a propriedade background-color. Não esqueça que, para associar uma cor a uma propriedade, deve-se usar o nome da cor, o código hexadecimal ou ainda a combinação RGB.

Para as formatações normal, itálico e oblíqua, é necessário usar a propriedade font-style. Já a propriedade font-weight define o nível de intensidade de negrito (ou "peso") que deve ser aplicado à fonte. O peso de uma fonte pode ser normal ou bold, e alguns navegadores suportam o uso de valores entre 100 e 900 para definir a intensidade do negrito. Os valores permitidos para essa propriedade compreendem: normal, bold, bolder, lighter, 100, 200, 300, 400, 500, 600, 700, 800 e 900. Observe que a palavra-chave "normal" é equivalente a 400, enquanto "bold" é equivalente a 700.

> **» DICA**
> Se o nome da fonte for composto por mais de uma palavra, é obrigatório colocá-lo entre aspas.

> **» IMPORTANTE**
> Para aplicar o estilo normal ou negrito, use, respectivamente, os valores "normal" e "bold". Para as demais intensidades de fonte, recomenda-se utilizar a escala numérica.

Para alterar o tamanho de uma fonte, devemos usar a propriedade font-size, por meio das unidades de porcentagem, pixels e "em". Quando se utiliza porcentagem, o tamanho base de texto pré-programado é de 16px, ou seja, definir a porcentagem em 100% é o mesmo que definir o tamanho em 16 pixels (px). Quando a medida utilizada é a "em", significa que um valor de porcentagem é simplesmente um "em" multiplicado por 100.

> **» DICA**
> A W3C recomendar usar a medida "em", devido à compatibilidade entre os navegadores.

> **» EXEMPLO**
>
> O percentual de 50% corresponde a:
>
> 8px
>
> ou
>
> 0.5em

Além das medidas acima, podemos usar alguns tamanhos predefinidos: xx-small, x-small, small, medium, large, x-large e xx-large. A Figura 4.14 esquematiza um comparativo entre o tamanho da fonte com propriedades em CSS (linha superior) e em pixels (linha inferior).

Além de formatar a fonte, é possível formatar as letras de maneira individual, conforme observamos no Quadro 4.9.

Note que você pode usar medidas negativas para as propriedades letter-spacing e text-indent. No caso da primeira, as letras ficarão umas sobre as outras, e, no caso da segunda propriedade, o bloco de texto é recuado para fora, e não para dentro.

> **» IMPORTANTE**
> Ao definir o tamanho da fonte com as medidas "px" ou "em", não inclua espaço entre o número e a unidade de medida.

> **» NO SITE**
> Acesse o ambiente virtual de aprendizagem Tekne para encontrar exemplos de todas as propriedades relacionadas com a formatação de fontes e de textos.

xx-small	x-small	small	medium	large	x-large	xx-large
9px	10px	13px		18px	24px	32px

Figura 4.14 Tamanho da fonte com propriedades em CSS e em pixels.
Fonte: dos autores.

Quadro 4.9 » **Propriedades CSS para formatação de letras e elementos decorativos do texto**

Propriedade	Valor(es)	Definição	Exemplo
letter-spacing	Unidade de medida válida do CSS.	Define o espaçamento entre os caracteres de um texto.	`h2 {letter-spacing:3px;}` A regra define que "h2" terá as letras espaçadas com a distância de 3 pixels.
line-height	Unidade de medida válida do CSS.	Define o espaço entrelinhas de um bloco de texto. O valor padrão é 120%. Logo, para aproximar as linhas, deve ser usado um número menor que 120%, e, para afastar as linhas, um valor maior que 120%.	`p { line-height:10%;}` A regra define que o parágrafo terá espaçamento de 10% entre cada uma de suas linhas.
text-align	left, right, center, justify.	Define como será o alinhamento horizontal de um bloco de texto.	`p {text-align: center;}` A regra define que o parágrafo será centralizado.
text-decoration	underline, overline, line-through, blink e none.	Define se o texto terá algum elemento decorativo.	`a {text-decoration: none;}` A regra define que os links não serão sublinhados.
text-indent	Unidade de medida válida do CSS.	Define o tamanho do recuo na primeira linha de um bloco de texto.	`p {text-indent: 30em;}` A regra define que os parágrafos terão recuo de 30em.
text-transform	uppercase, lowercase, capitalize, none.	Estabelece efeitos em um bloco de texto.	`h1{text-transform: uppercase;}` A regra define que os cabeçalhos "h1" terão todas as letras maiúsculas.
vertical-align	baseline, sub, super, top, text-top, middle, bottom, text-bottom ou unidade de medida válida do CSS.	Define o alinhamento vertical para elementos inseridos em blocos de conteúdos.	`h1{vertical-align: top;}` A regra define que os cabeçalhos "h1" terão alinhamento no topo.

>> Agora é a sua vez!

1. Inclua uma regra no arquivo seletores_exemplos.css, da seção anterior, de modo que todos os cabeçalhos "h1" fiquem com todas as letras minúsculas.
2. Inclua uma regra no arquivo seletores_exemplos.css, da seção anterior, de modo que, quando o usuário passar o mouse sobre um link, o sublinhado desapareça.
3. Inclua uma regra no arquivo seletores_exemplos.css, da seção anterior, de modo que o alinhamento do texto, dentro da div `menu`, fique centralizado.
4. Inclua uma regra no arquivo seletores_exemplos.css, da seção anterior, de modo que, dentro da div `rodape`, o tamanho da fonte fique com 8 pontos, o alinhamento do texto seja centralizado e todas suas letras sejam maiúsculas.
5. Inclua uma regra no arquivo seletores_exemplos.css, da seção anterior, de modo que cada `item_menu` tenha o tamanho da fonte em 14 pontos e que todas suas letras sejam maiúsculas.

Observação: sempre que realizar alguma alteração no arquivo .css, abra a página Web no navegador para observar se as modificação estão funcionando corretamente.

>> Propriedades para formatação de listas

Em HTML, uma lista pode ser do tipo ordenada (OL) e não ordenada (UL). Com o CSS, é possível alterar o estilo ou o posicionamento dos marcadores, bem como usar uma imagem como marcador da lista. Para você alterar o marcador utilizado, deve usar a propriedade list-style-type, que pode assumir um dos valores apresentados no Quadro 4.10.

A Figura 4.15 apresenta os itens do menu superior como itens de uma lista. Observe que, para que esses itens não apareçam com os marcadores, a propriedade list-style-type foi definida como `none`, o que desabilita a exibição de marcadores em listas.

Outras propriedades de listas que podem ser aplicadas em páginas Web são list-style-position e list-style-image. Com a propriedade list-style-position, é possível determinar a posição do marcador fora (*outside*) ou dentro (*inside*) do texto. Se você desejar ajustar o espaço entre o marcador e o texto, deve usar a propriedade padding-left. Se o objetivo é incluir um espaço entre os itens da lista, é recomendado o uso de margin-top ou margin-bottom. A propriedade list-style-image deve ser utilizada quando o marcador da lista é uma imagem.

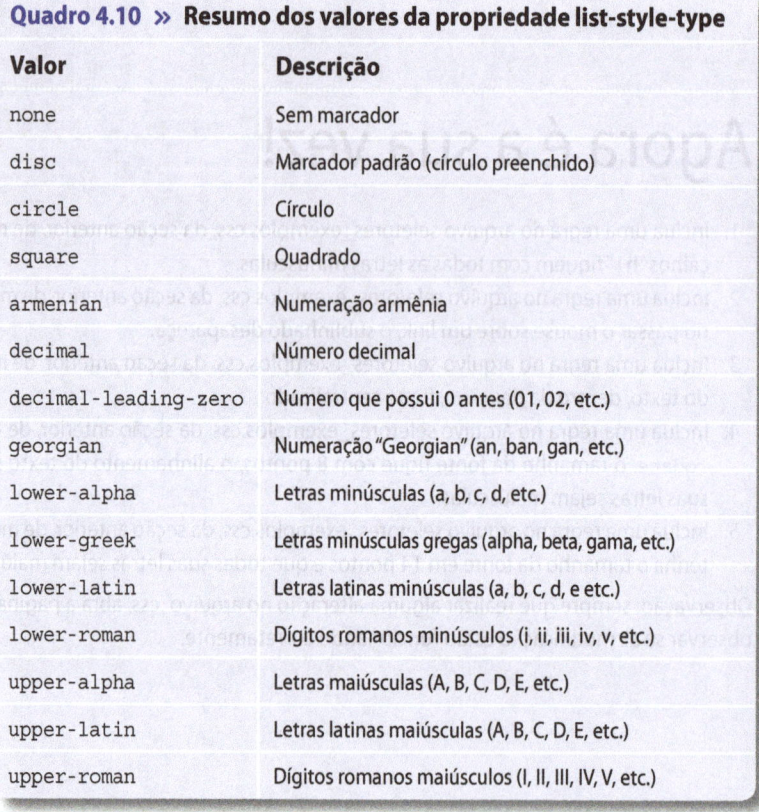

Quadro 4.10 » **Resumo dos valores da propriedade list-style-type**

Valor	Descrição
none	Sem marcador
disc	Marcador padrão (círculo preenchido)
circle	Círculo
square	Quadrado
armenian	Numeração armênia
decimal	Número decimal
decimal-leading-zero	Número que possui 0 antes (01, 02, etc.)
georgian	Numeração "Georgian" (an, ban, gan, etc.)
lower-alpha	Letras minúsculas (a, b, c, d, etc.)
lower-greek	Letras minúsculas gregas (alpha, beta, gama, etc.)
lower-latin	Letras latinas minúsculas (a, b, c, d, e etc.)
lower-roman	Dígitos romanos minúsculos (i, ii, iii, iv, v, etc.)
upper-alpha	Letras maiúsculas (A, B, C, D, E, etc.)
upper-latin	Letras latinas maiúsculas (A, B, C, D, E, etc.)
upper-roman	Dígitos romanos maiúsculos (I, II, III, IV, V, etc.)

> **DICA**
> O caminho até a imagem é relativo ao arquivo .css que a utiliza, e não à página .html.

A Figura 4.16 ilustra a criação de um estilo que posiciona o marcador fora do texto da lista (linha 4), sem espaçamento entre o marcador (linha 5) e o texto, e com espaçamento de 10px entre os itens da lista (linhas 6 e 7). Note que o marcador é a imagem marc.gif, onde o caminho da imagem não deve conter aspas.

```
/* outras definições */
ul {list-style-type: none;}
```

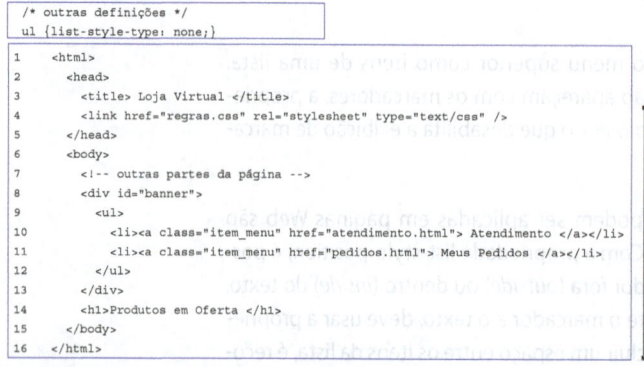

```
1   <html>
2     <head>
3       <title> Loja Virtual </title>
4       <link href="regras.css" rel="stylesheet" type="text/css" />
5     </head>
6     <body>
7       <!-- outras partes da página -->
8       <div id="banner">
9         <ul>
10          <li><a class="item_menu" href="atendimento.html"> Atendimento </a></li>
11          <li><a class="item_menu" href="pedidos.html"> Meus Pedidos </a></li>
12        </ul>
13      </div>
14      <h1>Produtos em Oferta </h1>
15    </body>
16  </html>
```

Figura 4.15 Criação de uma lista sem marcadores.
Fonte: dos autores.

```
1   /* outras definições */
2   ul, ol {
3       list-style-image: url(imagens/marc.gif);
4       list-style-position: outside;
5       padding-left: 0;
6       margin-top: 10px;
7       margin-bottom: 10px;
8   }
```

```
1   <html>
2     <head>
3       <title> Loja Virtual </title>
4       <link href="regras.css" rel="stylesheet" type="text/css" />
5     </head>
6     <body>
7        <ul>
8           <li> Item 1 da lista </li>
9           <li> Item 2 da lista </li>
10          <li> Item 3 da lista </li>
11       </ul>
12    </body>
13  </html>
```

Figura 4.16 Personalização das propriedades de uma lista.
Fonte: dos autores.

>> Agora é a sua vez!

Modifique a regra `div ul li` do arquivo seletores_exemplos.css de modo que os elementos da lista tenham margem superior e inferior de 5px.

❯❯ Formatação de margens, preenchimento e bordas

Todas as TAGs do HTML têm "caixas" ao redor de cada elemento que compõe a árvore do documento. Podemos pensar que cada TAG é uma caixa que possui um conteúdo dentro dela. Essa caixa é conhecida como o Box Model do CSS (ilustrada pela Figura 4.17), onde:

• A área de conteúdo é definida pelas dimensões largura e altura, por meio das propriedades CSS width e height.

• O conteúdo é contornado pela espessura do preenchimento, definido pela propriedade CSS padding.

• Ao redor do preenchimento temos as bordas (definidas pela espessura, cor e estilo), que são determinadas pela propriedade CSS border.

• A margem que fica ao redor do preenchimento é definida pela propriedade CSS margin.

Conforme esquematiza a Figura 4.17, todo elemento tem quatro lados: direito, esquerdo, superior e inferior, os quais podem ser formatados usando as propriedades margin, paddin e border.

A margem, o preenchimento e as bordas são propriedades que podem ser aplicadas a praticamente todos os elementos HTML. As principais (conforme esquematiza a Figura 4.18) são:

Margens: margin-top, margin-right, margin-bottom e margin-left.

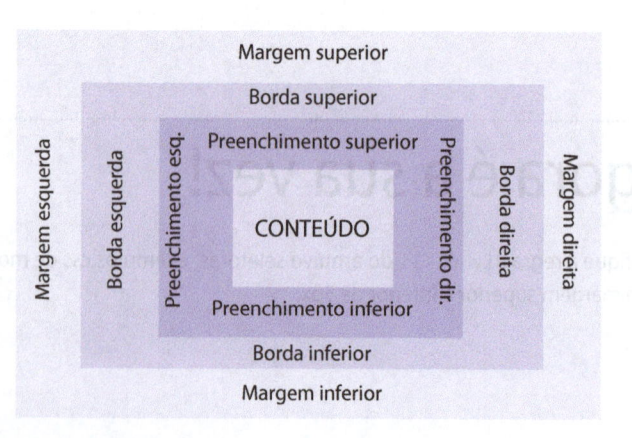

Figura 4.17 Box Model CSS.
Fonte: dos autores.

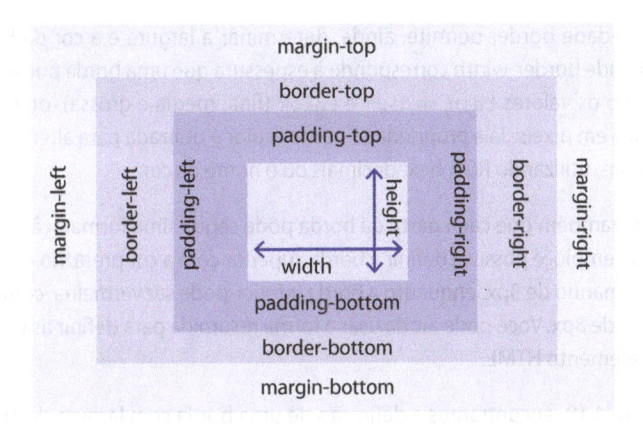

Figura 4.18 Propriedades margem, preenchimento e borda aplicadas ao Box Model CSS.
Fonte: dos autores.

Preenchimento: padding-top, padding-right, padding-bottom e padding-left.

Bordas: border-top, border-right, border-bottom e border-left.

Para atribuir valores a essas propriedades, é possível usar as unidades de medida CSS válidas ("px", "em" ou "%"). Existem algumas regras que você deve usar para definir as medidas dessas propriedades, como apresenta o Quadro 4.11.

Para usar as bordas, é necessário definir, antes de qualquer outra formatação, o estilo que a borda irá utilizar. Para associar um estilo com a borda, você deve informar à propriedade border-style um dos estilos permitidos (dotted, dashed, solid, double, groove, ridge, inset, outset), sendo que os valores `none` ou `hidden` podem ser utilizados quando não se deseja a existência de bordas.

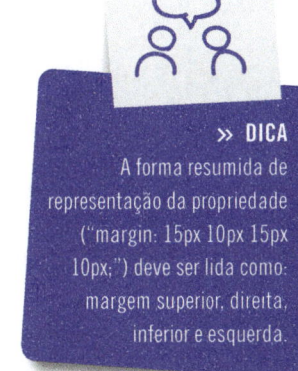

> **» DICA**
> A forma resumida de representação da propriedade ("margin: 15px 10px 15px 10px;") deve ser lida como: margem superior, direita, inferior e esquerda.

Quadro 4.11 » Regras para uso das propriedades top, right, bottom e left

Regra	Exemplo
Definir o valor da propriedade sem usar espaço entre o valor e a unidade de medida.	margin-right: 5px;
Definir o mesmo valor para todos os lados.	margin: 5px;
Definir as propriedades de forma resumida, sempre que possível.	margin: 15px 10px 15px 10px;
Determinar que os valores `top` e `bottom` são os mesmos e que os valores `left` e `right` são iguais.	margin: 15px 10px;
Não é necessário determinar a unidade de medida se o valor de uma das propriedades for zero.	margin: 0 10px;

A propriedade border permite, ainda, determinar a largura e a cor da borda. A propriedade border-width corresponde à espessura que uma borda pode assumir utilizando os valores thin, medium e thick (fina, média e grossa), ou um valor numérico em pixels. Já a propriedade border-color é utilizada para alterar as cores das bordas, utilizando RGB, hexadecimais ou o nome da cor.

Observe também que cada parte da borda pode seguir uma formatação específica. Por exemplo, é possível definir a borda superior com a cor preta, no estilo solid e com tamanho de 3px, enquanto a borda inferior pode ser vermelha, com dotted e largura de 8px. Você pode ainda usar a forma resumida para definir as bordas de algum elemento HTML.

Na Figura 4.19, encontramos a definição de uma borda com largura de 1px, com estilo solid e na cor preta para a TAG h1. Já para a TAG h2, a largura da borda é 2px, com estilo dashed, com o lado superior vermelho, lado direito verde, lado inferior azul e lado esquerdo preto.

Juntamente com as propriedades apresentadas previamente, você pode usar as propriedades largura (*width*) e altura (*height*) de elementos HTML. Para isso, é preciso definir valores e combiná-los com as medidas válidas CSS.

```
p {
    border-top-color: black;
    border-top-style: solid;
    border-top-width:3px;
    border-bottom-color: red;
    border-bottom-style: dotted;
    border-bottom-width:8px;
}
h1{
    border: 1px solid black;
}
h2{
    border: 2px dashed;
    border-color: red green blue black
}
```

Figura 4.19 Combinação de propriedades da borda.
Fonte: dos autores.

» Layout CSS

Conforme já mencionado neste capítulo, quando é feita a página HTML, inicialmente se pensa apenas na estrutura, e não nas formatações que ela terá (Figura 4.20A). Para iniciar a definição do layout CSS, é necessário pensar no layout da página (Figura 4.20B), conforme regras definidas no Capítulo 3.

Para criar o layout CSS, é necessário combinar as TAGs `div` com as propriedades display e float. Existem diversas maneiras de combinar essas TAGs, assim como de distribuir as informações, de modo a criar o layout definido pela Figura 4.20B.

A primeira etapa compreende definir uma div para toda a página, que conterá todos os elementos que serão incluídos no corpo da página. Após, é criada uma div para o *banner* (div `banner`), uma para a área principal (div `principal`) e uma para o rodapé (div `rodape`). Para facilitar a visualização de cada uma dessas divs, uma cor de fundo é escolhida para cada uma delas. Posteriormente, são incluídas as divs `menu_lateral` e `conteudo` dentro da área principal. O CSS, a página Web e a página gerada são ilustrados na Figura 4.21.

Como pode ser observado, o layout ainda segue a estrutura definida pelo HTML. Para colocar o menu lateral ao lado da área de conteúdo, deve ser usada a propriedade **float**. Ela permite que um bloco qualquer seja posicionado à direita ou à esquerda da janela do browser, fazendo com que o texto restante flua ao seu redor. Os valores permitidos para essa propriedade são: `left`, `right` e `none`.

Se for incluído para o seletor de ID `menu_lateral` o valor `float: left;`, ele irá posicionar esse menu à esquerda, e, automaticamente, a área de conteúdo ficará

> » NO SITE
> Acesse o ambiente virtual de aprendizagem Tekne e obtenha modelos de layouts CSS para download.

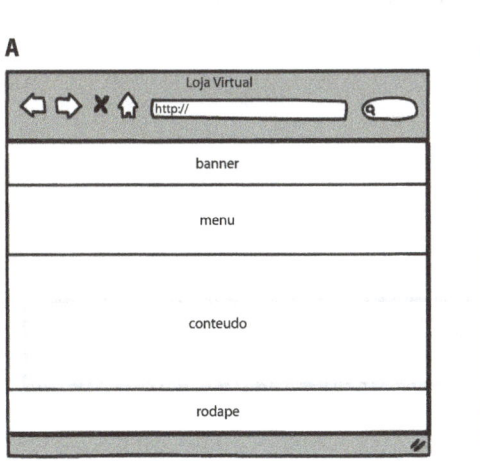

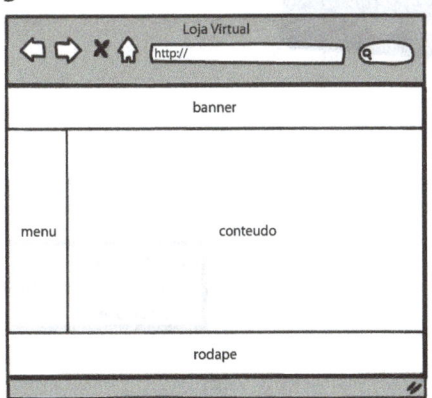

Figura 4.20 Layout HTML e CSS.
Fonte: dos autores.

```
1   #pagina {
2       border: 5px solid black;
3   }
4   #banner {
5       background-color: #f0f8ff;
6   }
7   #principal {
8       background-color: #ffe4c4;
9       border: 2px dotted black;
10  }
11  #rodape{
12      background-color: #fff68f;
13  }
14  #menu_lateral{
15      background-color: #faebd7;
16  }
17  #conteudo{
18      background-color: #fffdab9;
19  }
```

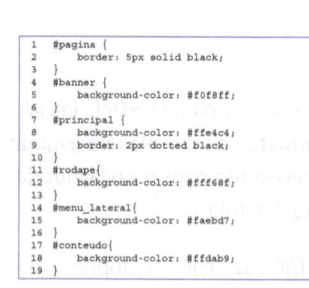

```
1   <html>
2     <head>
3       <title> Título </title>
4       <link href="regras.css" rel="stylesheet" type="text/css" />
5     </head>
6     <body>
7       <div id="pagina">
8         <div id="banner">
9           Área Banner
10        </div>
11        <div id="principal">
12          <div id="menu_lateral">
13            Área menu
14          </div>
15          <div id="conteudo">
16            Área conteúdo
17          </div>
18        </div>
19        <div id="rodape">
20          Área rodapé
21        </div>
22      </div>
23    </body>
24  </html>
```

> » **DICA**
> Quando você quiser testar a aparência de seus layouts, mas ainda não possuir o texto para a página Web, use os geradores de texto "lorem ipsum".

Figura 4.21 Montagem do layout CSS.
Fonte: dos autores.

> » **NO SITE**
> Acesse os geradores de layout e de menu, bem como o gerador de texto "lorem ipsum", no ambiente virtual de aprendizagem Tekne.

à direita (Figura 4.22). O menu e a área de conteúdo também podem ser posicionados à esquerda, e, assim, os dois ficarão lado a lado. Note que, se o menu lateral for flutuado para a esquerda e a área de conteúdo para a direita, o rodapé subirá e ocupará a posição central da página (Figura 4.23).

Como você pode perceber, os elementos do layout estão todos agrupados para que seja criado um espaçamento entre os elementos. A fim de estabelecer a largura deles, é necessário usar as propriedades width, height, margin e padding do CSS (Figura 4.24).

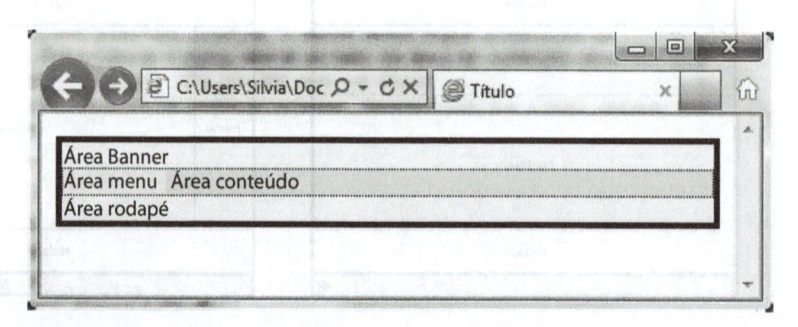

Figura 4.22 Flutuação de elementos no layout CSS.
Fonte: dos autores.

Figura 4.23 Problemas ao flutuar elementos no layout CSS.
Fonte: dos autores.

```
1    #pagina { border: 5px solid black;}
2    #banner {
3        background-color: #f0f8ff;
4        margin: 10px 15px;
5    }
6    #principal {
7        background-color: #ffe4c4;
8        border: 2px dotted black;
9        display: block;
10       height: 300px;
11       margin: 10px 15px;
12   }
13   #rodape{
14       background-color: #fff68f;
15       margin: 10px 15px;
16   }
17   #menu_lateral{
18       background-color: #faebd7;
19       border: 1px solid blueviolet;
20       float: left;
21       width: 20%;
22       margin: 20px;
23   }
24   #conteudo{
25       background-color: #ffdab9;
26       float: left;
27       width: 75%;
28       margin: 20px 0 0 20px;
29   }
```

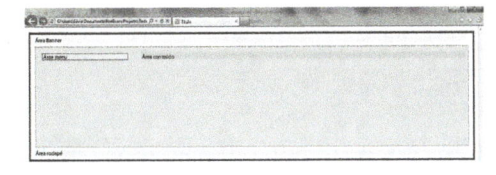

Figura 4.24 Utilização de propriedades de espaçamento no layout CSS.
Fonte: dos autores.

>> Agora é a sua vez!

Modifique o seletores_exemplos.css e a página index_com_seletores.html de modo que o layout CSS fique organizado conforme ilustra a Figura 4.20. Lembre-se de colocar os itens do menu superior ao lado do logotipo.

Observação: para resolver esse exercício você precisará utilizar, além das propriedades vistas neste capítulo, a propriedade display.

LEITURAS RECOMENDADAS

MCFARLAND, D. S. CSS: o manual que faltava. São Paulo: Digerati Books, 2010.

SILVA, M. S. Construindo sites com CSS e (X)HTML: sites controlados por folhas de estilo em cascata. São Paulo: Novatec, 2008.

SILVA, M. S. CSS: desenvolva aplicações Web profissionais com o uso dos poderosos recursos de estilização das CSS3. São Paulo: Novatec, 2012.

Júlia Marques Carvalho da Silva
Evandro Manara Miletto

capítulo 5

Comportamento com JavaScript

O desenvolvimento de sites, como já visto, é realizado por um conjunto de linguagens de programação. Uma delas é o JavaScript, por meio da qual é possível desenvolver pequenos trechos de programação. O JavaScript tem a função de controlar o comportamento da página, permitindo, por exemplo, validar formulários, alterar textos, ocultar e mostrar objetos, alterar estilos, executar pequenas operações e manipulações junto ao navegador. Neste capítulo, você será apresentado ao JavaScript, às suas principais características e a eventos que possibilitarão controlar o comportamento das suas páginas Web.

Objetivos de aprendizagem

» Incluir código JavaScript em páginas HTML.

» Reconhecer a sintaxe da linguagem JavaScript.

» Desenvolver pequenos trechos de código em JavaScript.

» Identificar os eventos dos elementos HTML que podem acionar funções JavaScript.

» Validar informações enviadas por um formulário.

» Modificar o estilo e conteúdo de elementos HTML por meio do JavaScript.

>> Introdução

> **>> DICA**
> Ao tentar executar um arquivo JavaScript (extensão .js) em seu navegador, ele apenas exibirá o conteúdo desse arquivo, em vez de executar suas funções ou eventos.

Linguagens para desenvolvimento de sites podem ser divididas em duas categorias básicas: as que rodam no **lado cliente** e as que rodam do **lado servidor**. As linguagens do lado cliente vistas até o momento (HTML, CSS e agora o JavaScript) são aquelas executadas utilizando apenas o navegador do computador do usuário. Uma vez carregadas, não necessitam de novas requisições ao servidor Web.

> **>> CURIOSIDADE**
>
> O JavaScript, que surgiu em 1995, é uma linguagem de programação interpretada que é executada diretamente em navegadores Web.

JavaScript é uma das linguagens mais populares da Web e se caracteriza por ter tipagem dinâmica, por ser baseada em objetos, orientada a eventos (p.ex., movimentos do mouse, pressionar botão, arrastar e soltar, etc.) e realizar avaliação em tempo de execução. JavaScript é padronizada pela ECMA International (*European Computer Manufacturers Association*) nas especificações ECMA-262[3] e é baseada em ECMA Script.

> **>> NO SITE**
> A ECMA International é uma associação, fundada em 1961, dedicada à padronização das Tecnologias da Informação e Comunicação. Para saber mais, acesse o ambiente virtual de aprendizagem Tekne: www.bookman.com.br/tekne.

>> Inclusão do JavaScript em páginas Web

Antes de aprender a linguagem JavaScript, é importante saber como incluí-la nas páginas HTML. Há duas formas de introduzir um código JavaScript no HTML, ambas utilizando a TAG `<script>`. Uma delas é demonstrada no exemplo a seguir.

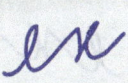

» EXEMPLO

```html
<html>
  <head>
    <title>Primeira página com JS</title>
  </head>
  <body>
   Texto no HTML.<br/>
   <script type="text/javascript">
     document.write("Parte gerada via JavaScript");
   </script>
  </body>
</html>
```

Figura 5.1 Janela com diferentes formas de escrita.
Fonte: dos autores.

Note que, na TAG <script>, o atributo type indica a linguagem de programação que será descrita na sequência. Quando o trecho de código é adicionado dessa forma, a TAG pode ser incluída em qualquer trecho do HTML. Entretanto, faz mais sentido tê-la dentro da TAG body, principalmente se houver saída de tela, como ocorreu no caso exemplificado.

Porém, a forma mais comum de adicionar o código JavaScript no HTML é separando-os em dois arquivos: a marcação fica no HTML, e a programação, no JavaScript. A ligação entre eles se dá também pela TAG <script>. Nesse caso, será indicado o endereço onde está o arquivo JavaScript, conforme explanado no exemplo a seguir.

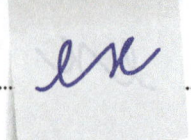

>> EXEMPLO

```
<html>
  <head>
   <title>Segunda página com JS</title>
  </head>
  <script src="meuscript.js"></script>
  <body>
   Texto no HTML.<br/>
  </body>
</html>
```

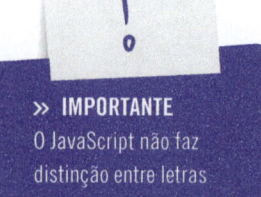

O arquivo meuscript.js é um arquivo texto comum, no qual é inserido qualquer código JavaScript. Por isso, os arquivos podem ser abertos e programados em qualquer editor de texto, como o Bloco de Notas, nativo do sistema operacional. O arquivo de texto pode ser um programa estruturado ou separado por funções e classes. Ao longo deste capítulo, será explicado melhor como as funções e classes funcionam.

>> **IMPORTANTE**
O JavaScript não faz distinção entre letras maiúsculas e minúsculas.

>> Criação dos primeiros códigos

Para quem já programou em outras linguagens, é fácil compreender e programar a sintaxe do JavaScript. Observe o exemplo a seguir com uma função que recebe dois números e retorna a soma deles.

>> EXEMPLO

```
function soma(){
  var numero1 = 2;
  var numero2 = 5;
  var soma = 0;
  soma = numero1 + numero2;
  return soma;
}
```

Note que foram criadas três variáveis (numero1, numero2 e soma). Para criá-las, foi utilizada a palavra reservada var; entretanto, seu uso não é obrigatório, ou seja, utilizando a variável pela primeira vez ela já estará disponível na linguagem. Na sequência, será solicitado que o numero1 e o numero2 sejam somados, e que seu resultado seja armazenado na variável soma. Esta será retornada, como resultado da execução da função.

O exemplo anterior (soma) mostra a criação de uma função. Geralmente, os códigos desenvolvidos em JavaScript são organizados dessa forma, em pequenas funções, as quais serão chamadas por eventos nos elementos da página HTML. Veja o exemplo a seguir:

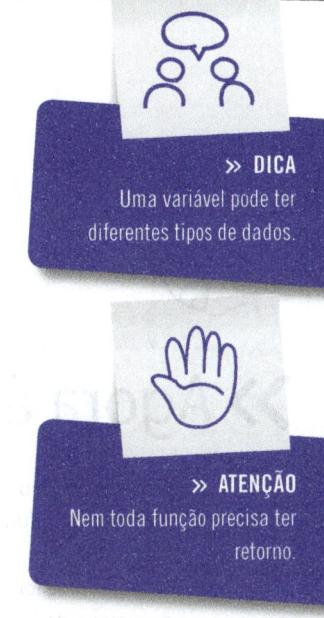

> **» DICA**
> Uma variável pode ter diferentes tipos de dados.

> **» ATENÇÃO**
> Nem toda função precisa ter retorno.

» EXEMPLO

```
function mostraSituacao(media){
  if(media >= 7){
  alert("Aprovado");
  }
  else{
    alert("Reprovado");
  }
}
```

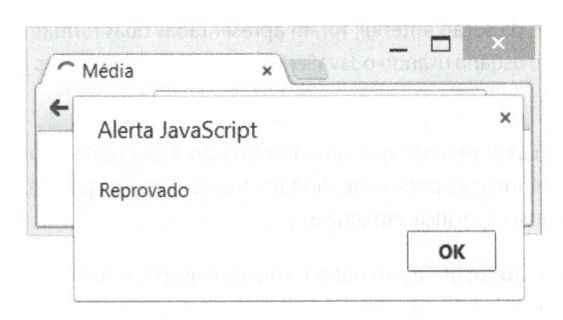

Figura 5.2 Janela pop-up resultante da função alert().
Fonte: dos autores.

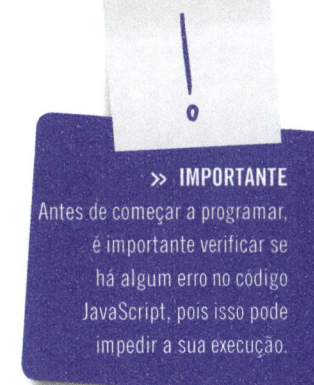

> **» IMPORTANTE**
> Antes de começar a programar, é importante verificar se há algum erro no código JavaScript, pois isso pode impedir a sua execução.

Perceba que a função `mostraSituacao` recebe um valor por parâmetro na variável `media`. Se o valor for maior ou igual a 7, a função apresentará uma tela de alerta com a mensagem "Aprovado". Caso contrário, a mensagem que surge é "Reprovado".

» Agora é a sua vez!

1. Crie uma função `verificaFrete` que receberá um valor por parâmetro. Se esse valor for igual ou superior a 100, a função deve retornar 0. Se o valor for menor do que 100, deverá retornar 10% do valor informado.
2. Um laptop, se forem compradas menos de cinco unidades, custa R$ 1.200,00. Se forem adquiridas cinco ou mais unidades, o produto custará R$ 1.050,00. Escreva uma função que receba por parâmetro o número de laptops comprados, calculando e exibindo, em uma mensagem de alerta, o custo total da compra.

» Exibição de informações ao usuário: escrevendo no HTML e usando as janelas de diálogo

Nos exemplos da seção anterior, foram apresentadas duas formas de exibir uma informação ao usuário usando o JavaScript: o `document.write` e as janelas de diálogo (`alert`).

`document.write`: permite que uma informação seja escrita dentro da página HTML. Essa informação pode estar diretamente no corpo da página, na TAG `body`, ou em uma área específica, em uma `div`.

Janelas de diálogo: oferecem outra forma de comunicar dados ao usuário. Existem três tipos de janelas: de alerta (`alert`), de confirmação (`confirm`) e de entrada de dados (`prompt`). Veja, no quadro a seguir, os exemplos de como utilizá-las.

≫ EXEMPLO

```
function alerta(){
  alert("Alerta");
}
```

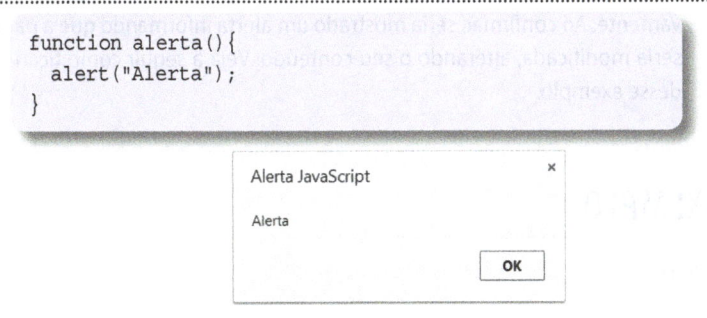

Figura 5.3 Janela de diálogo de alerta.
Fonte: dos autores.

```
function confirma(){
  resposta = confirm("Confirma");
  if(resposta==1){
    return true;
  }
  else {
    return false;
  }
}
```

Figura 5.4 Janela de diálogo de confirmação.
Fonte: dos autores.

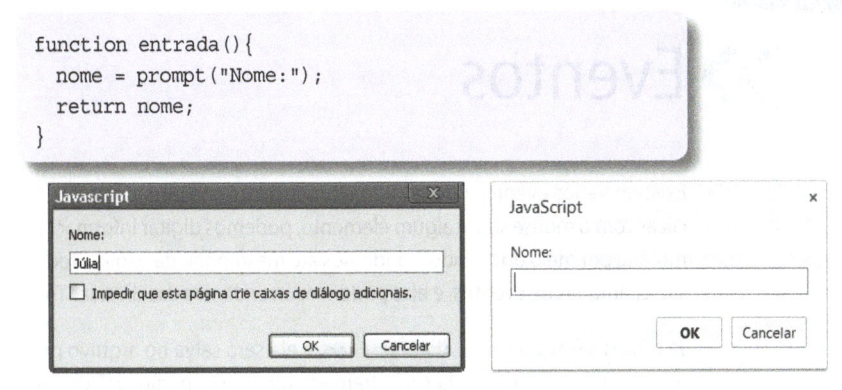

```
function entrada(){
  nome = prompt("Nome:");
  return nome;
}
```

Figura 5.5 Janela de diálogo de entrada de dados.
Fonte: dos autores.

Podemos imaginar, agora, um exemplo que combine todas as janelas. Primeiro, seria solicitado o endereço de uma pessoa e, logo depois, que ela confirmasse o endereço. Se o endereço não for confirmado, o preenchimento será solicitado novamente. Ao confirmar, seria mostrado um alerta informando que a página HTML seria modificada, alterando o seu conteúdo. Veja a seguir como ficaria o código desse exemplo.

>> EXEMPLO

```
function perguntaEndereco(){
  do {
    endereco = prompt("Insira o seu endereço:");
    confirma = confirm("Seu endereço é: " + endereco);
  } while(!confirma);
  alert("A página será alterada...");
  document.write("Seu endereço é "+endereco+".");
}
```

Fizemos, então, o código e o colocamos dentro de uma função. Também já sabemos como incluir um arquivo JavaScript em um HTML. Após ter digitado o código acima e criado a página HTML, talvez não tenha funcionado. Por quê? Porque apenas criamos a função, ainda não a "chamamos" dentro da página HTML. Para isso, é necessário que a função seja acionada em algum momento da página, ou seja, quando ocorrer um evento na página, a função iniciará.

> **>> NO SITE**
> Para saber quais elementos são suportados por cada evento, acesse o ambiente virtual de aprendizagem Tekne.

>> Eventos

Existem vários eventos que podem ocorrer dentro de uma página HTML. Podemos clicar com o mouse sobre algum elemento, podemos digitar informações em um formulário por meio do teclado e podemos até mesmo sair da página. Todas essas ações são chamadas de eventos, e elas podem ocorrer dentro das diversas TAGs do HTML.

Já temos a função `perguntaEndereco`, e ela será salva no arquivo perguntaendereco.js. Neste exemplo, ela será chamada tão logo a página HTML seja carregada. Para isso, será utilizado o evento `onLoad` na TAG `body`, ou seja, a função `perguntaEndereco` será chamada ao carregar o corpo da página.

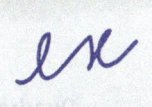

» EXEMPLO

```
<html>
  <head>
    <title>Pergunta o Endereço</title>
  </head>
  <script src="perguntaendereco.js"></script>
  <body onLoad="perguntaEndereco();">
  </body>
</html>
```

Os **eventos** são ações realizadas dentro de uma página HTML. Por esse motivo, são vinculados às TAGs HTML. Dependendo da ação, o evento pode, ou não, ser chamado. Há eventos que são realizados com o mouse (ver Quadro 5.1), outros, com o teclado (ver Quadro 5.2) e, ainda outros, vinculados a objetos (ver Quadro 5.3) ou formulários (ver Quadro 5.4).

Quadro 5.1 » Eventos de mouse

Propriedade	Ocorre quando...
onClick	O usuário clica em um elemento.
onDblClick	O usuário clica duas vezes em um elemento.
onMouseDown	O usuário pressiona o botão do mouse sobre um elemento.
onMouseMove	O ponteiro do mouse está em movimento sobre o elemento.
onMouseOver	O ponteiro do mouse está sobre o elemento.
onMouseOut	O usuário move o ponteiro do mouse para fora do elemento.
onMouseUp	O usuário solta o botão do mouse sobre um elemento.

Quadro 5.2 » Eventos de teclado

Propriedade	Ocorre quando...
onKeyDown	O usuário está pressionando uma tecla.
onKeyPress	O usuário pressiona uma tecla.
onKeyUp	O usuário solta a tecla (previamente pressionada).

Quadro 5.3 » **Eventos de objetos ou frames**

Propriedade	Ocorre quando...
onAbort	Há a interrupção no carregamento de uma imagem.
onError	Uma imagem não carrega adequadamente.
onLoad	Um objeto foi carregado.
onResize	Um documento visualizado é redimensionado.
onScroll	Um documento visualizado é rolado pela barra de rolagem do navegador.
onUnload	Uma página deixa de ser exibida.

Quadro 5.4 » **Eventos de formulários**

Propriedade	Ocorre quando...
onBlur	Um campo do formulário perde o foco.
onChange	O conteúdo de um campo do formulário é alterado.
onFocus	Um campo do formulário ganha foco.
onReset	Um formulário é restaurado, isto é, tem seus campos limpos.
onSelect	Um usuário seleciona algum texto dentro de um campo do formulário.
onSubmit	Um formulário é enviado.

A seguir, apresentamos modelos de como usar eventos com diferentes elementos. Primeiro, apresentamos a página HTML e, em seguida, o código JavaScript. Nosso primeiro exemplo é o de troca de imagens. Quando o mouse passa sobre a imagem inicial, ela é trocada, retornando à ilustração inicial quando o mouse não está mais sobre ela.

» EXEMPLO

```
trocaImagem.html
<html>
  <head>
    <title>Troca de Imagens</title>
  </head>
  <script src="trocaImagem.js" language="JavaScript"></script>
  <body>
  Passe o mouse sobre a imagem...<br />
  <img src="carrinho_vazio.jpg" onMouseOver="mostraCheio(this);" onMouseOut="mostraVazio(this);">
  </body>
</html>
```

Os eventos onMouseOver e onMouseOut chamam as funções mostraQuadro e mostraTesoura, respectivamente. Elas passam por parâmetro o objeto this, o qual significa que deve ser enviado o próprio elemento, isto é, a TAG image. Com ela, será possível trocar o endereço da imagem carregada, conforme demonstrado abaixo.

>> **EXEMPLO**

trocaImagem.js
```
function mostraCheio(imagem){
   imagem.src="carrinho_adicionar.jpg";
}
function mostraVazio(imagem){
   imagem.src="carrinho_vazio.jpg";
}
```

Figura 5.6 Janelas resultantes dos eventos onMouseOver e onMouseOut.
Fonte: dos autores.

No próximo exemplo, há um formulário com o campo `<textarea>`. Com isso, todo caractere digitado será forçado para permanecer em caixa alta.

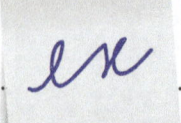

» EXEMPLO

trocaMaiuscula.js
```
function maiuscula(texto){
  texto.value = texto.value.toUpperCase();
}
```

trocaMaiuscula.html
```
<html>
  <head>
    <title>Texto</title>
  </head>
  <script src="trocaMaiuscula.js"></script>
  <body>
    <form>
      Letra maiúscula:<br />
      <textarea name="letra" onKeyUp="maiuscula(this);"></textarea><br />
    </form>
  </body>
</html>
```

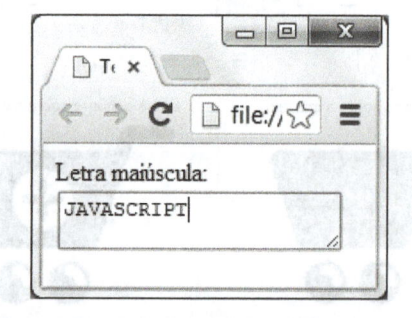

Figura 5.7 Janela resultante da função `toUpperCase()`.
Fonte: dos autores.

Outro exemplo é o de habilitar e desabilitar campos de um formulário. Observe as telas no quadro a seguir. Ao carregar, a página apresenta um formulário em que o campo texto não permite digitação de conteúdo. Entretanto, ao selecionar a opção "Habilita", o campo é liberado. E, ao selecionar a opção "Desabilita", o campo é limpo e não é permitida a digitação de texto algum.

>> EXEMPLO

habilita.html
```html
<html>
  <head>
    <title>Habilita</title>
  </head>
  <script src="habilita.js"></script>
  <body>
    <form name="formulario">
      <input type="radio" name="habilita" value="sim"
          onClick="HabilitarCampo(1);">Habilita<br/>
      <input type="radio" name="habilita" value="nao"
          onClick="HabilitarCampo(0);" checked>Desabilita<br/>
      Campo: <input type="text" name="nome" disabled>
    </form>
  </body>
</html>
```

habilita.js
```
function HabilitarCampo(opcao){
  if(opcao){
    document.formulario.nome.disabled = false;
  }
  else{
    document.formulario.nome.value = "";
    document.formulario.nome.disabled = true;
  }
}
```

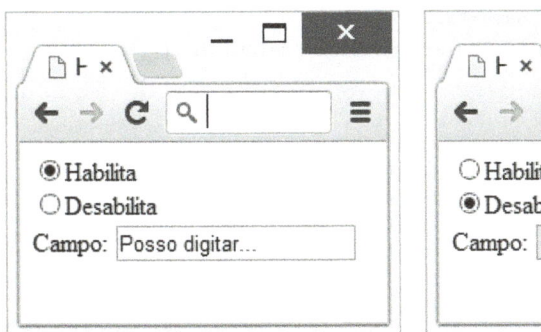

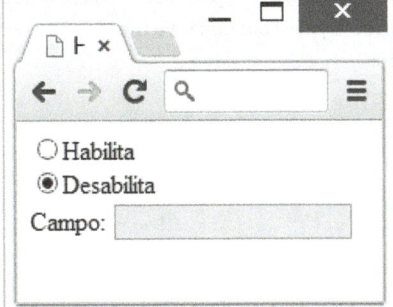

Figura 5.8 Janela exemplo da função `HabilitarCampo()`.
Fonte: dos autores.

Note que a função `HabilitarCampo` recebe por parâmetro a variável `opcao`. Ela indica se o campo `nome` deve ser habilitado para edição. Para obtê-lo, é necessário localizá-lo dentro da página (`document`) que contém um formulário (`formulario`) e então informar o nome do campo (`nome`). A partir daí, podemos acessar o atributo `disabled` e alterá-lo.

No próximo exemplo, apresentamos um cálculo do IMC. Para isso, o usuário informa seu peso e sua altura e, ao clicar no botão, o índice é calculado. Note que os valores informados nos campos do formulário são recebidos pelo JavaScript como `string`. Logo, é necessário convertê-los para ponto flutuante (`float`). Veja esse modelo no quadro a seguir.

≫ EXEMPLO

```
imc.js
function calculaIMC(){
  peso = parseFloat(document.formulario.peso.value);
  altura = parseFloat(document.formulario.altura.value);
  resultado = peso/(altura*altura);
  resultado = resultado.toFixed(2);
  alert("Seu IMC é: "+resultado);
}

imc.html
<html>
  <head>
    <title>IMC</title>
  </head>
  <script src="imc.js"></script>
  <body>
    <form name="formulario">
      Peso: <input type="text" name="peso"><br>
      Altura: <input type="text" name="altura"><br>
      <input type="button" value="Calcular" onclick="calculaIMC();">
    </form>
  </body>
</html>
```

Figura 5.9 Janela com exemplo da aplicação do IMC.
Fonte: dos autores.

❯❯ Agora é a sua vez!

Desenvolva o formulário abaixo de forma que, ao clicar no botão "Enviar", seja exibido o valor do frete em uma janela de alerta.

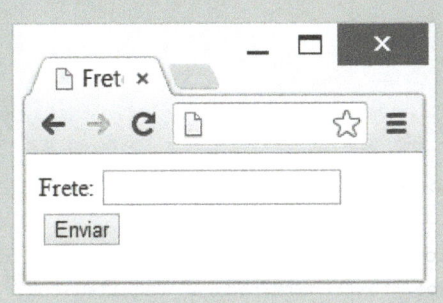

❯❯ Validação dos campos dos formulários

Nos exemplos apresentados nas seções anteriores, foram utilizados formulários para a entrada de dados e execução de alguma ação, como um cálculo. Como nem sempre o usuário preenche o formulário corretamente, pode acontecer de o campo ficar vazio ou com uma informação diferente da solicitada. Assim, para que não haja campos em branco ou com informações equivocadas, é necessário proceder à validação.

Com a chegada do HTML 5 (embora ainda não oficializado) em 2010, novos tipos de campos foram disponibilizados para certificar que o usuário digite a informação solicitada. Há campos que verificam automaticamente se o valor é uma data, hora, email, número, etc. Entretanto, nem todos os navegadores os implementam, o que torna necessária uma validação mais específica.

No exemplo a seguir, é possível verificar se o campo foi preenchido. Note que será usada a codificação em HTML 5, buscando validar os campos duplamente: pelo HTML e pelo JavaScript. No campo input, será adicionado o atributo required, tornando obrigatório o seu preenchimento. Ao submeter o formulário, é necessário executar a função valida. Na função, deverá ser verificado se o valor preenchido no campo está preenchido. Nesse caso, a função retornará `true`, e, então, o formulário é submetido. Caso o campo não esteja preenchido, uma mensagem de alerta é exibida, o foco é direcionado para o campo que deve ser revisado pelo usuário e é impedida a continuidade da submissão, retornando `false`.

» EXEMPLO

```
busca.html
<html>
  <head>
    <title>Busca</title>
  </head>
  <script src="busca.js"></script>
  <body>
    <form name="formulario" action="busca.php" onSubmit="return valida();">
      Procurar: <input type="text" name="busca" required><br>
      <input type="submit">
    </form>
  </body>
</html>
```

```
busca.js
function valida(){
  if(document.formulario.busca.value == ""){
    alert("Preencha o campo BUSCA corretamente");
    document.formulario.busca.focus();
    return false;
  }
  return true;
}
```

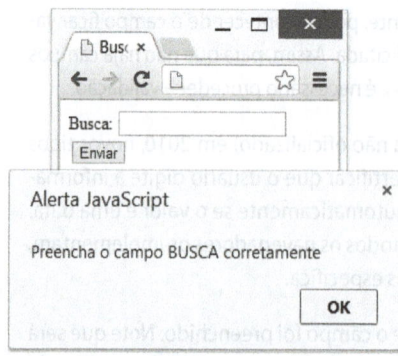

Figura 5.10 Janela com exemplo da aplicação da busca.
Fonte: dos autores.

No próximo exemplo, que exibe um formulário de busca, o campo deverá ser composto de pelo menos 3 caracteres. Assim, evita-se que palavras pequenas sejam informadas, retornando um grande volume como resultado. Logo, será alterada a função `valida`, para que também verifique quantos caracteres foram informados, impedindo o envio do formulário caso tenha menos de 3 caracteres.

> ## » EXEMPLO
>
> ```
> busca.js
> function valida(){
>   if(document.formulario.busca.value == ""){
>     alert("Preencha o campo BUSCA corretamente");
>     document.formulario.busca.focus();
>     return false;
>   }
>   if(document.formulario.busca.value.length < 3){
>     alert("Informe pelo menos 3 letras!");
>     document.formulario.busca.focus();
>     return false;
>   }
>   return true;
> }
> ```
>
> **Figura 5.11** Janela com exemplo da aplicação da busca completo.
> *Fonte:* dos autores.

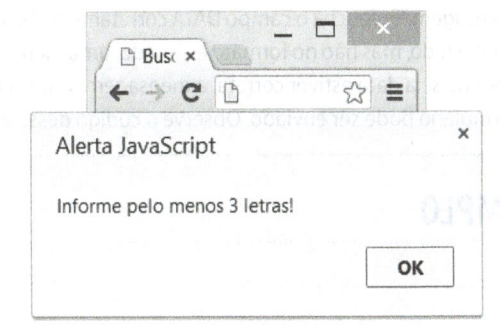

» Validação de campos com expressões regulares

Certamente você já se deparou com formulários como o da Figura 5.12. Ele pede ao usuário que forneça uma informação em determinado formato. Pode ser que, enquanto seja preenchido, o próprio formulário autocomplete alguns campos

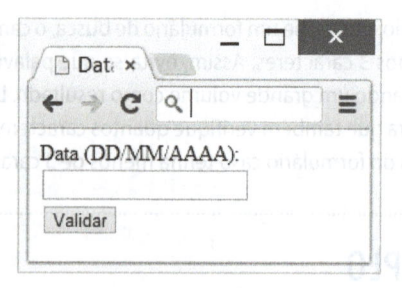

> **ATENÇÃO**
> Para verificar se o conteúdo de uma variável é um número, pode ser utilizada a expressão:
> Números inteiros: /^\d+$/;
> Números decimais (com vírgula): /^[+-]?((\d+|\d{1,3}(\.\d{3})+)(\,\d*)?|\,\d+)$/;

Figura 5.12 Exemplo de validação de data.
Fonte: dos autores.

(com pontos ou barras) ou não permita certos caracteres (p.ex., um campo de CPF não permite a digitação de letras e símbolos). Esse tipo de validação envolve algoritmos mais complexos, que verificam, a cada digitação, a necessidade de validar e modificar a informação.

Uma forma de simplificar essa validação é utilizando expressões regulares. Elas permitem identificar a ocorrência de um conjunto de caracteres por meio de uma expressão representada por letras, números, caracteres e símbolos.

Para facilitar a compreensão, apresentamos uma função mais simples, de validação de data. O formato desejado é o seguinte: 01/01/2013, representando o dia 1º de janeiro de 2013. Se o usuário não preencher o campo corretamente, a mensagem "Preencha o campo DATA corretamente" é apresentada. Se o campo foi preenchido, mas não no formato esperado, uma mensagem equivalente é exibida. Por fim, se a data estiver correta, a mensagem "Data válida" é mostrada e, então, o formulário pode ser enviado. Observe o código desse exemplo a seguir.

>> EXEMPLO

```
data.html
<html>
  <head>
    <title>Data</title>
  </head>
  <script src="data.js"></script>
  <body>
    <form name="formulario" method="post" onSubmit="return validaData();">
    Data (DD/MM/AAAA): <input type="text" name="data" maxlength="10"><br>
    <input type="submit" value="Validar">
    </form>
  </body>
</html>
```

» EXEMPLO

```
data.js
function validaData(){
  if(document.formulario.data.value == "" ||
    document.formulario.data.value.length != 10){
    alert("Preencha o campo DATA corretamente");
    document.formulario.data.focus();
    return false;
  }
// O comando abaixo deve ser digitado continuamente em uma linha
  expReg = /^((0[1-9]|[12]\d)\/(0[1-9]|1[0-2])|30\/(0[13-9]|1[0-2])|31\/(0[13578]|1[02]))\/\d{4}$/;
  if (document.formulario.data.value.match(expReg) &&
      document.formulario.data.value != ''){
    alert("Data válida");
    return true;
    }
  else{
    alert("Formato inválido de data");
    document.formulario.data.focus();
    return false;
  }
}
```

Figura 5.13 Exemplo de validação de data.
Fonte: dos autores.

Em caso de navegadores que ainda não implementaram o HTML5, recomendamos o uso das expressões a seguir para validar as informações:

- Hora (24 horas): /^([0-1]\d|2[0-3]):[0-5]\d$/;

- Email: /^[\w!#$%&'*+\/=?^`{|}~-]+(\.[\w!#$%&'*+\/=?^`{|}~-]+)*@(([\w--]+\.)+[A-Za-z]{2,6}|\[\d{1,3} (\.\d{1,3}){3}\])$/;

- CPF: /^\d{3}\.\d{3}\.\d{3}\-\d{2}$/

- CNPJ: /^\d{2}\.\d{3}\.\d{3}\/\d{4}\-\d{2}$/

- Telefone (DDD e 8 ou 9 dígitos): /[1-9][1-9] [2-9]?[0-9]{4}-[0-9]{4}/

- CEP: /^[0-9]{5}-[0-9]{3}$/

>> Agora é a sua vez!

1. Construa um formulário contendo o campo de CEP e a quantidade de produto, com base na Figura 5.12.
   • Você deve verificar se o CEP contém dígitos inteiros (note que o mesmo foi separado em 2 campos). A validação deverá ser feita ao clicar no botão "Calcular frete".
   • O campo de quantidade de produtos deve aceitar, no máximo, 1 caractere (logo, o usuário poderá comprar até 9 unidades do mesmo produto). A validação deve ser feita quando o campo perder o foco.

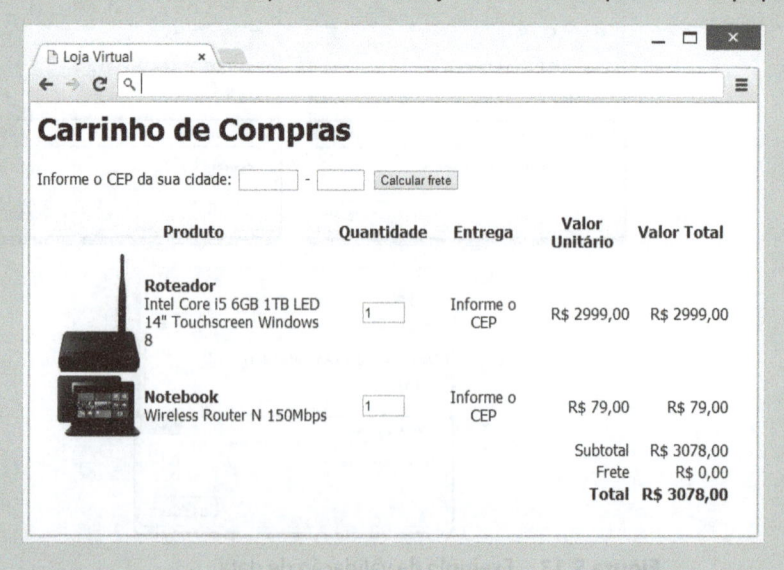

Figura 5.14 Formulário de carrinho de compras.
Fonte: dos autores.

>> Agora é a sua vez!

2. Construa também formulários para cadastramento:
   a) Ao clicar no botão "Acessar", o email e a senha devem ser validados quanto ao seu correto preenchimento.
   b) Ao clicar no botão "Quero me cadastrar", o nome também deve ser informado.

   Os campos são validados da seguinte forma:
   • O email deve ser válido.

   • A senha deve conter entre 6 e 10 caracteres. Para isso, utilize o código /[a-zA-Z0-9]{6,10}/; incluindo, pelo menos, uma letra minúscula, uma maiúscula e um número. Neste caso, use a expressão /(?=.*[A-Z])(?=.*[a-z])(?=.*[0-9])/.

   • O nome deverá ser composto por, ao menos, um nome e um sobrenome, cujos tamanhos mínimos são de 2 caracteres cada.

3. Para finalizar a compra, elabore o formulário de pagamento por meio de cartão de crédito. Logo, ao clicar em "Confirmar pagamento", você deve certificar-se de que o comprador optou por uma das bandeiras dos cartões e preencheu todos os campos, seguindo as seguintes instruções:

   • O nome do titular deve conter apenas letras, sendo que, ao digitar cada uma delas, a letra é convertida em letra maiúscula. A quantidade máxima é de 19 caracteres, incluindo espaços em branco.

   • O número do cartão deve conter, exatamente, 16 números, sem espaços, e o código de segurança deve conter, exatamente, 3 números. Conforme a bandeira escolhida, o número deverá ser validado:

   - Visa: /^4[0-9]{12,15}$/
   - Mastercard: /^5[1-5]{1}[0-9]{14}$/
   - American Express: /^3(4|7){1}[0-9]{13}$/

>> Validação de campos com máscaras

Nas seções anteriores, foram apresentadas algumas formas de validar o conteúdo dos campos. Primeiro, foi visto como verificar se o campo está preenchido. Depois, como realizar a verificação utilizando as expressões regulares que ajudam a testar se o valor informado corresponde ao esperado.

Agora, você irá aprender como deixar os formulários mais seguros e facilitar seu preenchimento pelo usuário. Talvez você já tenha percebido, em alguns sites, a existência de **máscaras**. Trata-se de uma característica que permite a validação dos campos quando o usuário faz a digitação. Para implementar o uso de máscaras, serão usados os conhecimentos apresentados até aqui.

No exemplo a seguir, há o desenvolvimento de um formulário que contém um único campo de CEP. Nele, é permitido apenas a digitação de números inteiros e, na 6ª posição, é incluído o hífen a fim de separar os dígitos.

» EXEMPLO

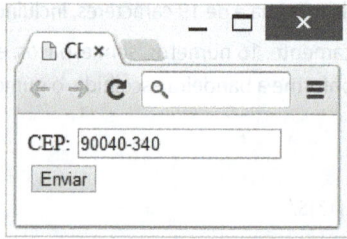

```
cep.html
<html>
  <head>
    <title>CEP</title>
  </head>
  <script src="cep.js"></script>
  <body>
    <form action="#" method="post" onSubmit="return camposPreenchidos(this);">
      CEP: <input type="text" name="cep" onkeydown="cep(this);"
           onkeypress="cep(this);" onkeyup="cep(this);" maxlength="9" ><br />
      <input type="submit" name="botao" value="Enviar">
    </form>
  </body>
</html>
```

Figura 5.15 Exemplo de validação de CEP.
Fonte: dos autores.

```
cep.js
function cep(v){
  // Removendo os caracteres que não forem números
  v.value=v.value.replace(/\D/g,"");
  // Adicionando o hífen na 6ª posição
  v.value=v.value.replace(/^(\d{5})(\d)/,"$1-$2");
}
function camposPreenchidos(form){
  if(form.cep.value != "" && form.cep.value.length == 9){
    return true;
  }
  return false;
}
```

No arquivo JavaScript, foram criadas duas funções: cep e camposPreenchidos. A cep é chamada a cada interação do teclado com o campo cep, verificando o conteúdo digitado e completando com o hífen. Já a função camposPreenchidos é invocada quando se tentar submeter o formulário, impedindo que o campo cep seja enviado sem que esteja completo, ou seja, com os 9 caracteres.

Veja a seguir mais algumas funções JavaScript para a criação de máscaras.

> **» IMPORTANTE**
> Note que a função cep é chamada em três eventos de teclado. Trata-se de uma ação importante para o funcionamento correto do código.

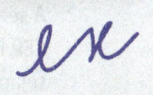

» EXEMPLO

```javascript
mascaras.js
// Números
function numeros(v){
  // Remove os caracteres não numéricos
  v.value=v.value.replace(/\D/g,"");
}

// Data
function data(v){
  v.value=v.value.replace(/\D/g,"");
  //Adiciona a barra entre o dia e o mês
  v.value=v.value.replace(/^(\d{2})(\d)/,"$1/$2");
  //Adiciona a barra entre o mês e o ano
  v.value=v.value.replace(/(\d{2})(\d)/,"$1/$2");
}

//Telefone com DDD
function telefone(v){
  v.value=v.value.replace(/\D/g,"");
  //Adiciona parênteses no DDD
  v.value=v.value.replace(/^(\d\d)(\d)/g,"($1) $2");
  //Adiciona hífen no número do telefone
  v.value=v.value.replace(/(\d{4})(\d)/,"$1-$2");
}

// CPF
function cpf(v){
  v.value=v.value.replace(/\D/g,"");
  //Adiciona ponto após os três primeiros números
  v.value=v.value.replace(/^(\d{3})(\d)/,"$1.$2");
  //Adiciona ponto após os seis primeiros números
  v.value=v.value.replace(/(\d{3})(\d)/,"$1.$2");
  //Adiciona o hífen antes dos últimos 2 caracteres
  v.value=v.value.replace(/(\d{3})(\d{1,2})$/,"$1-$2");
}
```

≫ Agora é a sua vez!

1. Construa um formulário contendo os campos de CPF, nome, sexo, data de nascimento e telefone. Você precisa validar cada campo, de modo que apenas os valores esperados sejam informados. Além disso, você deve impossibilitar a submissão do formulário se algum dos campos não estiver preenchido.
2. A seguir, desenvolva o formulário contendo os campos endereço, número, complemento, referência, CEP, bairro, cidade e estado. Você deve validar cada campo, de modo que apenas os valores esperados sejam informados. Além disso, você deve impossibilitar a submissão se algum dos campos não estiver preenchido.

≫ Cookies

Os cookies são pequenos arquivos gerenciados pelos navegadores, capazes de armazenar conteúdos textuais das páginas Web. Esses conteúdos são guardados para utilização posterior pelas páginas que compõem um site. Com eles, pode-se personalizar o site por meio de ações como:

• Preencher um formulário com os dados informados no último acesso.

• Armazenar os itens selecionados em um carrinho de compras.

• Armazenar as preferências de layout do site.

Embora os cookies não sejam uma tecnologia recente e sejam utilizados amplamente, a sua implementação usando JavaScript é trabalhosa. Note na sequência a seguir.

≫ EXEMPLO

```
cookies.js
function setcookie(nome, valor, expira) {
  //Cria um objeto da classe data (classe nativa do javascript)
  dia = new date();
  //Adiciona a quantidade de dias que o cookie estará válido à data atual
  dia.setdate(dia.getdate() + expira);
```

>> EXEMPLO

```
      //Prepara a string que armazenará o cookie
      var valor = escape(valor) + ((expira==null) ? "" : "; expires="
            +dia.toutcstring());
      //Adiciona a string ao cookie
      document.cookie = nome + "=" + valor;
}
function getcookie(nome) {
   //Obtém a string com os cookies
   var cookies = document.cookie;
   //Localiza onde está o cookie cujo nome foi passado por parâmetro
   var inicio = cookies.indexof(" " + nome + "=");
   //Se estiver no início
   if (inicio == -1) {
     //Posiciona no início do cookie
     inicio = cookies.indexof(nome + "=");
   }
   //Ou se não foi localizado (não existe)
   if (inicio == -1) {
     cookies = null;
   }
   else {
     //Localiza a posição inicial onde está o valor do cookie
     inicio = cookies.indexof("=", inicio) + 1;
     //Localiza a posição final onde está o valor do cookie
     var fim = cookies.indexof(";", inicio);
     if (fim == -1) {
       fim = cookies.length;
     }
   //Enfim, obtém o valor do cookie
   cookies = unescape(cookies.substring(inicio,fim));
   }
   //Retorna o valor
   return cookies;
}
```

Utilizando as funções do arquivo cookies.js, o processo de armazenar e recuperar cookies torna-se mais fácil. Observe a Figura 5.16 e o exemplo a seguir.

O formulário de login apresentado na Figura 5.16 (`login.html`) é feito a partir do fornecimento do email e da senha do usuário. Se estiverem corretos, a área restrita do site (aqui chamada de `restrita.html`), a qual necessita da identificação do usuário, pode ser acessada.

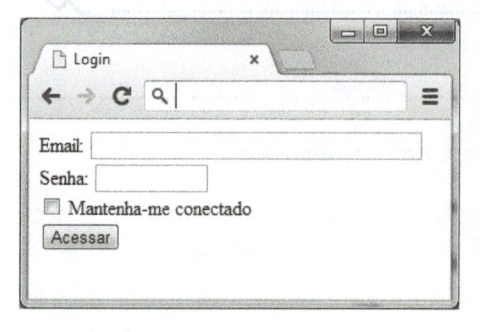

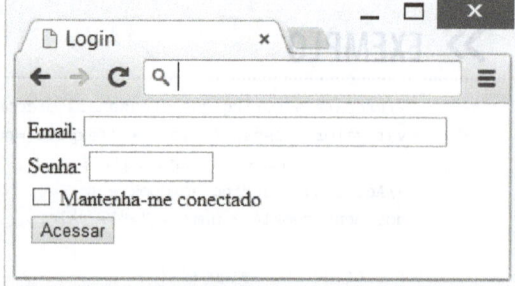

Figura 5.16 Exemplo de login.
Fonte: dos autores.

Entretanto, o exemplo tem características especiais, que provavelmente você já deve ter visto em alguns sites. Foi acrescentado um botão de "Mantenha-me conectado", que, se selecionado, permite o acesso direto à área restrita em um próximo acesso ao site. Essa funcionalidade é implementada com cookies, pois, ao selecioná-la, essa opção é gravada no navegador do usuário por um tempo determinado (10 dias).

Por fim, para facilitar o entendimento, o acesso será liberado caso seja informado um email válido qualquer e utilizada a palavra "JavaScript" como senha. Veja no quadro a seguir o código desse exemplo.

>> EXEMPLO

```
Login.html
<html>
  <head>
    <title>Login</title>
  </head>
  <script src="cookies.js"></script>
  <script src="login.js"></script>
  <body onLoad="verificarLogado()";>
    <form action="restrita.html" method="post"
          onSubmit="return camposPreenchidos(this);">
    Email: <input name="email" maxlength="100" size="40"><br />
    Senha: <input type="password" name="senha" maxlength="10" size="10"><br />
```

>> EXEMPLO

```html
    <input type="checkbox" name="conectado" value="1">
    Mantenha-me conectado<br />
    <input type="submit" name="botao" value="Acessar">
    </form>
  </body>
</html>
```

Login.js
```javascript
// Ao carregar a página, verificamos se o usuário já acessou o site anteriormente e optou por
// mantê-lo conectado.
function verificarLogado(){
  // Verifica a existência do login
  if(getCookie("email") != null){
    // Em caso afirmativo, direciona para a página restrita
    window.location.href = "restrita.html";
  }
}
// Ao submeter o formulário, verifica-se o preenchimento dos campos
function camposPreenchidos(form){
  // Expressão regular para verificar se o email é válido (mantenha a expressão em uma linha
  // única e contínua)
  erEmail = /^[\w!#$%&'*+\/=?^`{|}~-]+(\.[\w!#$%&'*+\/=?^`{|}~-]+)*@(([\w-]+\.)+[A-Za-z]{2,6}|\[\d{1,3}(\.\d{1,3}){3}\])$/;
  // Verifica se o campo está vazio ou não corresponde ao email válido
  if(form.email.value == "" || !form.email.value.match(erEmail)){
    alert("Preencha o campo EMAIL corretamente");
    return false;
  }
  // Verifica se a senha está correta
  if(form.senha.value != "JavaScript"){
    alert("Preencha o campo SENHA corretamente");
    return false;
  }
  // Verifica se a opção de manter conectado foi selecionada
  if(form.conectado.checked){
    // Em caso afirmativo, cria um cookie com o email do usuário
    setCookie("email", form.email.value, 10);
  }
  return true;
}
```

>> Manipulação de estilos com JavaScript

No Capítulo 4, você aprendeu um pouco sobre CSS, a folha de estilos responsável pelo layout das páginas HTML. É possível alterar a cor, a fonte e o tamanho por meio da combinação de CSS com JavaScript. Ou seja, ao invocar um evento do JavaScript, é possível acessar um elemento e, então, solicitar que seu estilo seja modificado.

O exemplo da Fig. 5.10 referente ao assunto se baseia no formulário de busca que já foi visto antes. Entretanto, agora vai ser adicionado estilo. Para isso, quando o usuário deixar o campo de busca vazio ou com menos de 3 caracteres, o navegador irá exibir um alerta e também tornar o campo colorido a fim de destacá-lo. Veja no quadro a seguir como fica o código.

>> EXEMPLO

```
busca.html
<html>
  <head>
    <title>Busca</title>
  </head>
  <script src="busca.js"></script>
  <body>
    <form name="formulario" action="busca.php" onSubmit="return valida();">
      Procurar: <input type="text" name="busca" required><br>
      <input type="submit">
    </form>
  </body>
</html>

busca.js
function valida(){
  // Localize o elemento e, então, chame a propriedade style e qual elemento deseja
  // modificar, como cor da borda, cor de fundo, etc.
  document.formulario.busca.style.borderColor = "#FFFFFF";
  document.formulario.busca.style.backgroundColor = "#FFFFFF";
  if(document.formulario.busca.value == ""){
```

>> EXEMPLO

```
        alert("Preencha o campo BUSCA corretamente");
        document.formulario.busca.style.borderColor = "#FF4500";
        document.formulario.busca.style.backgroundColor = "#FFFFE0";
        document.formulario.busca.focus();
        return false;
      }
      if(document.formulario.busca.value.length < 3){
        alert("Informe pelo menos 3 letras!");
        document.formulario.busca.style.borderColor = "#FF4500";
        document.formulario.busca.style.backgroundColor = "#FFFFE0";
        document.formulario.busca.focus();
        return false;
      }
      return true;
    }
```

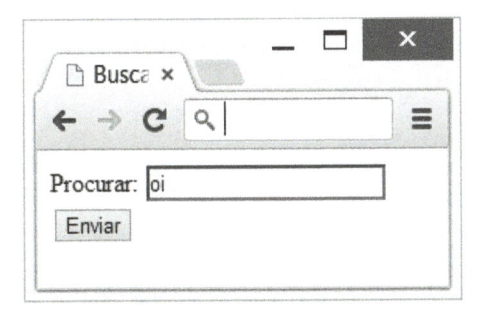

Figura 5.17 Exemplo de Busca
Fonte: dos autores.

Observe que praticamente todos as propriedades CSS podem ser modificadas via JavaScript. Geralmente, são mantidos os mesmos nomes e, quando houver hífen separando o nome (p.ex., border-color), basta removê-lo. Na Internet, é possível encontrar tabelas de correspondências entre as nomenclaturas em CSS e JavaScript.

LEITURAS RECOMENDADAS

MORRISON, M. *Use a cabeça! Javascript*. Rio de Janeiro: Alta Books, 2008

W3SCHOOLS. *JavaScript tutorial*. [S.l.: s.n., 2013]. Disponível em: <http://www.w3schools.com/js/>. Acesso em: 15 out. 2013.

YANK, K.; ADAMS, C. *Só JavaScript*: tudo o que você precisa saber sobre JavaScript e partir do zero. Porto Alegre: Bookman, 2009.

Patrícia Nogueira Hübler
Tanisi Pereira de Carvalho
Mariano Nicolao

capítulo 6

Linguagem SQL

O armazenamento e a busca de informações de forma organizada é o foco principal dos sistemas informatizados. Para isso, bancos de dados são implementados, disponibilizando recursos para criação e manipulação de informações com a utilização de linguagens próprias. Neste capítulo, você será apresentado à Linguagem SQL, com a qual poderá criar, alterar e excluir esquemas de bancos de dados, além de inserir, consultar, excluir e alterar dados armazenados.

Objetivos de aprendizagem

>> Criar esquemas novos e alterar e/ou excluir esquemas existentes em bancos de dados.

>> Inserir, atualizar e excluir dados em bancos de dados.

>> Realizar consultas com uma ou mais tabelas sobre dados armazenados.

Introdução

A **Linguagem de Consulta Estruturada** (SQL – *Structured Query Language*) foi padronizada para utilização em bancos de dados em 1986 pela American National Standards Institute (ANSI) e é amplamente utilizada nos dias atuais por diferentes Sistemas Gerenciadores de Bancos de Dados (SGBDs). A linguagem SQL pode ser dividida em quatro conjuntos:

• Linguagem de manipulação de dados (DML – *Data Manipulation Language*), com comandos para inserções (`insert`), consultas (`select`), atualizações (`update`) e exclusões (`delete`).

• Linguagem de definição de dados (DDL – *Data Definition Language*), com comandos para criação e manutenção dos objetos do banco de dados: `create`, `alter`, `drop`, `rename` e `truncate`.

• Linguagem para controle de transações: `commit`, `rollback` e `savepoint`.

• Linguagem para controle de acesso a dados (DCL – *Data Control Language*): `grant` e `revoke`.

Por mais que exista um padrão para SQL, cada um dos fabricantes de SGBD podem criar estruturas específicas, proprietárias, que fornecem recursos adicionais a seus sistemas. Assim, o objetivo deste capítulo é fornecer conhecimentos que permitam a utilização de comandos e recursos do SQL sem limitar os recursos a um SGBD específico.

Para os exemplos deste capítulo, será utilizado o esquema apresentado no Capítulo 2, que corresponde ao modelo relacional apresentado abaixo:

```
cliente (e_mail_cliente, nome, senha, nome_usuario, telefo-
ne_residencial, telefone_celular, telefone_comercial, CPF,
codigo _end_resid)
codigo_end_resid referencia endereco

endereco (codigo_endereco, logradouro, numero, complemento,
bairro, CEP, cidade, UF, e_mail_cliente)
e_mail_cliente referencia Cliente

produto (codigo_produto, nome, preco, descricao, quantidade,
codigo_fabricante, codigo_categoria)
codigo_fabricante referencia fabricante
codigo_categoria referencia categoria
```

```
categoria (codigo_categoria, nome)

fabricante (codigo_fabricante, nome)

fotos (codigo_foto, imagem, codigo_produto)
codigo_produto referencia produto

pedido (codigo_pedido, data_hora, valor_frete, data_entrega_
prevista, situacao, desconto, data_pagamento, data_validade,
e_mail_cliente, numero_nf, data_emissao_nf, codigo_funciona-
rio, codigo_pagto, codigo_end_entrega)
e_mail_cliente referencia cliente
codigo_funcionario referencia funcionario
codigo_pagto referencia forma_pagtocodigo_end_entrega refe-
rencia endereco

funcionario (codigo_funcionario, usuario, senha)

forma_pagto (codigo_pagto, nome, taxa_juros)

produto_pedido (codigo_produto,codigo_pedido, preco_venda,
quantidade_venda)
codigo_produto referencia produto
codigo_pedido referencia pedido
```

Tipos de dados

Os tipos de dados mais comuns e amplamente utilizados no âmbito da Linguagem SQL são:

• CHAR (tamanho): sequência de caracteres de tamanho fixo. Os espaços não ocupados pelo texto são armazenados, com capacidade para armazenar de 1 a 255 caracteres.

• VARCHAR (tamanho): sequência de caracteres de tamanho variável. Os espaços não ocupados pelo texto não são armazenados, são ignorados, com capacidade para armazenar de 1 a 255 caracteres.

• FLOAT (total, decimais) ou DOUBLE (total, decimal): valores numéricos inteiro ou reais.

• INTEGER [(tamanho)] ou INT [(tamanho)]: valores numéricos do tipo inteiro.

• DATE: permite o armazenamento de data.

- TIME: permite o armazenamento de hora.
- DATETIME: permite o armazenamento de data e hora.

> **IMPORTANTE**
> Todas as definições dos objetos criados no banco de dados (tabelas, tipos de dados, procedimentos, funções, gatilhos) são armazenadas no dicionário de dados. O dicionário de dados é composto por um conjunto de tabelas que armazena metadados, ou seja, informações sobre os dados armazenados no banco de dados.

» Comandos da linguagem de definição de dados (DDL)

A seguir, apresentaremos uma série de comandos úteis para a definição de esquemas de bancos de dados utilizando DDL.

» CREATE TABLE

O comando CREATE TABLE é responsável pela criação de uma tabela no banco de dados. Para cada coluna (atributo) da tabela, deve ser definido um nome e um tipo. Ainda é possível definir, na criação da tabela, as restrições de integridade associadas a cada uma das colunas. Essas restrições de integridade são utilizadas para garantir a confiabilidade e a consistência dos dados, de forma que as informações armazenadas tenham exatamente o conteúdo que representa a realidade para a qual o banco de dados foi implementado. Entre os tipos mais comuns de restrições de integridade estão as de chave primária e chave estrangeira. A chave primária é utilizada para identificar de forma única uma linha em uma tabela, e a chave estrangeira possibilita a definição de relacionamentos entre as tabelas.

A sintaxe para a criação de uma tabela é a seguinte:

```
CREATE TABLE nome_da_tabela
(nome_da_coluna tipo [NULL|NOT NULL][restrições de integridade],
restrições de integridade);
```

A utilização da expressão NOT NULL indica que o preenchimento da coluna é obrigatório. Por padrão, os SGBD definem suas colunas como NULL (conteúdo não obrigatório), com exceção da chave primária ou quando expressamente definido com NOT NULL. Observe o exemplo a seguir.

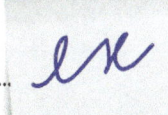

» EXEMPLO

```
CREATE TABLE funcionario
(codigo_funcionario INT PRIMARY KEY,
usuario VARCHAR(15),
senha VARCHAR(10));
```

No exemplo acima, a definição da restrição de integridade do tipo **chave primária** (PRIMARY KEY) foi feita ao lado da definição do atributo. Outra possibilidade é a definição dessa mesma restrição após a criação de todos os atributos da tabela, com a referência do atributo sobre a qual a restrição está associada, conforme o exemplo a seguir.

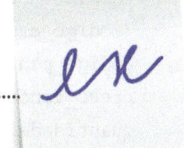

» EXEMPLO

```
CREATE TABLE funcionario
(codigo_funcionario INT,
usuario VARCHAR(15),
senha VARCHAR(10),
PRIMARY KEY (codigo_funcionario));
```

Existe, também, a possibilidade de uma **chave primária composta**. Isso acontece quando um único atributo não é suficiente para identificar de forma única as linhas de uma tabela, necessitando da combinação de duas ou mais colunas. O exemplo a seguir apresenta essa situação.

» EXEMPLO

```
CREATE TABLE produto_pedido
(codigo_produto INT,
codigo_pedido INT,
preco_venda DOUBLE(8,2),
quantidade_venda INT,
PRIMARY KEY (codigo_produto, codigo_pedido));
```

No exemplo de criação da tabela produto_pedido, um único atributo codigo_pedido não é suficiente para a definição da chave primária. Como um mesmo pedido pode ter vários produtos diferentes, esse código de pedido pode aparecer diversas vezes na tabela produto_pedido. Assim, optamos pela criação de uma chave primária composta em vez de criar um novo atributo para identificar de forma única uma informação.

Na criação dessa tabela, existem, ainda, atributos que sugerem a ligação entre a tabela produto_pedido e as tabelas produto e pedido. Com isso, podemos ter a criação de mais restrições de integridade, denominadas **chave estrangeira**. A definição dessa restrição é feita conforme o exemplo a seguir.

» EXEMPLO

```
CREATE TABLE produto_pedido
(codigo_produto INT,
codigo_pedidoINT,
preco_venda DOUBLE(8,2),
quantidade_venda INT,
PRIMARY KEY (codigo_produto, codigo_pedido),
FOREIGN KEY (codigo_produto) REFERENCES produto(codigo_produto),
FOREIGN KEY (codigo_pedido) REFERENCES pedido(codigo_pedido));

CREATE TABLE produto
(codigo_produto INT,
nome VARCHAR(15),
preco DOUBLE(8,2),
descricao VARCHAR(30),
quantidade INT,
codigo_fabricante INT,
codigo_categoria INT,
PRIMARY KEY (codigo_produto),
FOREIGN KEY (codigo_fabricante) REFERENCES fabricante (codigo_fabricante),
FOREIGN KEY (codigo_categoria) REFERENCES categoria (codigo_categoria));
```

Para que um atributo seja definido como chave estrangeria, deve ser chave primária na sua tabela de origem (tabela referenciada). Porém, os atributos podem ter nomes diferentes nas tabelas. Por exemplo, um atributo pode ter sido nomeado como codigoped em uma tabela, na qual é chave primária, e ter sido nomeado como codpedido em outra tabela, na qual é chave estrangeira, fazendo referência à tabela na qual foi nomeado como codigoped.

Se você está usando o MySQL, deve criar suas tabelas como sendo do tipo InnoDB (ENGINE=InnoDB). Se as tabelas não forem criadas dessa forma, as restrições de integridade referencial (definições de chaves estrangeiras) não serão válidas. Para criar tabelas dessa forma, siga o exemplo a seguir.

>> EXEMPLO

```
CREATE TABLE produto_pedido
(codigo_produto INT,
codigo_pedido INT,
preco_venda DOUBLE(8,2),
quantidade_venda INT,
PRIMARY KEY (codigo_produto, codigo_pedido),
FOREIGN KEY (codigo_produto) REFERENCES produto(codigo_produto),
FOREIGN KEY (codigo_pedido) REFERENCES pedido(codigo_pedido)
)ENGINE=InnoDB;
```

Além dos tipos de restrições de integridade já estudados, cabe destacar os seguintes: o UNIQUE, que determina que a coluna deve ter valores únicos, e o CHECK, que define os valores que a coluna pode assumir.

>> ALTER TABLE

O comando ALTER TABLE é utilizado para fazer alterações na definição da tabela como, por exemplo, alterar o tipo de dados de uma coluna e incluir ou eliminar restrições de integridade da tabela.

A sintaxe para as alterações em uma tabela é a seguinte:

```
ALTER TABLE <nome da tabela>
[ADD COLUMN definição da coluna,]
[ADD PRIMARY KEY definição da restrição,]
[ADD FOREIGN KEY definição da restrição,]
[CHANGE nome_coluna_anterior trocar_para definição da coluna,]
[MODIFY definição da coluna,]
[DROP COLUMN nome,]
...
```

>> EXEMPLO

```
ALTER TABLE cliente ADD COLUMN rg VARCHAR(10);
ALTER TABLE cliente MODIFY nome VARCHAR(40);
```

O comando ALTER TABLE pode ser utilizado para adicionar uma restrição do tipo chave estrangeira após a criação de uma tabela. Isso é interessante, pois, se esse tipo de restrição for definida no momento de criação da tabela, devemos garantir que as tabelas que sejam referenciadas por outras sejam criadas primeiro. Por exemplo: a tabela `produto_pedido` tem a coluna `codigo_pedido` (que é uma chave estrangeira), e, se essa restrição for definida no momento da criação da tabela `produto_pedido`, a tabela `pedido` já deve ter sido criada. Entretanto, a tabela `produto_pedido` pode ser criada apenas com a coluna `codigo_pedido`, sem a definição da restrição do tipo chave estrangeira. Depois da criação de todas as tabelas do banco de dados, o comando `ALTER TABLE` pode ser utilizado para adicionar as restrições, conforme o exemplo a seguir.

>> EXEMPLO

```
ALTER TABLE produto_pedido ADD FOREIGN KEY (codigo_pedido)
REFERENCES pedido (codigo_pedido);
```

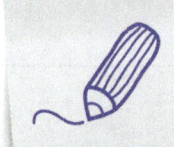

>> Agora é a sua vez!

1. Utilize o comando `CREATE TABLE` para escrever os comandos de criação das demais tabelas do esquema: cliente, endereco, produto, categoria, fabricante, fotos, pedido, forma_pagto, categoria, produto, pedido_produto, funcionario. No comando `CREATE TABLE`, crie as restrições de integridade do tipo chave primária.
2. Utilize o comando `ALTER TABLE` para criar as restrições de integridade de chave estrangeira para as tabelas criadas no Exercício 1.

>> DROP TABLE

O comando `DROP TABLE` elimina uma tabela do banco de dados.

A sintaxe para eliminar uma tabela do banco de dados é a seguinte:

```
DROP TABLE <nome_da_tabela>;
```

Veja a seguir um exemplo de uso desse comando:

> **» EXEMPLO**
>
>   DROP TABLE fotos;

O comando `DROP TABLE` elimina a tabela `fotos` e todos os seus registros. Agora, considere o seguinte cenário:

• A tabela `produto_pedido` tem uma chave estrangeira `codigo_produto` que referencia a tabela `produto`.

• O comando `DROP TABLE produto` é executado, porém o SGBD retorna uma mensagem de erro, informando que não é possível eliminar a tabela `produto`. Como existe a definição da chave estrangeira, produtos com pedidos válidos seriam eliminados, o que geraria inconsistência no banco de dados. Dessa forma, a existência da chave estrangeira não permite sua execução, pois existe uma restrição de integridade no banco de dados que faz referência à tabela `produto`.

Para que seja possível eliminar a tabela que possui chave estrangeira em outra tabela, devemos utilizar o comando `DROP TABLE`, primeiro para eliminar a tabela onde está a chave estrangeira e, depois, para eliminar a tabela origem, de onde veio a referência de chave estrangeira.

» Comandos da linguagem de manipulação de dados (DML)

Para os comandos de manipulação de dados, como inserções, atualizações, exclusões e consultas, utilizamos dados fictícios inseridos nas tabelas a seguir.

Tabela 6.1 » Tabela cliente

nome_usuario	Senha	e_mail_cliente	nome	...	CPF	codigo_end_resid
Joseramos	$#@¨&	joseramos@email.com	José dos Ramos	...	88888888888	34
Anaps	¨*&%@#	anapaulasantos@email.com	Ana Paula dos Santos	...	66666666666	32
Lmodelo	)%¨*&	lmodelo@email.com	Luciano Modelo	...	33333333333	65
Mjulia	!@#¨%$	mariajulia@email.com	Maria Julia Perfeito	...	22222222222	12
Robson	#$&%*	robsonss@email.com	Robson Silva da Silva	...	99999999999	8
Arthur	(*&%$@	arthur@email.com	Arthur dos Passos	...	44444444444	47
Rabelo	$#*(&%	constanciarabelo@email.com	Constância Rabelo	...	11111111111	3

Tabela 6.2 » Tabela endereço

codigo_endereco	logradouro	numero	complemento	bairro	CEP	cidade	UF	e_mail_cliente
2	Rua das Camélias	23	Apto 343	Florido	9999999	Porto Alegre	RS	joseramos@email.com
...	...	...	...	...	...	...	...	...
34	Avenida São Francisco	987	Casa 98	Esperança	9999998	Porto Alegre	RS	joseramos@email.com

Tabela 6.3 » Tabela categoria

codigo_categoria	nome
2	Informática
4	Telefonia

Tabela 6.4 » Tabela fabricante

codigo_fabricante	nome
10	Samsung
20	Nokia
30	LG
40	HP
50	Dell
60	IBM
70	Apple
80	Positivo

Tabela 6.5 » Tabela produto

codigo_produto	nome	preco	descricao	quantidade	codigo_fabricante	codigo_categoria
1001	Celular Smart	870	Celular com acesso a Internet	50	10	4
1002	Celular Smart 2013	920	Celular com jogos e roteador	15	30	4
1003	Notebook fino	3400	Tela giratória	10	50	2
1004	Roteador rápido	540		5	60	2
1005	Notebook estelar	2500	Preto com conexão	4	80	2
1006	Smatphone 2000	500		34	20	4
1007	PC	1300	Com monitor, teclado e mouse	20	70	2

Tabela 6.6 » Tabela fotos

codigo_foto	imagem	codigo_produto
1	c:\imagem\img001	1001
2	c:\imagem\img002	1001
3	c:\imagem\img003	1002
4	c:\imagem\img004	1002
5	c:\imagem\img005	1002
6	c:\imagem\img006	1003
7	c:\imagem\img007	1003
8	c:\imagem\img008	1004
9	c:\imagem\img009	1005
10	c:\imagem\img010	1006
11	c:\imagem\img011	1006

Tabela 6.7 » **Tabela** funcionario

usuario	codigo_funcionario	senha
usr01	1001	!@#$%
usr02	1002	#@$%$
usr03	1003	&$#@*
usr04	1004	*%$#@

Tabela 6.8 » **Tabela** forma_pagto

codigo_pagto	nome	taxa_juros
1	Boleto	
2	Cartao	2
3	Debito	

Tabela 6.9 » **Tabela** pedido

codigo_pedido	data_hora	e_mail_cliente	numero_NF	codigo_funcionario	codigo_pagto	codigo_end_entrega
101	28/02/2012 13h	joseramos@email.com	1001	usr01	1	2
102	18/03/2013 16h	mariajulia@email.com	1002	usr02	2	12
103	23/04/2013 9h	arthur@email.com	1003	usr03	3	69
104	04/05/2013 20h	joseramos@email.com	1004	usr01	1	34
105	17/07/2013 10h	constanciarabelo@email.com	1005	usr02	2	6
106	18/07/2013 17h	constanciarabelo@email.com	1006	usr03	3	6
107	19/07/2013 16h	anapaulasantos@email.com		usr03	2	32

Tabela 6.10 » **Tabela** produto_pedido

codigo_produto	codigo_pedido	preco_venda	quantidade_vendida
1001	101	870	1
1004	101	520	2
1003	102	3330	1
1006	102	490	1
1002	103	920	1
1005	104	2300	2
1004	104	520	2
1007	105	1100	10
1001	106	870	1
1002	106	920	1
1007	107	1300	2
1006	107	500	1

» Comando de inserção (INSERT)

O comando INSERT é utilizado para inserir valores em uma tabela. Veja o exemplo abaixo.

A sintaxe desse comando é a seguinte:

```
INSERT INTO <tabela> [(colunas)] VALUES (valores);
```

Veja a seguir um exemplo desse comando:

» EXEMPLO

```
INSERT INTO produto (codigo_produto, nome, preco, descricao,
quantidade, codigo_fabricante, codigo_categoria) VALUES (1001, 'Celular
Smart', 870, ' Celular com acesso a internet', 50, 10, 4)

INSERT INTO produto_pedido(codigo_produto, codigo_pedido,
preco_venda, quantidade_venda) VALUES (1001, 101, 870, 1);
```

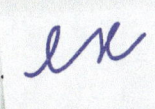

Note que o valor inserido na tabela produto_pedido, para o campo codigo_produto, é 1001, o mesmo valor inserido na tabela produto. Isso demonstra a utilização da restrição de integridade referencial, definida pela criação da chave estrangeira na tabela produto_pedido.

Os SGBDs trabalham de diferentes formas com colunas do tipo autoincremento. Em função disso, não apresentamos formas de utilização desse tipo de coluna neste capítulo.

>> Agora é a sua vez!

Utilize o comando INSERT INTO para escrever os comandos de criação de tuplas (linhas) nas tabelas que você criou no Exercício 1 do quadro "Agora é a sua vez" da página 130. Especifique pelo menos duas tuplas para cada uma das tabelas criadas. Para isso, podem ser utilizados os dados fictícios inseridos nas tabelas.

>> Comando de atualização (UPDATE)

O comando UPDATE é utilizado para alterar informações armazenadas no banco de dados.

A sintaxe básica desse comando é a seguinte:

```
UPDATE <tabela>
SET <atributo> = <modificação>, <atributo> = <modificação>
[WHERE = <condição>]
```

No comando UPDATE, quando a cláusula WHERE não é utilizada, todas as tuplas da tabela são alteradas.

No exemplo a seguir, todas as linhas da tabela produto foram atualizadas em 5%. Mas, se quiséssemos alterar o preço de apenas alguns produtos, como seria? A condição para atualização deve ser colocada na cláusula WHERE.

> **EXEMPLO**
>
> Para reajustar em 5% o preço de todos os produtos, utilize:
>
> ```
> UPDATE produto
> SET preco = preco * 1.05;
> ```

No exemplo a seguir, apenas as tuplas da tabela que satisfazem a condição são atualizadas.

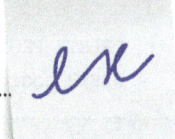

> **EXEMPLO**
>
> Para reajustar em 2% apenas os produtos da categoria 4, use:
>
> ```
> UPDATE produto
> SET preco = preco * 1.02
> WHERE codigo_categoria = 4;
> ```

Comando de exclusão (DELETE)

O comando utilizado para excluir informações armazenadas no banco de dados é o DELETE.

A sintaxe básica desse comando é:

```
DELETE [FROM] <tabela>
[WHERE = <condição>]
```

A condição da cláusula WHERE, quando definida, é utilizada para comparar cada uma das tuplas. Se a condição é verdadeira, torna-se possível a exclusão. Observe o exemplo a seguir:

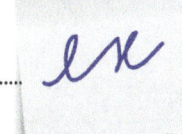

> **EXEMPLO**
>
> Para excluir os dados da tabela produto_pedido, utilize:
>
> ```
> DELETE from produto_pedido;
> ```

No comando DELETE apresentado nesse exemplo, não é utilizada a cláusula WHERE. Isso significa que todas as tuplas da tabela produto_pedido serão apagadas. Se o objetivo é excluir apenas algumas tuplas da tabela, coloque a condição para exclusão na cláusula WHERE. Assim, apenas as tuplas que satisfazem a condição serão excluídas, como é possível observar no próximo exemplo:

» EXEMPLO

Para excluir os dados da tabela produto_pedido do pedido 107, utilize:

```
DELETE FROM produto_pedido
WHERE codigo_pedido = 107;
```

Nesse último exemplo, apenas duas tuplas serão excluídas do banco de dados. Ambas podem ser visualizadas na Tabela 6.10.

» Comando de consulta (SELECT)

O comando de consulta SELECT é o principal comando da linguagem de manipulação de dados. Ele é utilizado para recuperar informações armazenadas.

A estrutura básica do comando é formada pelos seguintes elementos:

• SELECT: informações sobre as colunas da tabela que serão apresentadas no resultado da consulta.

• FROM: tabelas, visões ou subconsultas que serão utilizadas na consulta.

• WHERE: condição a ser aplicada às colunas das tabelas envolvidas na consulta.

A sintaxe básica desse comando é a seguinte:

```
SELECT <colunas>
FROM <tabelas|visões| subconsultas>
WHERE <cláusula>]
```

Consulta de uma única tabela

As colunas mencionadas ao lado do comando SELECT podem ser substituídas por "*", indicando que todas as colunas da tabela da cláusula FROM serão apresentadas no resultado da consulta – veja exemplo a seguir.

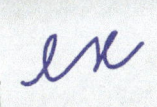

>> EXEMPLO

Para recuperar todos os dados da tabela produto, utilize:

```
SELECT *
FROM produto
```

O resultado da consulta apresentada nesse exemplo é o mesmo apresentado na Tabela 6.5.

>> EXEMPLO

Para recuperar os produtos com quantidade superior a 25 itens, utilize

```
SELECT *
FROM produto
WHERE quantidade > 25
```

O resultado obtido para esse exemplo é o apresentado na Tabela 6.11.

Tabela 6.11 >> Resultado da consulta com a utilização da cláusula WHERE

codigo_produto	nome	preco	descricao	quantidade	codigo_fabricante	codigo_categoria
1001	Celular Smart	870	Celular com acesso a internet	50	10	4
1006	Smatphone 2000	500		34	20	4

O resultado seria o mesmo se, em vez de utilizarmos o "*", forem enumerados todos os atributos, separados por vírgulas, como no exemplo abaixo.

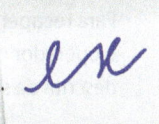

>> EXEMPLO

```
SELECT codigo_produto, nome, preco, descricao, quantidade, codigo_fabricante,
codigo_categoria
FROM produto
WHERE quantidade > 25
```

Outra possibilidade é a disposição de apenas alguns campos da tabela na cláusula `SELECT`, conforme demonstrado a seguir.

» EXEMPLO

Para recuperar o nome e a descrição dos produtos com quantidade superior a 25 itens, utilize:

```
SELECT nome, descrição
FROM produto
WHERE quantidade > 25
```

O resultado obtido para esse último exemplo é apresentado na Tabela 6.12.

Tabela 6.12 » **Definição de atributos a serem apresentados na cláusula `SELECT`**

nome	descricao
Celular Smart	Celular com acesso à Internet
Smartphone 2000	

Consulta de duas ou mais tabelas

`CROSS JOIN`

Algumas consultas podem envolver informações de duas ou mais tabelas. O produto cartesiano (`CROSS JOIN`) entre as tabelas A e B combina a primeira linha da tabela A com todas as linhas da tabela B; a segunda linha da tabela A, com todas as linhas da tabela B e assim sucessivamente. Veja o exemplo a seguir.

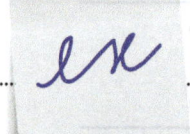

» EXEMPLO

Para recuperar o nome do cliente e todas as possíveis formas de pagamento que ele pode utilizar, utilize o operador `CROSS JOIN` (essa consulta envolve a tabela `cliente` e a tabela `forma_pagto`). A consulta é descrita da seguinte forma em SQL:

```
SELECT c.nome as "nome do cliente", fp.nome as "forma de pagto"
FROM cliente c CROSS JOIN forma_pagto fp;
```

Na consulta do exemplo, `c` e `fp` são "alias" (apelidos) para as tabelas `cliente` e `forma_pagto`, respectivamente. O "alias" é opcional e pode ser utilizado para dar um nome menor para a tabela na consulta.

Sem a utilização do "alias", a consulta ficaria da seguinte forma:

```
SELECT cliente.nome as "nome do cliente", forma_pagto.nome as
"forma de pagto"
FROM cliente CROSS JOIN forma_pagto;
```

O resultado da consulta desse exemplo é apresentado na Tabela 6.13.

Conforme é possível observar na tabela abaixo, o resultado da consulta tem 21 linhas. Como a operação de CROSS JOIN combina todas as linhas da primeira tabela com todas as linhas da segunda tabela, o número de linhas resultantes é sempre igual ao número de linhas da tabela A (`cliente`) multiplicado pelo número de linhas da tabela B (`forma_pagto`).

> **DICA**
> Como a coluna nome aparece nas duas tabelas, é necessário colocar o nome da tabela, ou "alias", antes do nome da coluna, indicando, assim, a qual tabela este campo pertence.

Tabela 6.13 » **Resultado da consulta com CROSS JOIN**

Nome do cliente	Forma de pagto
José dos Ramos	Boleto
José dos Ramos	Cartão
José dos Ramos	Débito
Ana Paula dos Santos	Boleto
Ana Paula dos Santos	Cartão
Ana Paula dos Santos	Débito
Luciano Modelo	Boleto
Luciano Modelo	Cartão
Luciano Modelo	Débito
Maria Julia Perfeito	Boleto
Maria Julia Perfeito	Cartão
Maria Julia Perfeito	Débito
Robson Silva da Silva	Boleto
Robson Silva da Silva	Cartão
Robson Silva da Silva	Débito
Arthur dos Passos	Boleto
Arthur dos Passos	Cartão
Arthur dos Passos	Débito
Constância Rabelo	Boleto
Constância Rabelo	Cartão
Constância Rabelo	Débito

> **DICA**
> A tabela `cliente` (Tabela 6.1) tem 7 linhas e a tabela `forma_pagto` tem 3 linhas, portanto o resultado da consulta tem 21 linhas (7 × 3 = 21).

INNER JOIN

A operação de `INNER JOIN` ou junção interna é uma das operações mais utilizadas em consultas que envolvem duas ou mais tabelas. O `INNER JOIN` faz a junção de duas tabelas, combinando as linhas que satisfazem a condição de junção. Considere a junção de tabelas A e B. Se a condição de junção for satisfeita para a primeira linha da tabela A e a primeira linha da tabela B, os dados dessas duas linhas são combinados em uma linha de resultado.

A sintaxe básica desse comando é a seguinte:

```
SELECT <campos>
FROM Tabela A INNER JOIN Tabela B
ON condição;
```

» EXEMPLO

O objetivo desse exemplo é mostrar como recuperar o nome do cliente, código do pedido e data/hora do pedido. Essa consulta envolve a tabela `cliente` (o nome do cliente está na tabela `cliente`) e a tabela `pedido` (o código e a data do pedido estão na tabela `pedido`).

As linhas da tabela `cliente` devem ser combinadas (relacionadas) com as linhas da tabela `pedido`. Porém, devem ir para o resultado apenas as linhas em que o valor do campo `e_mail_cliente` é igual nas duas tabelas. O comando para essa consulta é:

```
SELECT p.codigo_pedido, c.nome, p.data_hora
FROM pedido p INNER JOIN cliente c
ON p.e_mail_cliente=c.e_mail_cliente;
```

A Figura 6.1 apresenta o `INNER JOIN` entre as tabelas `cliente` e `pedido`.

Tabela pedido		
codigo_pedido	e_mail_cliente	data_hora
101	joseramos@email.com	28/02/2012 13h
102	mariajulia@emailcom	18/03/2013 16h
....		
....		
....		
107	anapaulasantos@email.com	19/07/2013 16h

Tabela cliente	
nome	e_mail_cliente
José dos Ramos	Joseramos@email.com
Ana Paula dos Santos	anapaulasantos@email.com
Luciano Modelo	lmodelo@email.com
Maria Jullia Perfeito	mariajulia@email.com
...	
Constância Rabelo	constanciarabelo@email.com

Figura 6.1 Exemplo de `INNER JOIN`.
Fonte: dos autores.

A Tabela 6.14 apresenta o resultado obtido na consulta.

Tabela 6.14 » Resultado da consulta utilizando INNER JOIN

codigo_pedido	nome	data_hora
101	José dos Ramos	28/02/2012 13h
102	Maria Julia Perfeito	18/03/2013 16h
103	Arthur dos Passos	23/04/2013 9h
104	José dos Ramos	04/05/2013 20h
105	Constância Rabelo	17/07/2013 10h
106	Constância Rabelo	18/07/2013 17h
107	Ana Paula dos Santos	19/07/2013 16h

No exemplo acima, a condição de junção utiliza o operador "=". Assim, podemos classificar essa operação de junção com um EQUI-JOIN. Existem outros tipos de JOIN: NON-EQUI-JOIN, NATURAL JOINS, SEF JOINS e OUTER JOINS.

» EXEMPLO

Uma consulta pode envolver mais do que duas tabelas. Nesse exemplo, é mostrado como recuperar o nome do produto, o fabricante e a categoria. Essa consulta envolve três tabelas, pois o nome do produto está na tabela produto, o nome do fabricante está na tabela fabricante e a categoria, na tabela categoria. Podemos realizar um INNER JOIN entre a tabela produto e a tabela fabricante, pois existe um campo de ligação entre essas duas tabelas que é o codigo_fabricante. Com a tabela resultante dessa operação de junção, é realizado um outro Join com a tabela categoria, selecionando as linhas em que codigo_categoria é igual nas duas tabelas.

```
SELECT p.nome as "nome do produto", f.nome as "fabricante",
c.nome as "categoria"
FROM produto p INNER JOIN fabricante f
ON p.codigo_fabricante=f.codigo_fabricante
INNER JOIN categoria c
ON p.codigo_categoria = c.codigo_categoria;
```

As tabelas a seguir apresentam os resultados das operações de junção desse último exemplo.

Tabela 6.15 » Resultado do Join entre as tabelas produto e fabricante

codigo_produto	nome	...	f.nome	codigo_categoria
1001	Celular Smart		Samsung	4
1002	Celular Smart 2013		LG	4
1003	Notebook fino		Dell	2
1004	Roteador rápido		IBM	2
1005	Notebook estelar		Positivo	2
1006	Smartphone 2000		Nokia	4
1007	PC		Apple	2

Tabela 6.16 » Join entre tabela resultante do primeiro Join (produto e fabricante) e a tabela categoria

codigo_produto	p.nome	...	f.nome	codigo_categoria	c.nome
1001	Celular Smart		Samsung	4	Telefonia
1002	Celular Smart 2013		LG	4	Telefonia
1003	Notebook fino		Dell	2	Informática
1004	Roteador rápido		IBM	2	Informática
1005	Notebook estelar		Positivo	2	Informática
1006	Smartphone 2000		Nokia	4	Telefonia
1007	PC		Apple	2	Informática

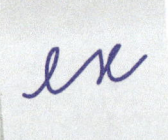

» EXEMPLO

(Consulta com a utilização de uma condição na cláusula WHERE.) Para recuperar o nome do produto e o fabricante para os produtos da categoria 4, utilize:

```
SELECT p.nome, f.nomec.nome
FROM produto p INNER JOIN fabricante f
ON p.codigo_fabricante=f.fabricante
INNER JOIN categoria c
ON p.codigo_categoria = c.codigo_categoria
WHERE p.codigo_produto=4;
```

O resultado do Join dessas três tabelas é o mesmo da consulta anterior (Tabela 6.16). Porém, selecionando apenas as linhas que satisfazem a condição `codigo_categoria = 4`, temos o resultado da Tabela 6.17.

Tabela 6.17 » Resultado da consulta para os produtos da categoria 4

codigo_produto	nome	...	f.nome	codigo_categoria	c.nome
1001	Celular Smart		Samsung	4	Telefonia
1002	Celular Smart 2013		LG	4	Telefonia
1006	Smartphone 2000		Nokia	4	Telefonia

OUTER JOIN

O `OUTER JOIN` ou junção externa recupera todas as linhas de uma tabela, mesmo quando não exista uma associação entre as tabelas envolvidas na operação. Existem três tipos de `OUTER JOIN`:

• `tabela_A LEFT OUTER JOIN tabela_B` (junção externa à esquerda): são recuperadas todas as linhas da tabela A (tabela à esquerda do comando `JOIN`), mesmo quando não há uma linha correspondente na tabela B.

• `tabela_A RIGHT OUTER JOIN tabela_B` (junção externa à direita): são recuperadas todas as linhas da tabela B (tabela à direita do comando `JOIN`), mesmo quando não há uma linha correspondente na tabela A.

• `tabela_A FULL OUTER JOIN tabela_B` (junção externa total): são recuperadas todas as linhas da tabela A e todas as linhas da tabela B, mesmo que não exista associação entre as linhas dessas tabelas.

» EXEMPLO

Nesse exemplo, veremos como recuperar o nome do funcionário e o código dos pedidos associados a esse funcionário. Mesmo que o funcionário não tenha um pedido, seu nome também deve aparecer no resultado da consulta. A consulta deve estar ordenada pelo campo `usuario`.

A tabela `funcionario` tem os funcionários de códigos: 1001, 1002, 1003 e 1004. Ao analisar a tabela `pedido`, é possível verificar que nenhum dos pedidos tem o valor 1004 no campo `codigo_funcionario`, significando que o funcionário 1004 não fez pedido. Se fosse utilizado o operador `INNER JOIN` para essa consulta, o funcionário `usr04` (1004) não apareceria no resultado, já que o valor 1004 não aparece nas linhas da tabela `pedido`. Então, para resolver essa consulta, precisamos utilizar a junção externa (`OUTER JOIN`):

```
SELECT f.usuario, p.codigo_pedido
FROM funcionario f LEFT OUTER JOIN pedido p
ON f.codigo_funcionario=p.codigo_funcionario
ORDER BY f.usuario;
```

A Tabela 6.18 apresenta o resultado da consulta do último exemplo.

Tabela 6.18 » Resultado da consulta com LEFT OUTER JOIN

usuario	codigo_pedido
usr01	104
usr02	102
usr02	105
usr03	103
usr03	106
usr03	107
usr04	

Se a tabela `funcionario` estiver do lado direito do Join, devemos utilizar o `Right Outer Join`, como no exemplo a seguir.

» EXEMPLO

```
SELECT f.usuario, p.codigo_pedido
FROM pedido p RIGHT OUTER JOIN funcionario f
ON f.codigo_funcionario=p.codigo_funcionario
ORDER BY f.usuario;
```

Funções de agregação

O comando SELECT, além de útil para listar os campos desejados no resultado da consulta, também pode ser utilizado para o retorno de informações agrupadas. Para isso, utilizamos as funções de agregação, as quais atuam no banco de dados sobre um determinado conjunto de informações.

Dentre as principais funções de agregação, podemos citar:

• AVG(<atributo>): retorna a média dos valores de um determinado atributo.

• COUNT(*) ou COUNT(<atributo>): retorna a quantidade de registros que satisfazem a consulta

• MAX(<atributo>): retorna o valor máximo do atributo.

• MIN(<atributo>): retorna o valor mínimo do atributo.

• SUM(<atributo>): retorna a soma dos valores do atributo.

A seguir, conheça os detalhes de cada uma dessas funções de agregação.

Função de agregação AVG

Para que se obtenha a média aritmética a partir de um conjunto de valores numéricos, utiliza-se a função AVG (*average*) da seguinte forma:

```
SELECT AVG(atributo)
FROM <tabela>
[WHERE <condição>]
```

Veja a seguir um exemplo de uso dessa função:

> ## » EXEMPLO
>
> Qual é a média dos valores dos produtos da categoria `Informática`?
>
> ```
> SELECT AVG(preco)
> FROM produto INNER JOIN categoria
> ON produto.codigo_categoria = categoria.codigo_categoria
> WHERE categoria.nome = 'Informática';
> ```

As tuplas que satisfazem a condição `categoria.nome = 'Informática'` estão destacadas na Tabela 6.19.

Tabela 6.19 » Visualização das tuplas que satisfazem a condição de categoria igual à `Informática`

codigo_produto	nome	preco	descricao	quantidade	codigo_fabricante	codigo_categoria
1001	Celular Smart	870	Celular com acesso à Internet	50	10	4
1002	Celular Smart 2013	920	Celular com jogos e roteador	15	30	4
1003	Notebook fino	3400	Tela giratória	10	50	2
1004	Roteador rápido	540		5	60	2
1005	Notebook estelar	2500	Preto com conexão	4	80	2
1006	Smatphone 2000	500		34	20	4
1007	PC	1300	Com monitor, teclado e mouse	20	70	2

O resultado obtido com a consulta é o seguinte:

AVG(preco)
1935

Função de agregação COUNT

É utilizada para contar ocorrências que satisfaçam determinada consulta. Pode ser utilizada também para contar todas as linhas de uma tabela. Essa função é representada da seguinte forma:

```
SELECT COUNT(<atributo>)
FROM <tabela>
[WHERE <condição>]
```

Veja a seguir um exemplo de uso dessa função.

>> EXEMPLO

```
SELECT count(*)
FROM produto
```

Analisando a Tabela 6.5, temos como retorno da consulta:

COUNT(*)
7

>> EXEMPLO

Quantos produtos da categoria Informática temos no banco de dados?

```
SELECT count(*)
FROM produto INNER JOIN categoria
ON produto.codigo_categoria = categoria.codigo_categoria
WHERE categoria.nome = 'Informática';
```

O resultado obtido com a consulta desse último exemplo é o seguinte:

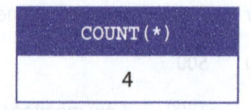

COUNT(*)
4

Esse resultado pode, também, ser comprovado analisando a Tabela 6.19 e verificando que quatro produtos são da categoria `Informática` (`codigo_categoria=2`).

No caso de substituirmos o "*" na função de agregação por um determinado atributo, somente os valores válidos, ou seja, os não nulos, serão contabilizados. Assim, se utilizarmos:

```
SELECT count(descricao)
FROM produto inner join categoria
ON produto.codigo_categoria = categoria.codigo_categoria
WHERE categoria.nome = 'Informática';
```

O resultado final da consulta será 3, não 4, pois, conforme pode ser visualizado na Tabela 6.19, uma das tuplas não possui descrição.

Função de agregação MAX

É utilizada para determinar, dentre um conjunto de valores, qual é o maior valor. Assim como na função AVG, devemos definir sobre qual atributo a função incide. Essa função é representada da seguinte forma:

```
SELECT MAX(atributo)
FROM <tabela>
[WHERE <condição>]
```

Veja um exemplo de uso dessa função.

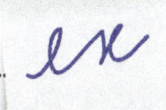

> **EXEMPLO**
>
> Qual é o maior preço dos produtos da categoria Informática?
>
> ```
> SELECT max(preco)
> FROM produto INNER JOIN categoria
> ON produto.codigo_categoria = categoria.codigo_categoria
> WHERE categoria.nome = 'Informática';
> ```

O resultado obtido com a consulta é o seguinte:

MAX(preco)
3400

Você pode comprovar esse resultado analisando a Tabela 6.19. Observe, dentre os produtos destacados na tabela, o que tem o maior preço.

Função de agregação MIN

É utilizada para determinar, dentre um conjunto de valores, qual é o menor valor. Assim como a AVG e a MAX, deve ter a definição do atributo sobre o qual a função incide. Essa função é representada da seguinte forma:

```
SELECT MIN(atributo)
FROM <tabela>
[WHERE <condição>]
```

Observe um exemplo dessa função.

>> EXEMPLO

Qual é o menor preço dentre os produtos da categoria Informática?

```
SELECT min(preco)
FROM produto INNER JOIN categoria
ON produto.codigo_categoria = categoria.codigo_categoria
WHERE categoria.nome = 'Informática';
```

O resultado obtido com a consulta desse último exemplo é o seguinte:

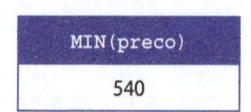

MIN(preco)
540

Você pode comprovar esse resultado analisando a Tabela 6.19 e observando, dentre os produtos destacados na tabela, o que tem o menor preço.

Função de agregação SUM

A função de agregação utilizada para retornar a soma de um conjunto de valores é a SUM. A função SUM, assim como AVG, MAX e MIN, deve ter a definição do atributo sobre o qual a função incide. Essa função é representada da seguinte forma:

```
SELECT SUM(atributo)
FROM <tabela>
[WHERE <condição>]
```

Observe um exemplo dessa função.

>> EXEMPLO

Qual é a quantidade total de itens da categoria Informática?

```
SELECT sum(quantidade)
FROM produto INNER JOIN categoria
ON produto.codigo_categoria = categoria.codigo_categoria
WHERE categoria.nome = 'Informática';
```

O resultado obtido com a consulta do exemplo anterior é o seguinte:

SUM(quantidade)
39

Você pode comprovar esse resultado analisando a Tabela 6.19. Observe os produtos destacados na tabela e some as suas quantidades).

Valores calculados

Existe, também, a possibilidade de obtermos valores calculados diretamente em uma expressão de consulta. Para isso, podemos dispor dos operadores matemáticos amplamente conhecidos: + (soma), – (subtração), / (divisão), * (multiplicação).

No exemplo de utilização do comando UPDATE, solicitava-se que os produtos armazenados fossem reajustados em 5%. Algo semelhante é solicitado agora. Veja o exemplo.

> **» DICA**
> No comando SELECT, utilize expressões com valores calculados para validar um resultado antes de uma operação de atualização UPDATE.

» EXEMPLO

Consulte os nomes dos produtos e seus respectivos valores, considerando um acréscimo de 5% em cada um dos produtos.

```
SELECT nome, preco*1.05
FROM produto;
```

Note que esse exemplo não altera as informações no banco de dados, apenas gera uma lista de dados para visualização, permitindo a criação de várias outras expressões. Esse recurso é muito útil para a geração de informações sem, necessariamente, alterá-las, como relatórios e emissão de documentos.

O uso de funções de agregação sozinhas na cláusula SELECT não é uma prática muito comum. Na grande maioria das vezes, o comando SELECT retorna informações de vários atributos, sendo necessário utilizar, na cláusula WHERE, vários atributos e funções de agregação.

Formação de grupo

Quando existe a necessidade de utilizar uma função de agregação com atributos de uma ou mais tabelas na cláusula SELECT, devemos empregar recursos de formação de grupos. Para isso, utilizamos a função GROUP BY.

A sintaxe desse comando é:

```
SELECT <atributo1>, <atributo n>, <função de agregação> FROM
<tabela>
[WHERE <condição>]
GROUP BY <atributo1>, <atributo n>
[HAVING <condição>];
```

Com essa função, é possível agrupar informações semelhantes, obtendo um único resultado para cada grupo. Observe o exemplo a seguir.

» EXEMPLO

Qual é o valor total dos produtos armazenados em estoque separados por categoria?

```
SELECT categoria.nome,
       SUM(produto.preco * produto.quantidade) as Valor_Total
FROM categoria INNER JOIN produto
ON produto.codigo_categoria = categoria.codigo_categoria
GROUP BY categoria.nome;
```

Note que, ao lado da função agregação, nesse último exemplo, temos a palavra reservada as e, após, o nome Valor_Total. Isso também se chama "alias" (como visto anteriormente). É um apelido que é dado à expressão, o qual é utilizado na visualização das informações retornadas de uma consulta. Obteremos como resultado desse exemplo as informações da Tabela 6.20. A segunda coluna da Tabela 6.20 demonstra a utilização do "alias".

Tabela 6.20 » Informações do retorno de consulta com a utilização de GROUP BY

nome	Valor_Total
Informática	72700
Telefonia	74300

Se o objetivo é restringir a formação do grupo, podemos utilizar a função HAVING associada a GROUP BY. Assim, somente os grupos que atendem à condição são apresentados no resultado da consulta.

» EXEMPLO

Qual é o valor total dos produtos armazenados em estoque separados por nome de categoria (somente as categorias com valor total inferior a R$ 73.000,00)?

```
SELECT categoria.nome,
SUM(produto.preco * produto.quantidade) as Valor_Total
FROM categoria INNER JOIN produto
ON produto.codigo_categoria = categoria.codigo_categoria
GROUP BY categoria.nome
HAVING SUM(produto.preco * produto.quantidade) < 73000;
```

Nesse último exemplo, apenas a primeira linha da Tabela 6.20 seria apresentada no resultado da consulta.

Subconsulta

Uma subconsulta possui instruções `SELECT` aninhadas, ou seja, uma instrução `SELECT` dentro de outra. Seu uso permite que as consultas sejam estruturadas, de forma que algumas partes sejam isoladas, facilitando a leitura de junções complexas. Além disso, possibilita a utilização do resultado de uma subconsulta exatamente como um conjunto de informações sobre o qual podemos utilizar operadores matemáticos e lógicos.

Podemos utilizar **operadores de comparação** sobre os dados. Alguns desses operadores são:

- Igual a: =

- Maior que: >

- Menor que: <

- Maior ou igual que: >=

- Menor ou igual que: <=

- Diferente de: <>

Esses operadores são utilizados na cláusula `WHERE`, comparando o valor de um determinado atributo, posicionado à esquerda do operador, com o resultado de uma subconsulta, entre parênteses, à direita do operador.

>> **EXEMPLO**

Qual é o valor total dos produtos armazenados em estoque que pertencem à categoria `Informática`?

```
SELECT SUM(preco * quantidade) as Valor_Total
FROM produto
WHERE codigo_categoria = (SELECT codigo_categoria
                          FROM categoria
                          WHERE nome = 'Informática');
```

O resultado da subconsulta é utilizado para comparação com o valor do atributo `codigo_categoria`. Assim, somente os resultados verdadeiros são apresentados.

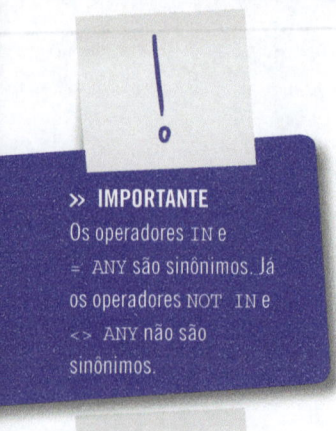

> **IMPORTANTE**
> Os operadores IN e = ANY são sinônimos. Já os operadores NOT IN e <> ANY não são sinônimos.

Associados a esses operadores, também existem:

- Qualquer: ANY
- [Não] faz parte: [NOT] IN
- Todo: ALL

O operador ANY é utilizado com os demais operadores de comparação: >, <, <=, >=, <>. O operador IN é utilizado sem a combinação com os demais.

» EXEMPLO

Retorne os nomes dos produtos cujo valor não é o maior.

```
SELECT nome
FROM produto
WHERE preço < ANY (SELECT preco
                   FROM produto);
```

No exemplo acima, o único nome de produto que não é retornado é o do produto mais caro, uma vez que seu valor não é menor que ele mesmo.

Já no exemplo a seguir, é possível verificar claramente a utilização da subconsulta com a noção de conjuntos. Temos um conjunto de resultados de produtos que foram vendidos, ou seja, que estão na tabela produto_pedido. A esse resultado, comparamos os valores do atributo codigo_produto da tabela produto e obtemos, como verdadeiro apenas aqueles que não aparecerem no resultado da subconsulta. Se fosse utilizado qualquer outro operador, talvez o resultado desejado não fosse possível.

» EXEMPLO

Retorne os nomes dos produtos que ainda **não** foram vendidos.

```
SELECT nome
FROM produto
WHERE codigo_produto NOT IN (SELECT codigo_produto
                             FROM produto_pedido);
```

Com o operador `ALL`, conseguimos verificar, comparativamente, se todo o resultado da subconsulta atende à condição. Veja o exemplo a seguir

> **» IMPORTANTE**
> `NOT IN` é sinônimo de `<> ALL`.

» EXEMPLO

Retorne os nomes dos produtos que possuem valor maior que todos os produtos da categoria `Telefonia`.

```
SELECT nome
FROM produto
WHERE preco > ALL (SELECT preco
                   FROM produto INNER JOIN categoria
ON produto.codigo_categoria = categoria.codigo_categoria
                   WHERE categoria.nome = 'Telefonia');
```

Na subconsulta acima, temos o retorno dos preços de todos os produtos da categoria `Telefonia`. Com esse resultado, comparamos os preços da tabela `produto`, apresentando, apenas, os produtos que possuem valor superior.

Outro operador utilizado para subconsulta é o `[NOT] EXISTS`. Com esse operador, se o resultado de uma subconsulta é verdadeiro, a informação é validada e apresentada. Sua sintaxe é um pouco diferente da apresentada anteriormente para os demais operadores. Também usado na cláusula `WHERE`, não necessita de atributo à sua esquerda.

» EXEMPLO

Retorne os nomes dos produtos que foram vendidos em um ou mais pedidos.

```
SELECT nome
FROM produto
WHERE EXISTS (SELECT *
              FROM produto_pedido
              WHERE produto.codigo_produto =
produto_pedido.codigo_produto);
```

> **NO SITE**
> Para aprofundar seus conhecimentos sobre a Linguagem SQL, acesse o manual de referência do MySQL no ambiente virtual de aprendizagem Tekne: www.bookman.com.br/tekne.

Com esse operador, cada vez que um tupla, na tabela `produto_pedido`, estiver relacionada à tabela `produto`, a informação será apresentada. Da mesma forma, pode ser utilizado para apresentar os produtos que não foram vendidos, com a utilização do `NOT EXISTS`.

» Agora é a sua vez!

Faça o seguinte em Linguagem SQL:

1. Apresentar o nome dos produtos em ordem crescente.
2. Apresentar os nomes dos produtos e o preço para os produtos com preço inferior a R$ 40,00 e que começam pela letra P.
3. Apresentar os nomes dos produtos pedidos em quantidade superior a 1.
4. Apresentar o código do pedido, a data, o nome do produto e a quantidade solicitada.
5. Apresentar o código do pedido, a data e o nome do cliente para os pedidos do produto de código 1001.
6. Apresentar o código do pedido, a data e o nome do cliente para os pedidos do produto Celular Smart.
7. Apresentar o código do pedido, o nome do cliente e a data do pedido para os pedidos ainda não entregues.
8. Apresentar o código do pedido, o nome do cliente, o nome do produto e o valor total de cada produto vendido (`quantidade_venda*preço_venda`).
9. Ordenar o Exercício 8 pelo nome do cliente e, depois, pela data do pedido.
10. Apresentar o código do pedido, o nome do cliente e o total a ser pago para cada pedido. Ordenar pelo código do pedido.
11. Apresentar o valor médio dos produtos.
12. Apresentar o código do pedido e o nome do cliente para os pedidos realizados no dia 18/07/2013.
13. Apresentar a quantidade de clientes que comprou o produto Celular Smart 2013 entre 20/08/2012 e 11/10/2012.
14. Apresentar a quantidade de pedidos com mais de 1 produto.
15. Apresentar o nome dos clientes que compraram o produto mais caro.
16. Apresentar o código dos pedidos com o produto mais barato.

Agora é a sua vez!

17. Quais os dados dos clientes que adquiriram produtos da categoria `Informática`?
18. Quais os produtos que também foram adquiridos por clientes que adquiriram Roteador Rápido?
19. Quais os dados do endereço de entrega do último pedido do cliente de e-mail: anapaulasantos@email.com?
20. Quais os dados dos produtos adquiridos no último pedido de cliente de e-mail anapaulasantos@email.com?
21. Quantos produtos foram adquiridos por categoria e por pedido?

LEITURAS RECOMENDADAS

ELMASRI, R.; NAVATHE, S. B. *Sistemas de banco de dados*. São Paulo: Pearson, 2011.

GROFF, J. R.; WEINBERG, P. N. *SQL*: the complete reference. Berkeley: McGraw-Hill, 2000.

SILBERCHATZ, A.; KORTH, H.; SUDARSHAN, S. *Sistema de banco de dados*. 6. ed. Rio de Janeiro: Campus, 2012.

TAHAGHOGHI, S. M. M.; WILLIAMS, H. C. *Aprendendo MySQL*. Rio de Janeiro: Alta Books, 2007.

Lourenço de Oliveira Basso
Evandro Manara Miletto

capítulo 7

Linguagem PHP

No Capítulo 5, apresentamos a linguagem de programação JavaScript, muito utilizada no desenvolvimento de aplicações Web, atuando junto ao cliente em um modelo cliente-servidor. Passaremos, agora, a abordar o PHP (Hypertext Preprocessor), uma linguagem de programação que opera no lado servidor (server-side). O PHP possibilita o desenvolvimento de sistemas Web completos e dinâmicos, oferecendo ao programador um amplo conjunto de recursos. Neste capítulo, abordaremos as possibilidades oferecidas pela linguagem e exploraremos suas potencialidades com base na proposta do sistema de compras online apresentado no Capítulo 1.

Objetivos de aprendizagem

» Compreender os aspectos básicos da linguagem de programação PHP.

» Empregar os diferentes recursos oferecidos.

» Produzir sistemas Web baseados em um modelo cliente-servidor.

Introdução

> **DEFINIÇÃO**
> PHP é uma linguagem de script open source de uso geral muito utilizada para o desenvolvimento de aplicações Web integradas com códigos HTML.

O PHP é uma linguagem criada por Ramus Ledorf, em 1995, que explora a criação de scripts que são normalmente interpretados em um servidor Web no qual esses scripts estejam armazenados. O pré-requisito para que isso ocorra é que o servidor tenha o interpretador PHP devidamente configurado. No entanto, scripts PHP também podem ser executados localmente via linha de comando, mediante a presença de um interpretador.

A potencialidade dessa linguagem propiciar dinamismo às páginas Web fez com que seu uso atingisse um considerável crescimento nos últimos anos, sendo utilizada, segundo estimativas da Netcraft's Web Server Survey, em aproximadamente 39% dos sites disponíveis na Internet em janeiro de 2013.

> **NO SITE**
> Para informações mais detalhadas sobre a pesquisa Netcraft's Web Server Survey, acesso o ambiente virtual de aprendizagem Tekne: www.bookman.com.br/tekne.

Um dos destaques do PHP está na sua apresentação em conjunto com as marcações de linguagem HTML, o que possibilita a adição de dinamicidade às páginas desenvolvidas nessa linguagem. Para a identificação, pelo servidor Web, dos trechos que devem ser interpretados como scripts em PHP, é preciso usar delimitadores (TAGs) iniciais (<?php é o mais utilizado) e finais (?>) nos trechos que envolvem esta linguagem, diferenciando-a, por exemplo, do HTML ou do JavaScript.

É possível utilizar a opção de TAGs curtas (abertura com <?) para marcação dos scripts PHP. No entanto, é necessário verificar se essa opção está habilitada na configuração do PHP do servidor. Os scripts somente serão reconhecidos em servidores que apresentem essa configuração habilitada.

Estrutura necessária para o PHP

Para melhor compreensão da forma como essas linguagens trabalham em conjunto, observe a ilustração apresentada na Figura 7.1, partindo do modelo cliente-servidor abordado no Capítulo 1. Quando um determinado cliente, através de seu navegador Web, solicita o acesso ao script (página Web) exemplo.php, o servidor procurará pelo arquivo e passará a interpretar o código apresentado, processando os trechos dentro das TAGs de identificação do PHP. Após esse processamento, o servidor enviará ao cliente (navegador do usuário) o resultado em conjunto com os demais códigos em HTML (ou também JavaScript) anteriormente presentes no arquivo. Dessa forma, no lado do cliente não há conhecimento referente aos códigos previamente existentes na linguagem PHP, pois as páginas são recebidas devidamente processadas pelo servidor.

A interpretação dos scripts PHP possibilita a geração de códigos HTML, JavaScript, além de documentos PDF, XML, imagens ou textos, os quais podem ser enviados ao cliente ou simplesmente armazenados no servidor.

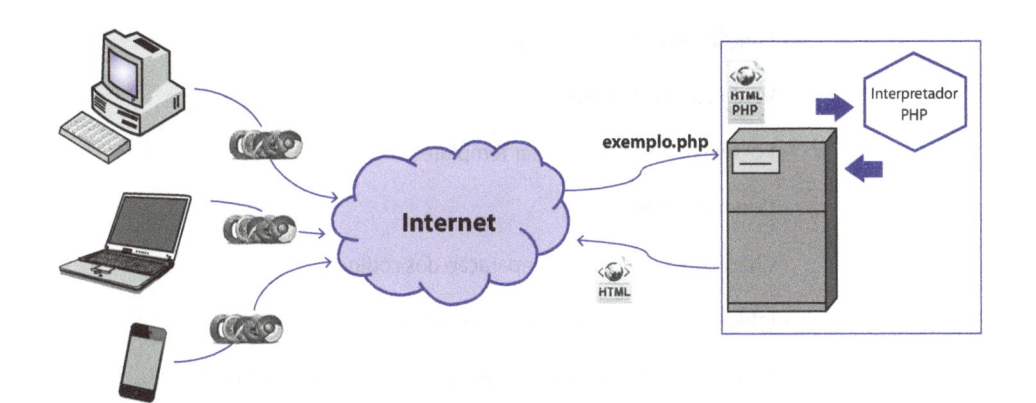

Figura 7.1 Interpretação do PHP dentro do modelo cliente-servidor.
Fonte: dos autores.

O PHP se destaca ainda por oferecer suporte a um grande número de bancos de dados (ver Capítulo 8), como dBase, Firebird/Interbase, Sybase, mSQL, MySQL, PostgreSQL, IBM DB2, Mssql e vários outros. Além disso, o PHP tem suporte a outros serviços por meio de protocolos como Lightweight Directory Access Protocol (LDAP), Internet Message Access Protocol (IMAP), Simple Network Management Protocol (SNMP), Network News Transfer Protocol (NNTP), Post Office Protocol (POP3), Secure Shell (SSH2), Hypertext Transfer Protocol (HTTP) e inúmeros outros. Ainda é possível abrir *sockets* e interagir com outros protocolos.

Passaremos agora a abordar aspectos específicos da linguagem PHP. Para que você possa reproduzir os exemplos apresentados ou realizar os exercícios proposto, é importante que tenha um servidor Web devidamente configurado para interpretar scripts PHP.

Para ter a estrutura necessária para rodar PHP em uma máquina, outra possibilidade é instalar pacotes AMP (acrônimo para Apache, MySql e PHP) pré-configurados que apresentam conjuntos de servidor Web, PHP e SGBD. A escolha pelo pacote adequado dependerá do contexto (plataforma) da máquina em que o servidor será instalado.

> **WWW.**
> » **NO SITE**
> Existem inúmeros sites que apresentam instruções para a configuração de um servidor Web habilitado para a interpretação de scripts PHP. Acesse o ambiente virtual de aprendizagem Tekne para conhecer um deles e siga os passos apresentados.

» Ferramentas editoras para programação em PHP

Você precisará também de editores para escrever os seus scripts PHP. Há uma vasta lista de ferramentas na Web que trabalham com múltiplas linguagens, e procurar por uma ideal pode ser uma tarefa árdua. Um aspecto importante é procurar por características desejáveis que essas ferramentas podem oferecer e que facilitam muito a vida do desenvolvedor. Entre elas, destacam-se:

> **WWW.**
> » **NO SITE**
> Acesse, no ambiente virtual de aprendizagem Tekne, uma lista dos pacotes AMP para vários sistemas operacionais.

- Função de autocompletamento.

- Verificador de sintaxe.

- Possibilidade de customizar templates.

- Depurador (*debugger*).

- Criação de projetos para separação dos códigos.

- Integração com controladores de versão.

- Sistema para transferência de arquivos para o servidor remoto.

Nessa lista ampla de características, talvez nem tudo seja necessário, caso se inicie com um servidor Web local (na máquina) em vez de com um servidor remoto. Uma possível lista de editores gratuitos inclui as seguintes opções:

- Netbeans IDE (http://www.netbeans.org/).

- Eclipse PDT (http://www.eclipse.org/pdt/).

- Bluefish (http://bluefish.openoffice.nl/).

- Notepad++ (http://notepad-plus.sourceforge.net/).

- PHP Editor (http://www.brothersoft.com/php-editor-36654.html).

A partir da escolha de um editor para o desenvolvimento de seus scritps PHP e da estruturação do servidor em que eles serão interpretados, você estará apto a explorar os conceitos que serão apresentados no decorrer deste capítulo. Você conhecerá a sintaxe básica do PHP e os tipos de dados utilizados na linguagem. Aprenderá a fazer uso dos operadores e das estruturas de controle disponíveis, bem como a criar suas próprias funções e manipular dados provenientes de formulários. Os aspectos referentes à orientação a objetos em PHP também serão abordados, além de ser destacada a importância do reuso de código e da utilização de sessões e cookies.

▶▶ Sintaxe

Além das TAGs delimitadoras já citadas anteriormente, alguns elementos básicos da sintaxe da linguagem são apresentados no exemplo a seguir.

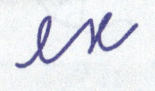

» EXEMPLO

```php
<?php
  /* Aqui inserimos um comentário de múltiplas linhas,
     podendo ser encerrado, portanto, na linha seguinte
     ou após uma grande quantidade de linhas */
  $numeroprodutos = 0; // este é um comentário de única linha
  if ($numeroprodutos == 0) { # este também é um comentário de linha
     echo 'Nenhum produto selecionado.' ; // aqui precisa de ; no final
  }
?>
```

Como pode ser observado, cada linha de código apresenta o ponto e vírgula (";") como indicador de final de uma instrução. Observe que o laço condicional `if` (bem como qualquer estrutura de controle utilizada) não precisa da marcação de final de instrução.

Também podem ser observados no exemplo os diferentes tipos de marcações de comentários disponíveis, sendo o `//` e `#` utilizados para inserção de comentários de única linha, e o conjunto `/*` e `*/` para inserção de comentários de múltiplas linhas.

Por fim, destacamos que os nomes das variáveis sempre devem iniciar com o caractere `$` seguido de uma string iniciada por uma letra ou pelo caractere `_`.

Os nomes das variáveis em PHP são *case-sensitive*, ou seja, `$minhavariavel` e `$Minhavariavel` são consideradas variáveis diferentes, devido à diferença entre caixa alta e baixa.

PHP não requer que as variáveis sejam declaradas antes de sua utilização, fato que a difere de outras linguagens tradicionais. Diante disso, uma variável será criada na primeira vez que um valor for atribuído a ela. Uma variável também não precisa ser inicializada no PHP, mas essa prática pode ser recomendável em situações em que desejarmos ter a garantia de que essa variável não foi utilizada previamente.

> **» DICA**
> Observe o uso, no exemplo, do construtor de linguagem de impressão echo. Esse recurso é amplamente utilizado para realizar saída de dados (de strings ou variáveis) em scripts PHP.

>> Agora é a sua vez!

1. Instale e configure a estrutura necessária para executar o PHP.
2. Escreva o seu primeiro script PHP. Esse script deverá imprimir na tela do navegador a mensagem "Olá Mundo!".
3. Crie um novo script e inclua nele uma chamada à função `phpinfo()`, a qual normalmente é utilizada para conhecer as definições de configuração do PHP e as variáveis predefinidas que estejam disponíveis no sistema. Observe a saída apresentada ao ser acionado o script.

>> Tipos de dados disponíveis

> **>> DICA**
> Na tipagem fraca, a linguagem permite que uma variável possa ter seu valor alterado para outro tipo de dado, a fim de tornar possível uma determinada operação.

O PHP se apresenta como uma linguagem dita fracamente tipada, sendo o tipo de dado da variável decidido em tempo de execução, dependendo do contexto em que ela está inserida. Em PHP não se tem, portanto, uma declaração formal do tipo de dado de uma determinada variável.

São oito tipos primitivos de dados suportados pelo PHP: boolean, int, float, string, array, object, resource e null. Apresentaremos primeiramente as variáveis do tipo **boolean** (também chamado de tipo lógico), as quais podem assumir apenas dois valores: `true` ou `false` (ambas são *case-insensitive*).

Como PHP apresenta tipagem fraca, os seguintes valores se tornam `false` em uma conversão para booleano*:

> **>> IMPORTANTE**
> As conversões entre tipos no PHP podem ser feitas usando *casting*. Também existe a possibilidade da conversão ser feita de forma automática pelo próprio PHP sempre que algum operador, estrutura de controle ou função necessite de um argumento em um determinado tipo distinto do seu original.

- O inteiro 0 (zero) e o ponto flutuante 0.0 (zero).
- Uma string vazia e a string "0".
- Um array sem elementos.
- Um objeto sem elementos membros (apenas no PHP 4).
- O tipo especial null (incluindo variáveis não definidas).
- Objeto SimpleXML criado para TAGs vazias.

As variáveis do tipo **int** assumem valores inteiros (..., −3, −2, −1, 0, 1, 2, 3,...), não suportando inteiros sem sinal. Como a memória do computador é limitada, existe

---

* Todos os demais valores são assumidos como `true` em uma conversão.

um valor máximo para um inteiro no computador, e esse dependerá da plataforma adotada. Caso você utilize um número maior do que o suportado, ele será interpretado como um número de ponto flutuante.

O tipo **float** representa um número de ponto flutuante, do conjunto dos reais, com uma aproximação. O tamanho (ou precisão) novamente dependerá da plataforma em que o script será interpretado.

O tipo **string** é utilizado para representar uma cadeia de caracteres, não tendo um tamanho máximo no PHP. A string pode ser delimitada por um conjunto de apóstrofos ('conteúdo') ou de aspas duplas ("conteúdo"). A principal diferença entre esses dois tipos de delimitadores está no fato de as variáveis e sequências de escape para caracteres especiais não serem substituídas quando encontradas dentro de apóstrofos – substituição que ocorre quando o delimitador for aspas. Observe os exemplos a seguir.

» EXEMPLO

```php
<?php
    $novacompra = TRUE; // Variável com boleano
    $quantidadedoproduto = 10; // Variável com inteiro
    $precodoproduto = 25.90; // Variável com ponto flutuante
    $nomedoproduto = 'Mochila impermeável X'; // Variável com string
    $frase1 = "Você está comprando $quantidadedoproduto itens de $nomedoproduto.";
    /* Variável com string, sendo as variáveis usadas dentro da string substituídas por seus valores;*/
    $frase2 = 'O custo por unidade será de $precodoproduto.'; /*Variável com string, mas a variável usada dentro da string não será substituída por seu valor;*/
<?
```

Um **array** representa um conjunto de variáveis indexadas em uma lista, podendo este índice ser numérico (um inteiro) ou associativo (uma string). Arrays podem armazenar os mais diversos tipos de dados, como int, float, boolean, string ou mesmo array, possibilitando, neste último caso, a criação de um array multidimensional. Pra criarmos um array, podemos declarar diretamente cada índice ou usar o construtor array (índice => valor, índice=>valor, etc.). O código a seguir representa as formas de inicializarmos alguns arrays.

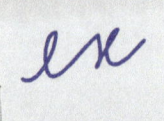

» EXEMPLO

```php
<?php
/* adiciona "Microsystem" ao índice 0 e "TV" ao índice 1 */
$produtos = array("Microsystem", "TV");
/* adiciona ao array anterior "Impressora" no índice 2 */
$produtos[2] = "Impressora";
/* reinicializa o array adicionando "Scanner" ao índice 3 e "Laptop" ao índice 4*/
$produtos = array(3=>"Scanner", 4=>"Laptop");
/* reinicializa o array adicionando "Desktop" ao índice associativo "cinco" e "Rack" ao índice 6 */
$produtos = array("cinco"=>"Desktop", 6=>"Rack");
/* cria array multidimensional*/
$produtos = array("Video" => array("TV", "DVD player"), "Informática" => array("Laptop", "Desktop"));
?>
```

O tipo **object** representa uma instanciação de uma determinada classe. Um maior detalhamento sobre classes e objetos será apresentado na seção "PHP orientado a objeto" deste capítulo.

Resource é um tipo de variável especial, que mantém uma referência a um recurso externo, o qual foi criado ou pode ser utilizado por funções específicas, como uma conexão com um banco de dados, por exemplo (no Capítulo 8 exploraremos esse tipo). Já **null** representa uma variável que não tem valor por ter sido atribuída com a constante null, por ter sido apagada pela função unset() ou, ainda, por não ter recebido valor algum.

» CURIOSIDADE

No processo de desenvolvimento de scripts PHP, pode haver a necessidade de visualizar os conteúdos das variáveis utilizadas, a fim de verificar se eles estão de acordo com o esperado. Uma função muito útil nesse processo é a var_dump(), a qual deve receber como parâmetro uma variável (ou um conjunto delas, separadas por vírgulas) e apresentar como saída no navegador uma representação estruturada da variável, incluindo o tipo e o valor. Essa função é muito útil para a observação de conteúdos de arrays e objetos, uma vez que eles são apresentados recursivamente, de acordo com seus conteúdos.

Uso de operadores

O operador avalia uma expressão de um ou mais valores, retornando outro valor. Um operador pode ser denominado unário, quando opera em apenas um valor (exemplo: `!$vazio`), binário, quando opera dois valores (exemplo: `$carrovazio == true`), e ternário, quando opera três valores (exemplo: `$usuarioautenticado?"Autenticação realizada":"Falha na autenticação"`).

Alguns dos principais operadores, conforme apresentado no site da linguagem, estão descritos nos quadros abaixo.

Quadro 7.1 » Operadores aritméticos

Exemplo	Nome	Resultado
-$a	Negação	Oposto de $a.
$a + $b	Adição	Soma de $a e $b.
$a - $b	Subtração	Diferença entre $a e $b.
$a * $b	Multiplicação	Produto de $a e $b.
$a / $b	Divisão	Quociente de $a por $b.
$a % $b	Módulo	Resto de $a dividido por $b.

Quadro 7.2 » Operadores bit-a-bit

Exemplo	Nome	Resultado
$a & $b	E	Os bits que estão ativos tanto em $a quanto em $b são ativados.
$a | $b	OU	Os bits que estão ativos em $a ou em $b são ativados.
$a ^ $b	XOR	Os bits que estão ativos em $a ou em $b, mas não em ambos, são ativados.
~ $a	NÃO	Os bits que estão ativos em $a não são ativados, e vice-versa.
$a << $b	Deslocamento à esquerda	Desloca os bits de $a $b passos para a esquerda (cada passo significa "multiplica por dois").
$a >> $b	Deslocamento à direita	Desloca os bits de $a $b passos para a direita (cada passo significa "divide por dois").

» NO SITE
Existe uma precedência quando há vários operadores juntos, a fim de determinar qual deles será avaliado primeiro. Para uma consulta a essa ordenação completa, acesse o ambiente virtual de aprendizagem Tekne.

» NO SITE
Para conhecer o site oficial do PHP, acesse o ambiente virtual de aprendizagem Tekne.

Quadro 7.3 » Operadores de comparação

Exemplo	Nome	Resultado
$a == $b	Igual	Verdadeiro (true) se $a é igual a $b.
$a === $b	Idêntico	Verdadeiro se $a é igual a $b e se eles são do mesmo tipo (introduzido no PHP4).
$a != $b	Diferente	Verdadeiro se $a não é igual a $b.
$a <> $b	Diferente	Verdadeiro se $a não é igual a $b.
$a !== $b	Não idêntico	Verdadeiro de $a não é igual a $b ou se eles não são do mesmo tipo (introduzido no PHP4).
$a < $b	Menor que	Verdadeiro se $a é estritamente menor que $b.
$a > $b	Maior que	Verdadeiro se $a é estritamente maior que $b.
$a <= $b	Menor ou igual	Verdadeiro se $a é menor ou igual a $b.
$a >= $b	Maior ou igual	Verdadeiro se $a é maior ou igual a $b.

Quadro 7.4 » Operadores de incremento/decremento

Exemplo	Nome	Efeito
++$a	Pré-incremento	Incrementa $a em um e, então, retorna $a.
$a++	Pós-incremento	Retorna $a e, então, incrementa $a em um.
--$a	Pré-decremento	Decrementa $a em um e, então, retorna $a.
$a--	Pós-decremento	Retorna $a e, então, decrementa $a em um.

Quadro 7.5 » Operadores Lógicos

Exemplo	Nome	Resultado
$a and $b	E	Verdadeiro (true) se tanto $a quanto $b são verdadeiros.
$a or $b	OU	Verdadeiro se $a ou $b são verdadeiros.
$a xor $b	XOR	Verdadeiro se $a ou $b são verdadeiros, mas não ambos.
! $a	NÃO	Verdadeiro se $a não é verdadeiro.
$a && $b	E	Verdadeiro se tanto $a quanto $b são verdadeiros.
$a || $b	OU	Verdadeiro se $a ou $b são verdadeiros.

Além dos operadores apresentados nesses quadros e do operador de atribuição ($a = $b), já visto no decorrer de nossos exemplos, temos ainda o operador de união de arrays. Com ele, por meio do uso do símbolo "+", há a união das posições do array situado à esquerda do símbolo com as posições do array situado à direita.

Por fim, apresentamos os operadores que atuam sobre as strings, sendo utilizado o símbolo " . " para retornar o resultado da concatenação dos seus argumentos situados à esquerda e à direita. O símbolo " . =" é empregado para acrescentar o argumento da direita no final do argumento apresentado à esquerda. O exemplo a seguir ilustra o uso desses operadores.

>> EXEMPLO

```
<?php
$a = array("primeiro", "segundo");
$b = array("terceiro", "quarto", "quinto");
$c = $a + $b; /* $c recebe a união de $a e $b, passando a conter os valores "primeiro", "segundo" e
"quinto" nas posições 0, 1 e 2 */
$a = 'Seja ';
$b = 'bem-vindo.';
$c = $a . $b; // $c conterá a string 'Seja bem-vindo.'
$a.= $b; /* $a acrescentará o conteúdo de $b ao seu final e passará a conter a string 'Seja
bem-vindo' */
?>
```

>> Estruturas de controle

No PHP, assim como em grande parte das linguagens de programação, as estruturas de controle são utilizadas para agrupar conjuntos de instruções que devem ser executadas dada uma determinada condição da execução do script ou um determinado número de vezes. Assim, as estruturas de controle são divididas em dois grupos: **estruturas condicionais** e **estruturas de repetição**.

>> Estruturas de controle condicionais

A estrutura de controle `if`, como o próprio nome já indica, destina-se a apresentar um conjunto de instruções que devem ser executadas "se" uma determinada

> **DICA**
> O uso do conjunto de chaves ({ e }) envolvendo o bloco de instruções pode ser opcional apenas nos casos em que o referido bloco apresenta uma única instrução. Essa regra é válida também para as demais estruturas de controle.

condição for atendida, ao passo que a estrutura `else` servirá para determinar um bloco de instruções que serão executados caso a condição expressa no `if` não seja atendida ("senão").

A sintaxe para a estrutura de controle `if` é apresentada abaixo. Destaca-se que apenas um dos blocos de instruções será executado.

```
if (condicao) {
  bloco_de_instrucoes1;
} else {
  bloco_de_instrucoes2;
}
```

O exemplo apresentado a seguir nos ajudará a compreender melhor a utilização da estrutura `if`.

» EXEMPLO

```php
<?php
$numeroprodutos = 8;
if ($numeroprodutos == 0) { // aqui apresentamos a condição
  echo 'Nenhum produto selecionado.'; // se condição é verdadeira...
} else {
  echo 'Existem produtos selecionados.'; // se condição é falsa...
}
?>
```

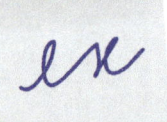

As estruturas `if` e `else` podem ainda ser utilizadas de forma encadeada. O exemplo a seguir apresenta uma forma de uso encadeado de `if` e `else`.

» EXEMPLO

```php
<?php
  $categoriaproduto = "Áudio";
  if ($categoriaproduto == "Vídeo") { // aqui apresentamos a condição
    echo 'Bem-vindo ao setor de Vídeo.';
  } elseif ($categoriaproduto == "Áudio") { // outra condição
    echo 'Bem-vindo ao setor de Áudio.';
  } else { // caso nenhuma das condições tenha sido atendida...
    echo 'Bem-vindo ao setor geral.';
  }
?>
```

Outra estrutura de controle condicional importante é a `switch`, empregada principalmente em situações em que se deseja comparar a mesma variável (ou expressão) com um conjunto grande de valores que ela pode assumir. Os blocos e instruções a serem executados caso o valor condicional seja verdadeiro são apresentados através da palavra `case`. Poderão ser executados inúmeros "cases" caso seus valores estejam de acordo com a condição do `switch`. O exemplo a seguir apresenta uma forma alternativa de realizar os mesmos procedimentos ilustrados no exemplo de `if` e `else` encadeados.

» EXEMPLO

```
<?
  $categoriaproduto = "Áudio";
  switch ($categoriaproduto) {
    case "Vídeo":
      echo 'Bem-vindo ao setor de Vídeo.';
      break;
    case "Áudio":
      echo 'Bem-vindo ao setor de Áudio.';
      break;
    default:
      echo 'Bem-vindo ao setor geral.'; }
?>
```

Perceba, no exemplo dado, a utilização da palavra `default`, a qual determinará um conjunto de instruções que serão executadas apenas nos casos em que nenhum `case` tenha sido executado dentro do `switch`.

Outro ponto importante apresentado no exemplo é o uso da instrução `break`, a qual determinará o fim da realização dos testes do `switch`, ou seja, o PHP sempre executará todos os testes existentes nos "cases" até o final do bloco do `switch` ou até encontrar o primeiro `break` efetivamente executado.

» Estruturas de controle de repetição

As estruturas de controle de repetição são usadas quando um bloco de instruções precisa ser realizado um determinado número de vezes. Para realizar essa tarefa, podemos utilizar o `for`, seguindo a sintaxe abaixo:

```
for (inicializacao; condicao_de_parada; incremento/decremento) {
  bloco_de_instrucoes;
}
```

Ao utilizar a estrutura do `for`, o bloco de instruções definido será realizado enquanto a condição de parada não for atingida. Para alterar o status da expressão apresentada nessa condição, deve-se fazer uso do espaço para incremento ou decremento. O exemplo a seguir fornece um maior detalhamento de seu funcionamento.

» EXEMPLO

```php
<?php
  $produtos[0] = "Microsystem";
  $produtos[1] = "Impressora";
  $produtos[2] = "Scanner";
  for ($indiceprod=0; $indiceprod<3; $indiceprod++) {
    echo "Produto de índice $indiceprod: $produtos[$indiceprod].<BR>";
  }
?>
```

Nesse último exemplo, notamos que as informações sobre cada item do array de produtos serão apresentadas enquanto o seu índice (`$indiceprod`) for menor do que 3.

Outra forma de realizar esse mesmo procedimento seria por meio do uso da estrutura de controle **while**, cuja sintaxe é a seguinte:

```
while (condicao_de_parada) {
  bloco_de_instrucoes;
}
```

Adaptando o exemplo usado no `for` para a estrutura `while`, teríamos o seguinte código a ser executado para apresentar a lista de produtos.

» EXEMPLO

```php
<?php
  // mesmo vetor do exemplo anterior, mas inicializado com array()
  $produtos = array ("Microsystem","Impressora","Scanner");
  $indiceprod=0; // variável que será usada como condição de parada
  while ($indiceprod<3) { // teste da condição de parada
    echo "Produto de índice $indiceprod: $produtos[$indiceprod].<BR>";
    $indiceprod++; // incremento da variável testada na repetição
  }
?>
```

Perceba que, ao usar o `while`, devemos deslocar a inicialização de nossa variável da condição de parada (`$indiceprod`) para antes da estrutura de repetição, bem como inserir, no final do bloco de instruções, o incremento ou decremento dessa variável.

Por fim, temos a possibilidade de uso da estrutura de controle **do while**, que nada mais é do que um while que executa ao menos uma vez o bloco de instruções antes de realizar o teste da condição de parada.

A sintaxe do do while é:

```
do {
bloco_de_intrucoes;
} while (condicao_de_parada);
```

Adaptando do exemplo anterior (while), teríamos a garantia de execução da impressão dos dados da primeira posição do array de produtos, antes da condição de parada ($indiceprod<3) ser realmente testada pela primeira vez.

>> EXEMPLO

```
<?php
  $produtos = array ("Microsystem","Impressora","Scanner");
  $indiceprod=0;
  do { // executa e só no final testa...
    echo "Produto de índice $indiceprod: $produtos[$indiceprod].<BR>";
    $indiceprod++;
  } while ($indiceprod<3);
?>
```

Em conjunto com as estruturas de repetição, pode ser conveniente pular a execução de um trecho de código do bloco de instruções e passar para a próxima iteração do laço de repetição. Para esse tipo de situação, podemos fazer uso da instrução **continue**. Caso o desejo seja de suspender a execução da estrutura de repetição completamente, devemos utilizar a instrução break, já comentada anteriormente. O exemplo abaixo ilustra o uso dessas instruções.

>> EXEMPLO

```
<?php
  $produtos = array ("Microsystem","Impressora","Scanner");
  for ($indiceprod=0; $indiceprod<3; $indiceprod++) {
    echo "Produto de índice $indiceprod: $produtos[$indiceprod].<BR>";
    if($produtos[$indiceprod]=="Microsystem")
      continue; /* suspende a execução desta iteração (não executa o IF
      abaixo), pulando para a próxima iteração da repetição */
    if($produtos[$indiceprod]=="Impressora")
      break; // suspende a execução de todo o FOR
  }
?>
```

❯❯ Uso e criação de funções

Função é um bloco de instruções que realizam um determinado procedimento e que podem ser chamadas sempre que for necessário, geralmente passando para esse bloco um conjunto de argumentos e retornando algum valor após sua execução.

A linguagem PHP oferece ao usuário a possibilidade de utilização de uma infinidade de funções para realizar as mais distintas tarefas. Algumas dessas funções serão apresentadas no decorrer deste e do próximo capítulo. No entanto, em alguns momentos pode ser necessário realizar um procedimento ainda não especificado nas funções nativas da linguagem. Para esse tipo de situação, pode ser interessante criar sua própria função para implementar o procedimento, seguindo a sintaxe apresentada abaixo.

```
function nome_da_funcao (argumentos) {
  bloco_de_instrucoes;
  return valor_de_retorno;
}
```

> **❯❯ NO SITE**
> O manual online do PHP, cujo link encontra-se no ambiente virtual de aprendizagem Tekne, oferece a listagem completa de funções disponíveis, divididas de acordo com sua aplicação.

Conforme pode ser observado acima, para criar nossa própria função devemos iniciar com a palavra `function` seguida do nome de identificação da função. Após o nome, é preciso abrir e fechar parênteses e, dentro desse espaço, caso seja necessário, informar os argumentos (separados por vírgulas) que serão utilizados pela função criada. A seguir apresentamos um exemplo da criação de uma função para ilustrar esse procedimento.

O PHP não suporta sobrecarga de funções, e também não permite cancelar ou alterar a definição de funções previamente declaradas. Os nomes de funções são *case-insensitive*.

❯❯ EXEMPLO

```php
<?php
function totalpagamento ($totalprodutos, $frete) {
  $custototal = 0;
  for($indiceprod=0;$indiceprod<count($totalprodutos);$indiceprod++) {
    $custototal = $custototal + $totalprodutos[$indiceprod];
  }
  $custototal += $frete;
  return $custototal;
}
$produtos = array(50, 200, 300);
echo "Custo total: R$ ". totalpagamento($produtos, 30);
?>
```

Nesse último exemplo, temos a criação de função chamada de totalpagamento(), a qual recebe como argumento um vetor dos preços totais de cada produto e o custo do frete para a entrega das encomendas. Com base nesses valores (argumentos), pode ser feito o cálculo do custo total a ser cobrado do usuário. Após chegarmos ao custo final (variável $custototal), esse valor é retornado pela função.

Esse exemplo também apresenta a chamada à função totalpagamento() dentro do construtor de linguagem de impressão echo, o que provoca a substituição dessa chamada pelo valor resultante da execução da função com os dados informados (array $produtos definido e o frete com valor 30). A execução desse trecho de código resulta na impressão da informação "Custo total: R$ 580".

A chamada à função criada (totalpagamento) somente pode ser realizada após a sua declaração ou a importação do arquivo que a contenha. Do contrário, o interpretador do PHP não reconhecerá a tentativa de chamada realizada.

Ao criar funções personalizadas, pode ser interessante predefinir os valores de alguns dos parâmetros. Quando isso ocorre, é possível fazer uma chamada à função sem passar para a mesma esse argumento, sendo utilizado então o valor predefinido em sua declaração. A invocação com todos os parâmetros também segue funcionando, sendo então utilizado o valor informado na chamada da função e não o valor predefinido. Caso a função usada no exemplo anterior tivesse em sua definição o valor 50 atribuído à variável $frete, poderia ser chamada apenas com a passagem do parâmetro $produtos. A nova declaração da função, com valor padrão para o custo do frete, ficaria da seguinte forma:

> **DICA**
> Observe na função criada no exemplo dado, a utilização da função count(), a qual serve para obtenção do número de elementos componentes de uma variável (o array, no caso).

> **NO SITE**
> Outras funções interessantes para manipulação de arrays podem ser encontradas no ambiente virtual de aprendizagem Tekne.

>> EXEMPLO

```
function totalpagamento ($totalprodutos, $frete=50) {
    // restante do código...
}
```

Já uma nova chamada à função, sem o parâmetro de custo de frete (e com o uso do valor predefinido de 50) ficaria assim:

> **DICA**
> A expressão $custototal += $frete é equivalente à expressão $custototal = $custototal + $frete. Consulte as tabelas de operadores para conhecer melhor as distintas formas de trabalhar com operadores.

>> EXEMPLO

```
echo "Custo total: R$ ". totalpagamento($produtos);
```

> **DICA**
> A construção de linguagem die() pode ser utilizada com o mesmo objetivo de exit(), pois são recursos equivalentes.

Por fim, destaca-se a construção de linguagem do PHP **exit**. Esse recurso, quando chamado, determina o fim da execução de um script. Caso tenha sido passada uma string como parâmetro para exit(), essa string será apresentada imediatamente antes de finalizar a execução. A função a seguir exemplifica seu uso.

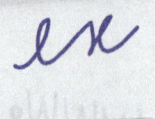

» EXEMPLO

```
<?php
  function novadivisao ($operador1, $operador2) {
    if ($operador2 == 0) // caso seja uma divisão por ZERO
      exit("ERRO: Não é possível fazer divisão por ZERO.");
    else
      return $operador1/$operador2;
  }
  echo novadivisao(5, 0); // provocará o encerramento do script
?>
```

» Escopo de variáveis

As variáveis criadas dentro de um script PHP podem ter diferentes escopos de atuação, sendo, assim, passíveis de enquadramento em diferentes categorias: superglobais, locais, globais, estáticas ou constantes.

As **variáveis superglobais** são predefinidas e visíveis no decorrer de todo o script que as contém. São exemplos de variáveis superglobais os arrays $_POST, $_GET e $_REQUEST, conforme veremos na seção sobre tratamento de formulários, bem como os arrays $_SESSION e $_COOKIE, também tratados no decorrer deste capítulo.

As **variáveis locais** são consideradas o tipo mais restrito dentro do PHP e somente podem ser utilizadas dentro do escopo onde são instanciadas (em uma função, por exemplo), deixando de existir quando fora desse escopo. Observe o exemplo a seguir.

>> EXEMPLO

```php
<?php
  $custodofrete = 30;
  function totalpagamento ($totalprodutos, $frete) {
    $custototal = 0; // variável local no escopo interno da função
    for ($indiceprod=0; $indiceprod<3; $indiceprod++)
      $custototal = $custototal + $totalprodutos[$indiceprod];
    $custototal += $frete;
    echo 'Custo do frete: '.$custodofrete; // $custodofrete não é reconhecida
    return $custototal;
  }
  $produtos = array(50, 200, 300);
  echo "Custo total: R$ ". totalpagamento ($produtos, $custodofrete);
?>
```

A variável $custodofrete (exemplo anterior) não poderia ser utilizada dentro da função totalpagamento(), pois ela somente é "visível" no contexto externo da função, visto que toda função cria um escopo interno para as variáveis. Já a variável $custototal não poderia ser utilizada fora do contexto da função, pois é uma variável local desta última.

No entanto, esse tipo de situação poderia ser alterado caso optássemos pelo uso de **variáveis globais**, as quais podem ser acessadas dentro de todo o script. Analisemos o exemplo abaixo, baseado no código do exemplo anterior.

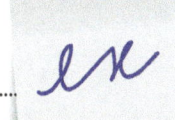

>> EXEMPLO

```php
<?php
  $custodofrete = 30;
  function totalpagamento ($totalprodutos, $frete) {
    $custototal = 0; // variável local no escopo interno da função
    global $custodofrete; /* definimos que $custodofrete terá escopo global,
passando a ter o valor da variável $custodofrete externa */
    for ($indiceprod=0; $indiceprod<3; $indiceprod++)
      $custototal = $custototal + $totalprodutos[$indiceprod];
    $custototal += $frete;
    echo 'Custo do frete: '.$custodofrete; // essa variável agora é reconhecida
    return $custototal;
  }
  $produtos = array(50, 200, 300);
  echo "Custo total: R$ ". totalpagamento ($produtos, $custodofrete);
?>
```

Observe que a variável $custodofrete, instanciada em um primeiro momento externamente, passa a ser definida como uma variável global dentro da função e, portanto, tem disponível para uso o valor (30) da variável externa de mesmo nome.

Temos ainda a possibilidade de utilizar **variáveis estáticas**, as quais somente serão visíveis dentro das funções onde forem criadas. Essas variáveis mantêm seu valor entre as execuções da função, além de serem inicializadas apenas uma vez, conforme o exemplo abaixo.

>> EXEMPLO

```
<?php
  function contador() {
    static $cont = 0; /* inicializada apenas na primeira vez e usada sempre que a função for chamada, mantendo o último valor */
    echo $cont++;
  }
  for ($cont=0; $cont <4; $cont++) {
    contador(); // será chamada 4 vezes, mantendo o valor $cont entre elas.
  }
?>
```

Por fim, temos as chamadas constantes. **Constante** é um identificador que apresenta um único valor, que não é alterado no decorrer do script. Sugere-se que seu nome seja sempre apresentado em letras maiúsculas e que siga a regra aplicada nas demais variáveis, ou seja, a de iniciar com uma letra ou _.

Para definir uma constante, devemos utilizar a função define(), e o seu valor deve ser do tipo booleano, inteiro, ponto flutuante ou string. Já para obter o seu conteúdo, deve-se escrever seu nome ou fazer uso da função constant(), passando como parâmetro o seu nome. Observe o exemplo a seguir.

>> EXEMPLO

```
<?php
  define("SLOGAN", "O melhor site de vendas da internet.");
  echo SLOGAN;
?>
```

Além das constantes criadas pelo usuário, o PHP oferece um amplo conjunto de constantes predefinidas. Para ter acesso a uma relação completa dessas constantes, sugere-se a consulta ao manual do PHP.

O escopo de uma constante é global, ou seja, é possível acessar constantes de qualquer lugar em seu script sem se preocupar com o escopo.

> **» NO SITE**
> Acesse o ambiente virtual de aprendizagem Tekne para a lista das constantes predefinidas (reservadas) do PHP.

» Tratamento de formulários

Uma das formas de a linguagem PHP ampliar o dinamismo de páginas disponíveis na Internet está justamente na sua potencialidade em tratar a interação do usuário com essas páginas. No Capítulo 5, você observou o uso de formulários em HTML, os quais são recursos fundamentais no processo de interação com o usuário, que pode informar dados a serem processados ou armazenados pelos sistemas Web.

> **» PARA SABER MAIS**
>
> Para inserir um formulário em uma página Web, devemos usar o conjunto de TAGs HTML `<form>` e `</form>`, delimitando o conteúdo a ser apresentado. A TAG `<form>` pode apresentar um conjunto variável de atributos, sendo os fundamentais listados abaixo:
>
> **Action:** especifica para onde (nome do script de destino) os dados do formulário serão enviados.
>
> **Name:** especifica o nome do formulário.
>
> **Target:** especifica onde apresentar a resposta recebida após a submissão dos dados.
>
> **Method:** especifica o método HTTP utilizado para o envio dos dados.
>
> Também vale ressaltar os distintos elementos que podem fazer parte de um formulário, sendo muitos deles usados para a passagem de dados para o script de destino.
>
> O elemento `<input>` especifica um campo de entrada de dados, sendo o seu atributo `value` (ou o valor informado pelo usuário) enviado em conjunto com os demais campos do formulário. O input pode ser de diferentes tipos, de acordo com seu atributo `type`:
>
> *(continua)*

>> PARA SABER MAIS *(CONTINUAÇÃO)*

Text: é o tipo mais usual de elemento de input, usado para inserção de uma linha simples de texto pelo usuário.

Checkbox: cria uma caixa de marcação (verificação) que somente enviará o valor definido em `value` caso esteja marcada (checked).

Radio: cria um botão de rádio (de escolha única), o qual somente enviará o conteúdo de `value` caso esteja marcado (checked).

Hidden: define um campo de dados invisível (não exibido no formulário).

Password: cria um campo de linha simples de texto, em que os caracteres digitados são apresentados como círculos ou asteriscos.

File: apresenta uma linha simples de texto e um botão, que será usado para abrir uma janela para seleção de arquivo no computador do usuário, o qual será enviado para o destino do formulário.

Button: cria um botão no formulário, o qual pode ser usado para acionar JavaScripts.

Reset: insere um botão que, ao ser clicado, redefine todos os elementos (controles) do formulário para seus valores padrão.

Submit: cria um botão que, ao ser clicado, determina a submissão dos dados do formulário para o destino definido em `action`.

Outro elemento bastante útil em formulário é a área de texto, delimitada pelo conjunto de TAGs `<text>` e `</text>`. As áreas de texto são usadas para inserção de textos em múltiplas linhas, tendo o tamanho de apresentação no navegador definido pelos atributos `rows` (linhas) e `cols` (colunas). O conteúdo apresentado entre as TAGs delimitadoras da área de texto é apresentado como conteúdo padrão deste elemento.

Por fim, destacamos as listas de itens selecionáveis delimitadas pelo conjunto de TAGs `<select>` e `</select>`. Cada elemento passível de seleção deve ser apresentado dentro de um conjunto de TAGs `<option>` e `</option>`, sendo o valor definido no atributo `value` da TAG `<option>` enviado quando o item for selecionado.

Existem dois métodos pelos quais as informações de um formulário podem ser enviadas para um script PHP: GET ou POST. É na TAG HTML `<form>` que teremos a definição sobre o método (propriedade method) que será adotado pelo script PHP chamado para tratar os dados do formulário.

Os dados recebidos pelo script PHP que processa o formulário passam a ser armazenados em arrays associativos do tipo $_GET ou $_POST, dependendo do método indicado no formulário enviado, bem como no array $_REQUEST (este recebe tanto os dados enviados via GET quanto via POST).

Portanto, para fazer uso dos dados apresentados em um determinado campo de um formulário enviado para o script PHP via GET, o conteúdo deste campo estará armazenado nas variáveis $_GET['nomedocampo'] e $_REQUEST['nomedocampo']. Já se os dados foram enviados via POST, estarão armazenados em $_POST['nomedocampo'] e $_REQUEST['nomedocampo']. No exemplo abaixo, é possível um maior detalhamento.

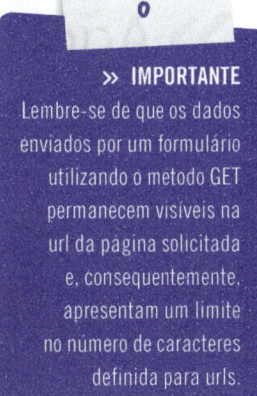

> **» IMPORTANTE**
> Lembre-se de que os dados enviados por um formulário utilizando o método GET permanecem visíveis na url da página solicitada e, consequentemente, apresentam um limite no número de caracteres definida para urls.

» EXEMPLO

Observe o código da uma página Web denominada formprodutos.php semelhante àquela criada por você em um exercício do Capítulo 5:

```
<form action="trataformprodutos.php" method="post">
  <input type="hidden" name="codproduto" value="28">
  Produto: Notebook<br>
  <input type="hidden" name="nomeproduto" value= "Notebook">
  Descrição: Intel Core i5 6GB 1TB LED 14 Touchscreen Windows 8.<br>
  Quantidade: <input type="text" name="quantidadeproduto"><br>
  Preço: R$ 2999,00<br>
  <input type="submit" name="enviaproduto" value="Enviar">
</form>
```

Ao submetermos o formulário acima para processamento dos dados no script trataformprodutos.php (especificado na propriedade action), podemos acessar as informações contidas nos campos informados pelo usuário (do tipo text) ou nos invisíveis (do tipo hidden) utilizando o array $_POST. Veja o exemplo a seguir.

» EXEMPLO

```
<?php
  echo 'Foram selecionados '.$_POST["quantidadeproduto"].' itens de '.$_POST["nomeproduto"];
?>
```

>> Agora é a sua vez!

1. Crie um formulário Web com os campos de texto "Nome", "E-mail" e um botão "Enviar". Após o preenchimento, o script deverá Imprimir na tela do navegador uma mensagem de boas vindas usando o nome inserido e o e-mail correspondente.
2. Crie um formulário Web semelhante ao apresentado no exercício do Capítulo 5, contendo quatro produtos (TV, *laptop*, *microsystem* e *DVD Player*) com valores predefinidos para cada um e com um campo de texto ao lado indicando a quantidade. Ao final do formulário, apresente um botão chamado de "Calcular". Ao clicar neste botão, o script deverá capturar as opções marcadas pelo usuário, multiplicar pela quantidade e calcular o valor final dos produtos.

>> PHP orientado a objeto

O PHP permite que o programador opte pelo desenvolvimento dos sistemas Web utilizando programação estrutural ou programação orientada a objeto (POO). O movimento para oferecer essa flexibilidade teve início com o PHP4, por meio da disponibilização de diversos recursos que permitem trabalhar com a orientação a objetos. Porém, somente com o PHP5 foram corrigidas muitas falhas da versão anterior e pôde-se considerar que a linguagem passou a apresentar um modelo de objetos completo (PHP, 2013).

Iniciaremos apresentando as informações necessárias para que você possa criar suas primeiras classes, ou seja, estruturas que abstraem conjuntos de objetos com características semelhantes. A declaração de uma classe deve sempre iniciar com a palavra-chave `class` seguida do nome de identificação desta classe. Logo após, dentro de um conjunto de chaves, deve ser apresentada a relação de atributos e métodos da classe, cuja forma de acesso poderá ser `public`, `private` ou `protect`.

>> CURIOSIDADE

A não especificação da forma de acesso pressupõe que o atributo/método criado será `public`. A opção `public` determina que o atributo/método pode ser acessado interna ou externamente à classe. Já a opção `private` determina que o acesso somente ocorre dentro da classe atual. A opção `protect` determina um comportamento semelhante à `private`, permitindo, no entanto, o acesso ao atributo/método por subclasses (ver conceito de herança no decorrer deste tópico).

O exemplo a seguir apresenta a sintaxe para a criação da classe Produto, conforme os dados previamente definidos no Capítulo 2, seguida da instanciação de um objeto dessa classe.

>> EXEMPLO

```php
<?php
  class Produto {
    private $nome;
    private $preco;
    private $descricao;
    private $quantidade;
    private $codigo;
    // private $fabricante; // estes atributos foram omitidos para
    // private $categoria; // reduzir a complexidade do exemplo
    function __construct ($varnome, $varpreco, $vardescricao,
$varquantidade, $varcodigo) { // método construtor da classe
        $this->nome = $varnome;
        $this->preco = $varpreco;
        $this->descricao = $vardescricao;
        $this->quantidade = $varquantidade;
        $this->codigo = $varcodigo;
    }
    public function getNome() { // método para obter valor do atributo
        return $this->nome;
    }
    public function setNome($varnome) { // método para definir valor do atributo
        $this->nome = $varnome;
    }
    // insira aqui os métodos de get e set para os demais atributos
  }
  $produtoatual = new Produto("Notebook", 2999, "Intel Core i5 6GB 1TB
LED 14 Touchscreen Windows 8", 200, 28); // instanciando um objeto da classe
  $produtoatual->setNome("Notebook - edição especial"); // chamando um método da classe
?>
```

Na classe Produto, definem-se os diversos atributos que farão parte dos objetos de Produto a serem instanciados, bem como se especifica seu método construtor, ou seja, o método que será chamado no momento da criação de um novo objeto da classe e que, neste caso, inicializa os atributos do objeto. São também apresentados outros dois métodos (GET e set) para manipulação do atributo nome da classe (GETs e sets para os demais atributos foram omitidos neste exemplo).

Após a especificação da classe, há a instanciação de um objeto chamado de $produtoatual por meio da utilização da palavra-chave new em conjunto com o nome da classe e de todos os dados requeridos pelo seu construtor. Por fim, apresentamos a chamada ao método de atribuição do nome do produto ($produtoatual->setNome("Notebook - edição especial")) instanciado no objeto atual, passando como argumento uma nova string. O acesso a atributos ou métodos sempre se dá com o uso dos sinais -> depois da variável que identifica o objeto e antes do elemento/método que se deseja acessar.

Evite a definição dos atributos de uma classe como public, a menos que seja realmente necessário. Como boa prática, priorize o acesso aos atributos por meio de métodos disponibilizados pela própria classe, definindo esses métodos como public, e os atributos como private.

> **» IMPORTANTE**
> Observe o uso, dentro da classe, da variável especial $this. Esta variável pode ser utilizada para acessar internamente atributos ($this->nome) ou métodos da classe.

» Agora é a sua vez!

1. A partir da classe Produto, apresentada no exemplo anterior, crie um script PHP (produto.php) para conter especificamente as definições dessa classe e o armazene dentro de um diretório de classes (./class/). O diretório deve conter todos os scripts de definições de classes de seu sistema.
2. No arquivo recém-criado, insira as definições da classe apresentadas em nosso exemplo e amplie sua especificação incluindo os métodos GETs e sets para acesso aos demais atributos. Usaremos esse arquivo criado no decorrer dos exemplos de nosso livro.

» Herança

A implementação de herança em PHP se assemelha muito ao padrão adotado por outras linguagens, como em Java, devendo-se utilizar a palavra-chave extends na declaração de uma classe para explicitar que ela herdará atributos e métodos de outra classe informada. O exemplo a seguir, ao ser apresentado em conjunto com o exemplo anterior, formaliza uma classe chamada de ProdutoVip, que, além de ter todos os atributos e métodos da classe Produto, também apresenta um novo atributo chamado de desconto, bem como os métodos para alterá-lo.

» EXEMPLO

```php
<?php
  class ProdutoVip extends Produto {
    private $desconto; // novo atributo, presente apenas em ProdutoVip
    // os demais atributos de Produto são herdadas por ProdutoVip
    function __construct ($varnome, $varpreco, $vardescricao, $varquantidade, $varcodigo, $vardesconto) { // método construtor da classe
        parent::__construct ($varnome, $varpreco, $vardescricao, $varquantidade, $varcodigo); // chamada ao construtor da superclasse Produto
        $this->desconto = $vardesconto; // inicialização do novo atributo da subclasse ProdutoVip, não inicializada pelo construtor da superclasse Produto
    }
    public function getDesconto() { // método para obter valor do atributo
      return $this->desconto;
    }
    public function setDesconto($vardesconto) { // método para definir valor do atributo
      $this->nome = $vardesconto;
    }
    // os demais métodos de Produto são herdados por ProdutoVip
  }
  $produtovipatual = new ProdutoVip("Notebook", 2999, "Intel Core i5 6GB 1TB LED 14 Touchscreen Windows 8", 200, 28, 17.5); // instanciando um objeto da subclasse, chamando seu próprio construtor
  echo 'O valor de desconto do produto vip '.$produtovipatual->getNome().' é '.$produtovipatual->getDesconto().'%.';
?>
```

Observe que, além do novo atributo desconto, a subclasse ProdutoVip apresenta o seu próprio construtor, o qual recebe os mesmos parâmetros da superclasse Produto e também o valor para o novo atributo desconto). Sempre que instanciarmos um objeto de uma classe herdeira, uma chamada será feita ao seu construtor, e não ao construtor da superclasse.

No entanto, note que, dentro do construtor de ProdutoVip, é utilizada a palavra-chave parent seguida de ::, o que determina que o atributo ou método que vier a seguir está se referindo à superclasse da qual se está herdando. No caso do construtor de ProdutoVip, com o trecho parent::__construct estamos determinando que será chamado o construtor da superclasse Produto e este inicializa as variáveis presentes na superclasse. Já o novo atributo apresentado pela subclasse ProdutoVip passa a ser inicializado logo em seguida.

Por fim, a última linha de instruções do código solicita a impressão de uma frase em que serão apresentados atributos do objeto. Observe que, mesmo se tratando de um objeto da classe `ProdutoVip`, é possível acessar o método getNome que se encontra definido na classe `Produto` (esse método foi herdado por `ProdutoVip`). O método getDesconto, definido na classe `ProdutoVip`, também é solicitado nessa linha, cujo resultado a ser impresso no navegador seria: "O valor de desconto do produto vip Notebook é 17,5%".

> ## >> PARA SABER MAIS
>
> Informações mais aprofundadas sobre conceitos de orientação a objetos fogem do escopo desta obra. Para a obtenção de um maior detalhamento, sugere-se a consulta do livro *Utilizando UML e padrões: uma introdução à análise e ao projeto orientados a objetos e ao desenvolvimento iterativo*, 3. ed. (Veja referência ao final do capítulo.)

>> Reuso de código: Include e Require

No processo de desenvolvimento de um sistema, muitas vezes pode ser interessante realizar o reaproveitamento de trechos de códigos já desenvolvidos. O reuso de código proporciona benefícios ao reduzir o tempo necessário para a realização de procedimentos já formalizados e testados, bem como ao favorecer a manutenção desses procedimentos em caso de necessidade de futuras alterações.

Assim, o Include e o Require são recursos muito semelhantes no PHP. Ambos são utilizados para a inclusão de um determinado arquivo no script em que está sendo chamado. Para usar o `include`, devemos especificar o arquivo que será incluído no script em que a função é chamada. O arquivo será incluído tomando como base o caminho relativo apresentado (conceito abordado no Capítulo 4) ou, nos casos de não haver especificação, o caminho definido por `include_path` nas configurações do PHP no servidor.

Veja a seguir um exemplo para a inclusão de um arquivo que contém as definições da classe `Produto`. Ele permite visualizar como podemos fazer uso no script atual dos recursos definidos pelo arquivo incluído, sem a necessidade de reescrita do trecho de código com as definições da classe.

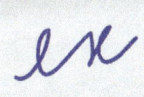

» EXEMPLO

```php
<?php
   include './class/produto.php'; // arquivo com definições da classe Produto
   $produtoatual = new Produto("Notebook", 2999, "Intel Core i5 6GB 1TB LED 14 Touchscreen Windows 8", 200, 28); // instanciando um objeto da classe
   $produtoatual->setNome("Notebook - edição especial"); // chamando um método da classe
?>
```

Ao interpretar o código apresentado nesse exemplo, o PHP incluirá o código apresentado por `produto.php`, localizado dentro do diretório `class`, junto ao restante do código no qual o arquivo foi requerido. É importante ressaltar que a interpretação do código ocorrerá depois da inclusão de todos os códigos definidos, e os escopos das variáveis e declarações seguem a ordem em que forem solicitados.

O `require` tem o funcionamento semelhante ao `include`, com a diferença de produzir um erro ao não encontrar o arquivo especificado (`E_COMPILE_ERROR`), o que provoca a suspensão da execução do script. No `include`, esse tipo de situação apenas gera um alerta (`E_WARNING`), permitindo que o script siga sua execução.

» CURIOSIDADE

Em algumas situações, pode ser importante garantir que um determinado arquivo seja incluído uma única vez, isto é, que não seja incluído novamente caso já tenha ocorrido uma inclusão anterior. Para essas situações, deve-se optar pelo uso do `Include_once` ou `Require_once`. Isso evita situações de redeclaração de funções e redefinições de valores de variáveis, entre outras situações indesejáveis.

» Utilização de cookies e sessões

Com frequência, pode ser útil a manutenção de alguma informação digitada pelo usuário (como sua identificação ou os itens dentro de um carrinho de compras) por meio das diferentes páginas em que ele navega no site. No entanto, o protocolo HTTP não mantém essas informações, e, por isso, devemos pensar em formas alternativas de possibilitar essa funcionalidade.

A linguagem PHP oferece alguns recursos interessantes para possibilitar a manutenção de dados entre as diferentes páginas de um site sem a necessidade de repassar estes dados continuamente entre elas através de formulário ou de armazená-los em bancos de dados. Trata-se da utilização de cookies ou de sessões.

Cookies são informações de um site que são armazenadas por ele na máquina do cliente. Eles permanecerão no cliente pelo período de validade especificado em sua criação ou enquanto não forem forçadamente excluídos pelo usuário. Para gravar um cookie em um cliente, devemos seguir a seguinte sintaxe:

```
bool setcookie (string $name [, string $value [, int $expire = 0 [, string $path [, string $domain [, bool $secure = false [, bool $httponly = false ]]]]]])
```

> **IMPORTANTE**
> As chamadas à função setcookie devem ser feitas antes do envio de qualquer header ou texto, pois os cookies só podem ser gravados antes do envio de qualquer informação para o cliente (escrita no browser).

Devemos informar um nome para identificar o cookie ($name) e o valor que será armazenado ($value). Podemos também definir a duração do cookie ($expire), a qual deverá ser apresentada no formato timestamp (caso omitida ou definida como zero, dura até o encerramento do browser). Podemos ainda definir o caminho no servidor para o qual o cookie estará disponível ($path) e também seu domínio de disponibilidade ($domain). Por fim, a variável boleana $secure determina se a variável pode ser transmitida exclusivamente por meio de conexão segura (HTTPS).

O exemplo a seguir utiliza o valor total de pagamento de um pedido (R$ 580,00) realizado em nosso site de vendas online, bem como especifica que esse cookie terá duração de 2 horas (7.200 segundos).

» EXEMPLO

```php
<?php
  $custototal = 580; // valor a ser armazenado
  setcookie("CustoTotalPedido", $custototal, time()+7200);
?>
```

Para ler o conteúdo armazenado em um cookie, basta usar o array superglobal $_COOKIE. No exemplo anterior, a utilização da informação armazenada poderia ser acessada, portanto, com a variável $_COOKIE["CustoTotalPedido"], na qual estaria armazenado o valor "580" por um período de 2 horas.

Session funciona de maneira um pouco diferente de cookie, pois os dados armazenados ficam no lado do servidor. Ao ser criada uma sessão, é gerado um identificador (`session_id` ou `SID`). Esse deve ser usado por uma página para que ela tenha acesso aos dados armazenados na sessão. Cookies podem ser utilizados para armazenar o SID, bem como a url do browser pode ser utilizada para passar essa informação para uma determinada página.

Caso a opção seja pelo uso de sessões, o primeiro comando a ser utilizado (e que, assim como no uso de cookies, deve ser feito antes de qualquer escrita no browser) é o de inicialização da sessão por meio da função `session_start()`. Após esse procedimento, é preciso iniciar a atribuição ou uso das variáveis armazenadas no array superglobal `$_SESSION`. O código a seguir ilustra como usaríamos sessões para armazenar um nome de usuário (*username*) enviado pelo método POST através de um formulário HTML de login que apresentava um campo identificado por `nomeusuario`, no qual o usuário informou seu nome de usuário no sistema. Por uma questão de simplificação do exemplo, omitimos os testes que seriam realizados para validação dos dados informados pelo usuário.

>> EXEMPLO

```
<?php
  session_start(); // inicialização da sessão
  $_SESSION["nomeusuario"] = $_POST["nomeusuario"]; // armazenando na sessão
?>
```

Após essa atribuição, podemos usar a variável `$_SESSION["nomeusuario"]` em qualquer script em que inicializemos o uso de sessões, conforme o exemplo a seguir, apresentado em um arquivo (script) distinto do anterior.

>> EXEMPLO

```
<?php
  session_start(); // inicialização da sessão
  echo 'Seja bem-vindo '.$_SESSION["nomeusuario"].'!'; // informação armazenada anteriormente
?>
```

Outro contexto em que uma variável de sessão poderia ser aplicada é na criação do carrinho de compras do site armazenando as quantidades informadas pelo usuário de um determinado produto, conforme formulário apresentado na seção "Tratamento de formulários". No exemplo a seguir, usamos o código do produto como índice de um array de produtos de pedido, com a quantidade de itens informada sendo armazenada para cada produto. Note que utilizamos a função `intval()` para forçar a conversão do valor recebido para o tipo `inteiro`.

>> EXEMPLO

```php
<?php
  session_start(); // inicialização da sessão
  if (isset($_POST["codproduto"]) and isset($_POST["quantidadeproduto"]))
{ // se existem os dados
    $codproduto = $_POST["codproduto"]; // identificador do produto
    $quantidadeproduto = $_POST["quantidadeproduto"]; // quantidade
    $_SESSION["produtopedido"][$codproduto] = intval($quantidadeproduto);
// armazenando na sessão
  }
?>
```

Caso uma variável de sessão não seja mais útil, você pode optar por desconfigurá-la utilizando a função `unset()`. Para a variável utilizada nesse último exemplo, a exclusão da variável poderia ser obtida com o código `unset($_SESSION["nomeusuario"])`. Por fim, para realizar a destruição da sessão devemos chamar a função `session_destroy()`, a qual tornará a sessão atual (e os dados armazenados nela) permanentemente indisponível.

>> Agora é a sua vez!

1. Crie um formulário Web com os campos adequados para "Nome de usuário" e "Senha", além de um botão "Enviar". Após o preenchimento e envio, o script de destino deve armazenar o nome de usuário em uma variável de sessão para posterior uso.
2. Crie um novo script que apresenta uma mensagem de boas-vindas personalizada, apresentando o nome de usuário armazenado anteriormente em sessão. Ao lado da mensagem, apresente um botão para realizar a saída (*logout*) do usuário do sistema. Ao clicar nesse botão, o script chamado deve eliminar os dados armazenados anteriormente na sessão.

REFERÊNCIA

PHP. [S.l.: s.n., 2013]. Disponível em: <http://www.php.net/>. Acesso em: 27 ago. 2013.

LEITURAS RECOMENDADAS

CONVERSE, T.; PARK, J. *PHP*: a bíblia. Rio de Janeiro: Campus, 2003.

LARMAN, G. *Utilizando UML e padrões*: uma introdução à análise e ao projeto orientados a objetos e ao desenvolvimento iterativo. 3. ed. Porto Alegre: Bookman, 2007.

MANUAL do PHP. [S.l.]: PHP, [2013]. Disponível em:<http://www.php.net/manual/pt_BR/intro-whatis.php>. Acesso em: 27 ago. 2013.

THOMSON, L.; WELLING, L. *PHP e MYSQL*: desenvolvimento web. Rio de Janeiro: Campus, 2005.

Lourenço de Oliveira Basso

capítulo 8

Integração de PHP e MySQL

Neste capítulo, apresentaremos como se dá a utilização do PHP em conjunto com o Sistema Gerenciador de Banco de Dados (SGBD), mais especificamente com o MySQL. Serão abordados os procedimentos necessários para permitir o gerenciamento e a consulta das informações armazenadas no exemplo de sistema de compras online trabalhado em todos os capítulos.

Objetivos de aprendizagem

» Realizar os procedimentos necessários para a estruturação das bases de dados utilizadas em sistemas Web.

» Gerenciar as informações armazenadas nas bases de dados.

» Realizar e tratar os resultados de consultas realizadas sobre bases de dados MySQL.

Introdução

> **IMPORTANTE**
> O MySQL também possibilita a aquisição de licenças específicas para uso comercial do SGBD.

Conforme visto no capítulo anterior, o PHP apresenta compatibilidade com um conjunto bastante significativo de Sistemas Gerenciadores de Bancos de Dados (SGBD). Dentre os sistemas relacionais suportados, destaca-se o **MySQL**, distribuído sob licença GPL (*GNU General Public License*), e de ampla utilização e compatibilidade com distintas linguagem de programação e plataformas de operação.

> **» CURIOSIDADE**
>
> O MySQL foi disponibilizado, em sua primeira versão, em 1996, apesar de já ter ocorrido um lançamento interno do sistema em maio de 1995. É considerado o segundo SGBD mais utilizado no mundo, de acordo com dados de outubro de 2013, da pesquisa da DB-Engines.

Para atuar em conjunto com o SGBD MySQL, a linguagem PHP apresenta um amplo conjunto de funções. Apresentaremos, no decorrer deste capítulo, as fundamentais para habilitá-lo a implementar um sistema Web que possibilite o gerenciamento e a consulta de informações armazenadas em um banco de dados.

> **» NO SITE**
> Para obter detalhes sobre os procedimentos específicos para instalação do MySQL, nas mais distintas plataformas, acesse o ambiente virtual de aprendizagem Tekne: www.bookman.com.br/tekne.

A fim de que seja possível realizar testes e implementar os exemplos que serão apresentados, é fundamental que você tenha o MySQL instalado e configurado em um servidor ou em seu computador pessoal.

Inicialmente, abordaremos os aspectos fundamentais para que se estabeleça a conexão com um SGBD MySQL. Na sequência, apresentaremos os procedimentos para o gerenciamento e seleção de bases de dados. A interação com uma base de dados é apresentada no tópico seguinte, em que será explorada a realização de consultas SQL. Por fim, chegará a vez das funções e dos procedimentos para o tratamento das consultas realizadas e das possibilidades de recursos para utilização do MySQL com orientação a objetos.

> **» NO SITE**
> Para mais informações sobre a pesquisa da DB-Engines, acesse o ambiente virtual de aprendizagem Tekne.

Conexão com o banco de dados

Após o MySQL estar devidamente configurado no servidor, o primeiro procedimento necessário a ser implementado em um script que realiza a interação com o banco de dados é estabelecer uma conexão com o mesmo. Para isso, deve-se fazer uso de uma função específica do PHP, denominada `mysql_connect()`.

A sintaxe de `mysql_connect()` é:

```
resource mysql_connect ([ string $server [, string
$username [, string $password [, bool $new_link [,
int $client_flags ]]]]])
```

Para estabelecer uma conexão com o servidor, deve-se especificar:

- `$server`: o endereço do servidor que oferece o serviço de banco de dados. Pode ser informada também a porta específica utilizada adicionando ":" e o número ao final da informação do servidor.

- `$user`: o usuário que será conectado ao MySQL.

- `$password`: a senha do respectivo usuário.

- `$new_link`: parâmetro usado apenas nos casos em que se desejar estabelecer uma nova conexão em um mesmo script, utilizando os mesmos dados de servidor e usuário.

- `$client_flags`: critério que possibilita o uso de uma série de constantes na conexão a ser estabelecida.

Como resultado da execução da função `mysql_connect()`, há o retorno de um identificador dessa conexão em caso de sucesso no procedimento. Caso ocorra alguma falha no estabelecimento da conexão, teremos o retorno do valor `false`.

Veja a seguir o exemplo do script que apresenta o código utilizado para o estabelecimento de conexão com um servidor localhost (que também pode ser identificado pelo IP 127.0.0.1) do usuário "administrador" e senha "minhasenha".

> **» NO SITE**
> Um recurso muito interessante para realizar interação com o MySQL é a aplicação Web phpMyAdmin. Para baixá-la, acesse o ambiente virtual de aprendizagem Tekne.

» EXEMPLO

```php
<?php
  $con = mysql_connect('localhost', 'administrador', 'minhasenha');
  if (!$con)
    exit('Não foi possível conectar: ' . mysql_error());
  // insira aqui o restante do código para utilização da conexão...
  mysql_close($con); // encerramento da conexão
?>
```

> » **IMPORTANTE**
> O PHP disponibiliza também a função `mysql_pconnect()` para o estabelecimento de conexão com o MySQL, diferenciando-se da `mysql_connect()` por estabelecer uma conexão persistente com o banco, não sendo encerrada ao final da execução do script.

Observe, no exemplo, que é feito um teste após a tentativa de estabelecimento de conexão, para verificar se o procedimento foi realizado com sucesso. Caso tenha ocorrido algum problema, `$con` receberá o valor `false` e será utilizada a função `mysql_error()` para apresentar informações complementares sobre a falha no estabelecimento, encerrando a execução do script com a utilização da construção de linguagem `exit()`.

Após a inclusão do código adicional que fará uso da conexão recém-estabelecida, deve-se inserir uma chamada à função `mysql_close()`, a qual recebe como parâmetro o identificador da conexão para proceder com seu encerramento. Caso não seja passado um identificador como parâmetro, a última conexão estabelecida será encerrada. Se não for feito uso dessa função, a conexão será encerrada tão logo a execução do script terminar.

» CURIOSIDADE

O procedimento de fazer uso da última conexão estabelecida em caso de supressão do identificador é geralmente adotado nas demais funções relacionadas ao MySQL que não apresentam esse parâmetro como obrigatório.

❱❱ Seleção de bases de dados

Uma vez estabelecida uma conexão com o MySQL e partindo-se de uma base de dados já existente, deve-se passar à seleção dessa base de dados, para que seja possível o gerenciamento das informações nela armazenadas. É a função `mysql_select_db()` que possibilita essa seleção. Para realizar a seleção de uma base de dados, é necessário especificar o nome da base que se deseja selecionar e, opcionalmente, o identificador de conexão adotado. Em caso de sucesso na seleção, aparece o retorno do valor `true`, e, para casos de insucesso, o retorno `false`.

A sintaxe da função `mysql_select_db()` é:

```
bool mysql_select_db (string $database_name [,
resource $ link_identifier ])
```

A criação de uma base de dados pode ser feita com a função especifica do PHP `mysql_create_db()`. No entanto, o uso dessa função tem se tornado obsoleto, sendo preferencial o uso da consulta, em SQL, CREATE DATABASE, em conjunto com a função `mysql_query()`. Veremos os aspectos relacionados ao uso desta função de execução de comandos SQL no decorrer deste capítulo.

Veja o exemplo que apresenta um trecho de código do procedimento de seleção para interação de uma base de dados já existente denominada "sitedecompras".

❱❱ EXEMPLO

```php
<?php
  include 'conectamysql.php'; // arquivo que estabelece a conexão
  $db_selecionado = mysql_select_db('sitedecompras', $con);
  if(!$db_selecionado)
    exit('Não foi possível selecionar a base de dados: '. mysql_error());
  // insira aqui seu código para uso da base de dados...
  mysql_close($con); // encerramento da conexão
?>
```

No código apresentado no exemplo anterior, foi estabelecida uma conexão com o banco de dados do servidor e, em seguida, realizada a seleção da base de dados "sitedecompras". Caso tenha ocorrido algum problema na seleção da base, é apresentada uma mensagem ao usuário especificando o problema.

Observe que o procedimento de estabelecimento de conexão apresentado no exemplo da seção "Conexão com o banco de dados" foi disponibilizado dentro do arquivo conectamysql.php, o qual foi incluído no script na primeira linha. Esse procedimento é recomendado para evitar que informações referentes ao usuário e à senha sejam disponibilizadas em todos os scripts que interajam com o banco de dados, gerando problemas de segurança e dificuldade na manutenção do sistema em caso de alterações nas configurações do servidor MySQL.

>> Realização de consultas SQL

A partir do estabelecimento de conexão com o banco de dados e da seleção da base de dados adotada, é possível passar à interação com esta última. Esse processo se dará principalmente por meio da realização de consultas SQL, possibilitada pelo uso da função mysql_query().

A sintaxe para mysql_query() é:

```
resource mysql_query (string $query [, resource $link_identifier ])
```

Ao fazer uso dessa função, deve-se passar como primeiro parâmetro a consulta SQL que se deseja realizar ($query) e, opcionalmente, o identificador de uma conexão já estabelecida com o banco de dados. O valor retornado pela execução com sucesso da função dependerá do tipo de comando SQL utilizado: SELECT, SHOW, DESCRIBE ou EXPLAIN retornam um resource que poderá ser tratado no decorrer do script; já as demais consultas SQL (como UPDATE ou DELETE) retornam true. Para qualquer SQL realizado, o valor false será retornado sempre que ocorrerem falhas.

Observe a seguir o exemplo sobre o uso dessa função no processo de criação da base de dados "sitedecompras", caso ela ainda não houvesse sido criada.

>> EXEMPLO

```php
<?php
  include 'conectamysql.php'; // arquivo que estabelece a conexão
  $basecriada=mysql_query('CREATE DATABASE sitedecompras', $con);
  if(!$basecriada)
    exit ('Erro ao criar a base de dados: '. mysql_error());
  mysql_close($con);
?>
```

Há casos em que o identificador de conexão $con para a função mysql_query() pode ser omitido, sendo adotada automaticamente a última conexão estabelecida com o servidor (o próprio $con). No entanto, esse tipo de procedimento pode gerar resultado inesperado caso outra conexão distinta seja estabelecida previamente à realização da consulta SQL.

Veja os exemplos a seguir, que têm como base a classe Cliente especificada no arquivo Classe.php (localizado dentro do diretório class que criamos no capítulo anterior).

>> EXEMPLO

```php
<?php
  class Cliente {
     private $nomeusuario;
     private $senha;
     private $emailcliente;
     private $nome;
     private $telefoneresidencial;
     private $telefonecelular;
     private $cpf;
     private $telefonecomercial;
     private $endereco;
     function __construct ($varnomeusuario, $varsenha, $varemailcliente, $varnome, $vartelefoneresidencial, $vartelefonecelular, $varcpf, $vartelefonecomercial, $varendereco) { // método construtor da classe
        $this->nomeusuario = $varnomeusuario;
        $this->senha = $varsenha;
        $this->emailcliente = $varemailcliente;
```

(continua)

>> EXEMPLO

```php
        $this->nome = $varnome;
        $this->telefoneresidencial = $vartelefoneresidencial;
        $this->telefonecelular = $vartelefonecelular;
        $this->cpf = $varcpf;

        $this->telefonecomercial = $vartelefonecomercial;
        $this->endereco = $varendereco; /* esta variável pode ser substituída por um objeto do tipo endereco */
    }
    public function getNomeUsuario() {
      return $this->nomeusuario;
    }
    public function getSenha() {
      return $this->senha;
    }
    public function getEmailCliente() {
      return $this->emailcliente;
    }
    public function getNome() {
      return $this->nome;
    }
   public function getTelefoneResidencial() {
      return $this->telefoneresidencial;
      }
   public function getTelefoneCelular() {
      return $this->telefonecelular;
    }
    public function getCpf() {
      return $this->cpf;
    }
    public function getTelefoneComercial() {
      return $this->telefonecomercial;
    }
    public function getEndereco() {
      return $this->endereco;
    }
    public function setNome($varnome) {
      $this->nome = $varnome;
    }
    // insira aqui os métodos set para os demais atributos
  }
?>
```

No próximo exemplo, apresentamos um trecho de código que realiza a inserção de dados (provenientes de um formulário de cadastro de cliente e que instancia um objeto da classe `Cliente`) em uma tabela, denominada `Cliente`, já existente na base de dados "sitedecompras". Note que, ao montarmos o SQL de inserção dos dados na tabela, é feita a concatenação de cadeias de caracteres (strings) em conjunto com a chamada aos métodos disponíveis para acesso aos atributos da classe `Cliente`.

>> EXEMPLO

```php
<?php
  session_start();
  include './class/cliente.php'; // arquivo com definições da classe Cliente

if(!isset($_POST["nomeusuario"])or!isset($_POST["senha"])
or!isset($_POST["emailcliente"])or!isset($_POST["nome"])or!isset($_
POST["telefoneresidencial"])or!isset($_POST["telefonecelular"])or!isset($_
POST["cpf"])or!isset($_POST["telefonecomercial"])or!isset($_POST["endereco"]))
    exit ('Você não preencheu todos os dados do formulário');
  $tmpnomeusuario=addslashes(trim($_POST["nomeusuario"]));
  $tmpsenha=addslashes(trim($_POST["senha"]));
  $tmpemailcliente=addslashes(trim($_POST["emailcliente"]));
  $tmpnome=addslashes(trim($_POST["nome"]));
$tmptelefoneresidencial=addslashes(trim($_POST["telefoneresidencial"]));
  $tmptelefonecelular=addslashes(trim($_POST["telefonecelular"]));
  $tmpcpf=addslashes(trim($_POST["cpf"]));
  $tmptelefonecomercial=addslashes(trim($_POST["telefonecomercial"]));
  $tmpendereco=addslashes(trim($_POST["endereco"]));
  $clienteatual = new Cliente($tmpnomeusuario, $tmpsenha, $tmpemailcliente,
$tmpnome, $tmptelefoneresidencial, $tmptelefonecelular, $tmpcpf,
$tmptelefonecomercial, $tmpendereco); // instanciando um objeto da classe

  include 'conectamysql.php'; // arquivo que estabelece a conexão
  $db_selecionado = mysql_select_db('sitedecompras', $con);
  if (!$db_selecionado)
    exit ('Não foi possível selecionar a base de dados: '. mysql_error());
  $sql = 'INSERT INTO Cliente (Nome_Usuario, Senha, E_mail_Cliente, Nome, Telefone_
Residencial, Telefone_Celular, CPF, Telefone_Comercial, Endereco) VALUES ("'.
$clienteatual->getNomeUsuario().'", "'.
$clienteatual->getSenha().'", "'.
$clienteatual->getEmailCliente().'", "'.
$clienteatual->getNome().'", "'.
$clienteatual->getTelefoneResidencial().'", "'.
$clienteatual->getTelefoneCelular().'", "'.
$clienteatual->getCpf().'", "'.
```

(continua)

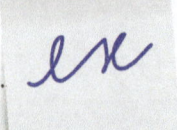

» EXEMPLO *(CONTINUAÇÃO)*

```
$clienteatual->getTelefoneComercial().'", "'.
$clienteatual->getEndereco().'")';
  $clienteinserido = mysql_query($sql, $con);
  if (!$clienteinserido)
    exit ('Erro ao inserir cliente: '. mysql_error());
  else
    echo 'Prezado '.$tmpnome.', sua conta foi criada com sucesso.';
  $_SESSION['clienteautenticado'] = $clienteatual;
  mysql_close($con);
?>
```

Ao analisar o script do exemplo anterior, podemos perceber que os dados recebidos do formulário foram inicialmente testados para verificar se não foram enviados vazios (uso da função `isset()`, que retorna `true` caso a variável apresente algum conteúdo). Posteriormente, os dados passaram por um tratamento antes de serem usados no construtor da classe `Cliente` e armazenados no banco de dados.

A aplicação aos dados da função `trim()` retorna a string passada como parâmetro, com a retirada de espaços em branco que possam estar localizados no início e no final desta variável. Com isso, é evitada a inserção de espaços em branco acidentais nas colunas da tabela `Cliente`.

Ainda, é aplicada a função `addslashes()`, a qual retornará a string passada como parâmetro, com a adição de uma barra invertida (\) antes de cada caractere especial que deva ser escapado, ou seja, que deva ser marcado antes do armazenamento em uma tabela do banco de dados. Evita-se, dessa forma, problemas com o armazenamento de caracteres como "aspas" ou "apóstrofe", por exemplo, que poderiam gerar comportamento inadequado ao serem armazenados ou recuperados de uma base de dados, visto que eles representam delimitadores de strings.

Outra função que poderia ser aplicada aos dados antes de seu armazenamento é a `strip_tags()`, a qual elimina TAGs HTML e PHP presentes em uma string, impedindo que usuários mal intencionados insiram códigos maliciosos em meio aos dados solicitados.

Só é possível utilizar a inserção das barras de escape caso a diretiva `magic_quotes_gpc` não esteja configurada como ativa no PHP do servidor Web (a partir da versão 5.4 essa diretiva foi retirada do PHP). A função

> **» NO SITE**
> Para ter acesso ao conjunto completo de funções para tratamento de strings, acesse o ambiente virtual de aprendizagem Tekne.

> **» NO SITE**
> Os caracteres que devem ser escapados antes do armazenamento no banco de dados são aspas simples ('), aspas duplas ("), barra invertida (\) e NULL (o byte NULL).

get_magic_quotes_gpc() pode ser empregada para verificar se essa diretiva está ativa (retorna true) ou não (retorna false). Caso se utilize a função adds-lashes() com a diretiva ativa, as barras de escape serão adicionadas duplicadas.

Note, ainda, que, no script de cadastro, são utilizadas sessões para armazenar o objeto criado para o cliente recém-inserido na base de dados. Isso pode ser muito útil caso se deseje fazer uso de informações sobre o cliente que está autenticado, apresentando informações personalizadas ou registrando ações (compras, atualizações de dados, etc.) no decorrer da interação com o sistema. Lembre-se de que, conforme visto no Capítulo 7, é fundamental utilizar a função session_start() no início do script, antes de começar a criação de variáveis no array superglobal $_SESSION. Não esqueça, ainda, de destruir as variáveis de sessão quando o usuário escolher sair do sistema (realizar logout).

Outra consulta bastante útil, partindo do contexto do gerenciamento das contas de clientes, consiste na exclusão de uma conta de usuário devidamente autenticado no sistema. Para isso, faz-se uso da variável de sessão citada no exemplo anterior, utilizando o seu identificador (o e-mail, neste caso) para localizar o registro a ser excluído do banco de dados. Observe, a seguir, a forma como uma consulta SQL de exclusão (DELETE) poderia ser realizada.

>> EXEMPLO

```php
<?php
  include './class/cliente.php'; // arquivo com definições da classe Cliente
  session_start();
  include 'conectamysql.php'; // arquivo que estabelece a conexão
  $db_selecionado = mysql_select_db('sitedecompras', $con);
  if (!$db_selecionado)
    exit ('Não foi possível selecionar a base de dados: '. mysql_error());
  $sql = 'DELETE FROM Cliente WHERE E_mail_Cliente="'.$_SESSION["clienteautenticado"]->getEmailCliente().'"';
  $clienteexcluido = mysql_query($sql, $con);
  if (!$clienteexcluido)
    exit ('Erro ao excluir cliente: '. mysql_error());
  else
    echo 'Prezado cliente, sua conta foi excluída com sucesso.';
  unset($_SESSION["clienteautenticado"]);
  session_destroy();
  mysql_close($con);
?>
```

Ao final da exclusão bem-sucedida da base de dados, conforme o exemplo, a variável de sessão que armazena os dados do cliente deve ser apagada (pois ele não existirá mais). Além disso, a sessão estabelecida deve ser destruída.

Observe, nesse último script apresentado, que a inclusão do arquivo que define a classe `Cliente` foi realizada antes da chamada à função `session_start()`. É fundamental que o include seja invocado antes, pois do contrário, ao ser instanciado o objeto da classe `Cliente` armazenado na variável `$_SESSION`, a classe a que este objeto se refere não estará disponível. Fique atento, no entanto, para que os includes realizados antes da função `session_start()` não gerem qualquer saída para o navegador (condição para a inicialização de sessões).

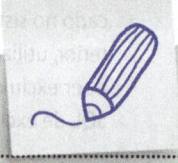

» Agora é a sua vez!

Agora que você já conhece as funções básicas para conexão com o MySQL, criação e seleção de base de dados, bem como execução de instruções SQL na base selecionada, crie um script que realize os seguintes procedimentos:

a. Conecta com o seu servidor MySQL.
b. Cria uma base de dados para seu sistema de vendas online.
c. Seleciona a base de dados criada.
d. Executa a SQL para criação da tabela `Cliente`, de acordo com o modelo ER apresentado no Capítulo 2.

Tratamento dos resultados de consultas

Conforme observado nas especificações do uso da função `mysql_query()`, ela retornará um `resource` na realização de consultas do tipo SELECT. Esse `resource` conterá dados que poderão ser tratados por diferentes funções do PHP.

Uma função muito útil para trabalhar sobre os resultados de um SQL de SELECT ou SHOW realiza a contagem do número de resultados. Trata-se da função `mysql_num_rows()`, em que devemos passar como parâmetro o `resource` resultante da `mysql_query()` realizada. O retorno da função será o número de linhas encontradas ou `false` para o caso de falha na consulta.

Para o acesso aos conteúdos resultantes da consulta, a função `mysql_fetch_array()` aparece como um importante recurso.

A sintaxe de `mysql_fetch_array()`:

```
array mysql_fetch_array (resource $result [,
int $result_type ])
```

Conforme especificado na sintaxe da função, deve-se passar como parâmetro para esta função o `resource` da consulta realizada e, opcionalmente, uma constante que especifica o tipo de array retornado:

- MYSQL_ASSOC: para retornar um array associativo.

- MYSQL_NUM: para retornar um array numérico.

- MYSQL_BOTH (valor padrão): para retornar um array tanto associativo quanto numérico.

O retorno da execução dessa função, portanto, será um array correspondente à linha obtida ou `false`, se não houver mais linhas.

Veja o exemplo a seguir, que ilustra o uso das funções `mysql_fetch_array()` e `mysql_num_rows()`. Como o tipo de array retornado na função `mysql_fetch_array()` não foi especificado, é possível usar índices numéricos (`$linha[0]`) ou associativos (`$linha['Nome_Usuario']`).

> **» DICA**
> Para obter o número de linhas afetadas por uma consulta INSERT, UPDATE, REPLACE ou DELETE, deve-se utilizar a função `mysql_affected_rows()`, a qual retorna o resultado referente à última consulta associada ao identificador de conexão.

> **» DICA**
> Alternativamente ao uso da função `mysql_fetch_array()` com o parâmetro do tipo de vetor, pode-se optar pela função `mysql_fetch_row()` para obter um array com índice numérico ou `mysql_fetch_assoc()` para obter um array com índice associativo.

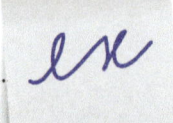

» EXEMPLO

```php
<?php
  include 'conectamysql.php'; // arquivo que estabelece a conexão
  $db_selecionado = mysql_select_db('sitedecompras', $con);
  if (!$db_selecionado)
    exit('Não foi possível selecionar a base de dados: ' . ysql_error());
  $sql = 'SELECT * FROM Cliente';
  $resultado = mysql_query($sql, $con);
  $numeroresultados = mysql_num_rows($resultado);
  if ($numeroresultados > 0) {
    echo 'Foram encontrados '.$numeroresultados.' resultados.<br>';
    while ($linha = mysql_fetch_array($resultado))
      echo 'Username: '.stripslashes($linha['Nome_Usuario']).
      ' - Nome completo: '.stripslashes($linha['Nome']).'<br>';
  }
  mysql_free_result($resultado);
  mysql_close($con);
?>
```

Observe, nesse último código, o uso da função `mysql_free_result()`, que deve ser empregada para liberar a memória do servidor associada ao identificador do resultado de consulta especificado (`$resultado`) e que sempre é bem-vinda em scripts que retornam conjuntos grandes de resultados. Caso essa função não seja utilizada, a memória associada ao resultado será liberada ao final da execução do script.

» CURIOSIDADE

Assim como utilizamos a função `addslashes()` no script de inserção de dados do cliente no banco de dados, devemos realizar a retirada das barras de escape inseridas. Para isso, utilizamos, no script de exemplo, a função `stripslashes()`, a qual retornará a string passada como parâmetro já com a retirada das barras de escape.

Uma alternativa ao tratamento dos dados possibilitados pela função `mysql_fetch_array()` é empregar a `mysql_result()`.

A sintaxe de `mysql_result()` é:

```
mixed mysql_result (resource $result,
int $row [, mixed $field ])
```

Ao usar a função `mysql_result()`, devem ser informados como argumentos:

• `$result`: a variável que contém o resultado do SQL realizado.

• `$row`: a linha específica dos resultados que se deseja obter.

• `$field`: A especificação do campo desejado, de uso opcional, que poderá ser o índice do campo, o nome do campo ou o nome da tabela "ponto" o nome do campo (`tabela.campo`).

No entanto, sugere-se cuidado ao fazer uso dessa função, pois seu desempenho é muito mais lento se comparado com o uso de funções que retornam o conteúdo de múltiplas células em uma única chamada de função.

›› Uso de orientação a objetos no acesso ao MySQL

A partir do PHP5, foi disponibilizada a "mysqli", uma nova biblioteca para conexão ao MySQL, que permite a interação com banco, tanto de maneira procedimental quanto orientada a objetos. Aqui, será dado destaque aos procedimentos para o uso do "mysqli" explorando a orientação a objetos, visto que sua forma procedimental se assemelha muito, quanto à sua sintaxe, às funções já vistas nos tópicos anteriores deste capítulo.

O primeiro passo no processo de interação com o MySQL, conforme visto anteriormente, consiste em conectar com o banco de dados. Ao usar a "mysqli" orientada a objetos para realizar esse procedimento, deve-se instanciar um objeto de conexão utilizando a palavra-chave `new` e passando como parâmetros para o construtor da classe os dados do servidor MySQL, o nome de usuário para conexão ao banco, a respectiva senha e, opcionalmente, a base de dados sobre a qual pretende-se atuar. Veja o exemplo a seguir, que apresenta essa instrução no início do script e que, a partir de sua execução, permite que vários métodos com funções semelhantes às examinadas anteriormente neste capítulo (métodos connect_errno e close, por exemplo) fiquem disponíveis para o objeto recém-instanciado.

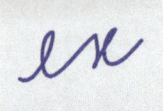

» EXEMPLO

```php
<?php
  //iniciamos instanciando o objeto de conexão com o MySQL
  $objcon = new mysqli('localhost', 'administrador', 'minhasenha');
  if ($objcon->connect_errno) // usando métodos do objeto de conexão
    exit('Não foi possível conectar: '. $objcon->connect_error);
  $objcon->select_db("sitedecompras"); // selecionando a base de dados
  $sql = 'SELECT * FROM Cliente';
  $resultado = $objcon->query($sql); // realizando uma consulta
  $numeroresultados = $resultado->num_rows;
  if ($numeroresultados > 0) {
    echo 'Foram encontrados '.$numeroresultados.' resultados.<br>';
    while ($linha = $resultado->fetch_row()) // obtém cada linha
      echo 'Username: '.$linha[0].' - Nome completo: '.$linha[3].'<br>';
  }
  $resultado->free(); // libera recurso do objeto de resultado
  $objcon->close(); // encerra a conexão com o banco de dados
?>
```

» DICA

O uso do método `fetch_assoc()` em lugar de `fetch_row()` possibilita que os dados recuperados no array $linha possam ser acessados através de um índice associativo, com os nomes das colunas servindo de chaves: `$linha["Nome_Usuario"]` e `$linha["Nome"]`, conforme pode ser visto no exemplo.

Conforme pode ser observado nesse último código, o qual realiza os mesmos procedimentos de consulta apresentados no exemplo da seção "Tratamento dos resultados de consultas", a chamada ao método "query" da classe "mysqli" ($objcon->query($sql)) resultará no retorno de um objeto ($resultado). Através do uso dos métodos disponíveis para esse objeto, pode-se verificar o número de linhas encontradas no SQL realizado ($resultado->num_rows) e acessar os dados apresentados em cada linha ($resultado->fetch_row()).

A biblioteca "mysqli" permite, ainda, a utilização de instruções preparadas. Trata-se de um recurso muito útil para aumentar a velocidade de execução de repetidas consultas apenas com diferentes dados ou para proteger contra ataques de injeção de SQL.

Já o exemplo a seguir mostra a adaptação do script de exclusão do cadastro de um usuário (cliente autenticado) para o padrão das instruções preparadas, ou seja, apresenta uma separação entre a instrução SQL a ser realizada e os dados que farão parte dela.

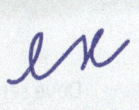

» EXEMPLO

```php
<?php
  include './class/cliente.php'; // arquivo com definições da classe
  session_start();
  $objcon = new mysqli('localhost', 'administrador', 'minhasenha', 'sitedecompras');
  if ($objcon->connect_errno)
    exit('Não foi possível conectar: '.$objcon->connect_error);
  $sql = 'DELETE FROM Cliente WHERE E_mail_Cliente=?';
  $inst = $objcon->stmt_init(); // instancia um objeto para instrução
  $inst->prepare($sql); // prepara uma instrução SQL para execução
  $emailcliente = $_SESSION["clienteautenticado"]->getEmailCliente();
  $inst->bind_param("s", $emailcliente); // passa variáveis do SQL
  $inst->execute(); // executa a instrução preparada
  if ($inst->affected_rows!=1) // número de linhas afetadas pelo SQL
    exit ('Erro ao excluir cliente: '. mysql_error());
  else
    echo 'Prezado cliente, sua conta foi excluída com sucesso.';
  unset($_SESSION["clienteautenticado"]);
  session_destroy();
  $inst->close(); // encerra a instrução preparada
  $objcon->close();
?>
```

Observe que foi instanciado um objeto para uso de instruções preparadas através da invocação do método `stmt_init()` no objeto da conexão com o banco de dados. A partir desse ponto, passou-se a trabalhar diretamente neste objeto da instrução ($inst), definindo o SQL que será executado com o método `prepare()`. Note que algumas informações do SQL foram substituídas por pontos de interrogação. Isso significa que, no momento em que for executada a instrução, cada ponto de interrogação será substituído por uma variável, de acordo com a definição do método `bind_param()`.

O método `bind_param()` serve, portanto, para definir os elementos que completarão o SQL a ser executado. O primeiro parâmetro passado para essa função é uma string com um conjunto de caracteres que definem os tipos, sequencialmente, das variáveis passadas ao SQL. No exemplo anterior, há apenas o caractere "s". Isso informa que há um único elemento passado ao SQL e que ele será uma string. Poderia, ainda, conter o caractere "i", especificando uma variável do tipo inteiro, "d" para uma variável double e "b" para blob (observe que os tipos se referem ao MySQL).

Deve ser informado, em uma única string, tantos caracteres quantas forem as variáveis. Após a definição desta string de tipos, deve-se informar todas as variáveis que foram especificadas por estes tipos (e que substituirão sequencialmente os pontos de interrogação do SQL). As variáveis devem estar separadas por vírgulas.

Por fim, após a estruturação da consulta a ser realizada no banco de dados, passamos à execução da instrução preparada, através do método `execute()`. A partir da sua execução, pode-se utilizar uma série de métodos para manipulação dessa consulta, como o `affected_rows`, utilizado para retornar o número de linhas afetadas da tabela pelo SQL executado.

Após o uso da instrução preparada, lembre-se de realizar o seu encerramento através da chamada ao método `close()`, desalocando o recurso destinado à manipulação da instrução.

» Agora é a sua vez!

Adapte os scripts criados nos exercícios anteriores de forma que eles façam uso da biblioteca "mysqli". Para isso, é fundamental que esta biblioteca esteja disponível na configuração do PHP de seu servidor Web.

REFERÊNCIAS

MANZANO, J. A. N. G. *MySQL 5.5*: interativo: guia essencial de orientação e desenvolvimento. São Paulo: Erica, 2011.

PHP. [S.l.: s.n., 2013]. Disponível em: <http://www.php.net/>. Acesso em: 27 ago. 2013.

THOMSON, L.; WELLING, L. *PHP e MYSQL*: desenvolvimento web. Rio de Janeiro: Campus, 2005.

Rodrigo Prestes Machado
Lourenço de Oliveira Basso

capítulo 9

Ajax

O Ajax (Asynchronous JavaScript and XML) mudou a forma de interação dos usuários com os sistemas na Web. Antes dele, os sistemas eram baseados somente em formulários simples para entrada de dados. Com seu surgimento, foi possível desenvolver aplicativos na Web que apresentassem uma interatividade similar às aplicações desktop. Devido ao Ajax, hoje é possível encontrar sistemas complexos na Web, como editores de texto, clientes de e-mail, planilhas eletrônicas, etc. Assim, compreender as ideias que envolvem o Ajax é um passo importante para os desenvolvedores que pretendem construir aplicativos modernos e agradáveis aos usuários da Web.

Objetivos de aprendizagem

» Compreender o funcionamento do Ajax (*Asynchronous JavaScript and XML*).

» Entender o funcionamento dos principais métodos e propriedades do objeto XMLHttpRequest.

» Identificar os elementos básicos do formato JSON (*JavaScript Object Notation*).

>> Introdução

Ajax não é uma linguagem de programação, mas uma maneira interessante de utilizar os padrões existentes na Web. Com o Ajax, é possível enviar e receber dados de um servidor Web de forma assíncrona (em segundo plano). Esse método permite, enquanto uma requisição é processada no servidor, não interferir na interação do usuário com a página. Além disso, possibilita a atualização de partes de uma página sem a necessidade de recarregar todo o documento HTML (Ajax Tutorial, 2013).

A principal classe em JavaScript para o trabalho com Ajax é a **XMLHttpRequest**. Essa classe passou a ser especificada pelo W3C apenas em 2006. Entretanto, no início dos anos 2000, a XMLHttpRequest já havia sido implementada pelo Internet Explorer 5 com o nome de XMLHTTP Activex. Posteriormente, outros navegadores como Firefox, Safari e Opera desenvolveram o XMLHTTP Activex, porém com o nome de XMLHttpRequest (XMLHttpRequest, 2012).

A difusão do XMLHttpRequest aconteceu efetivamente com a implementação das aplicações de e-mails e mapas do **Google** (Gmail e Google Maps, respectivamente). Isso fez com que a classe XMLHttpRequest se popularizasse e que o termo Ajax fosse criado com o objetivo de nomear um novo formato para sistemas na Web. (GARRETT, 2005).

De modo geral, o Ajax trabalha da seguinte maneira:

1. Quando um evento ocorre em uma página (por exemplo, um usuário pressiona um botão), um objeto XMLHttpRequest é criado.
2. Esse objeto é então utilizado para enviar uma requisição assíncrona para o servidor Web.
3. O servidor processa a requisição.
4. O servidor envia um conteúdo para o cliente.
5. Uma vez recebido o conteúdo, o cliente é capaz de processar os dados retornados e atualizar parte de uma página por meio do DOM (*Document Object Model*).

A Figura 9.1 ilustra o funcionamento do Ajax.

A adoção do Ajax traz algumas vantagens importantes. Por permitir a atualização de partes de um documento HTML, a quantidade de dados trafegados entre o cliente e o servidor, e, consequentemente, o tempo de resposta, diminui, e a performance da montagem da interface Web para o usuário aumenta. Também é possível desenvolver componentes de interface interativos, tornando os sistemas na Web cada vez mais semelhantes a aplicações desktop. Essa classe de sistemas Web, que possui uma interface similar a uma aplicação desktop, é denominada **RIA** (*Rich Internet Applications*).

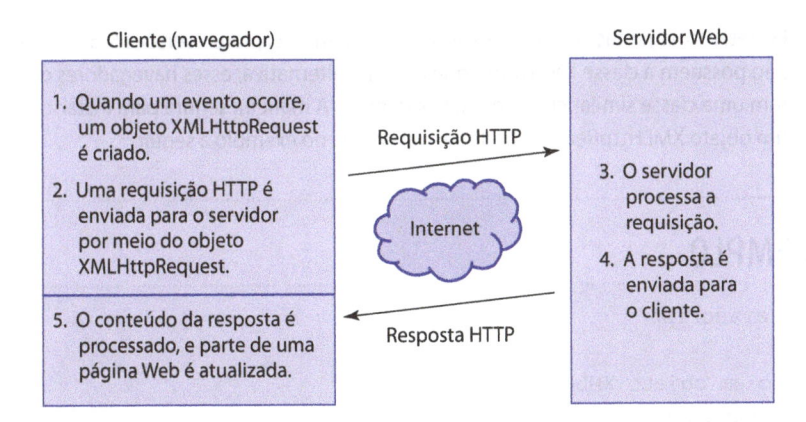

Figura 9.1 Funcionamento do Ajax.
Fonte: dos autores.

Com o advento do Ajax, foi possível melhorar de forma considerável a interação dos usuários com os sistemas Web. Assim, entender essa tecnologia é fundamental para construir sistemas que tenham boa performance e sejam agradáveis ao uso.

Como instanciar um objeto XMLHttpRequest

Para desenvolver sistemas Web com Ajax, é necessário utilizar um objeto da classe XMLHttpRequest. Essa classe possui métodos que permitem que partes de uma página Web sejam atualizadas sem a necessidade da alteração de todo o conteúdo. Para implementar esse mecanismo, inicialmente é preciso instanciar um objeto XMLHttpRequest, como no exemplo a seguir.

>> EXEMPLO

```
<script type="text/javascript">
    xmlhttp = new XMLHttpRequest();
</script>
```

Entretanto, algumas versões mais antigas do Internet Explorer (versões 5, 5.5 ou 6) não possuem a classe XMLHttpRequest. Como alternativa, esses navegadores detêm uma classe similar chamada ActiveXObject. A maneira segura para instanciar um objeto XMLHttpRequest pode ser observada no exemplo a seguir.

>> EXEMPLO

```
<script type="text/javascript">

     // Instanciando um objeto XMLHttpRequest
     if (window.XMLHttpRequest) {
          xmlhttp = new XMLHttpRequest();
  }
  else {
          // Instanciando o objeto XMLHttpRequest para o IE5, IE5.5 ou IE6
          xmlhttp = new ActiveXObject("Microsoft.XMLHTTP");
  }
</script>
```

Note que, através do objeto `window`, utilizamos uma estrutura condicional para identificar se o navegador possui ou não a classe XMLHttpRequest.

>> Envio de uma requisição para o servidor

> **>> IMPORTANTE**
> Navegadores modernos utilizam um sistema de abas, em que cada aba pode carregar uma página Web. Assim, enquanto uma requisição síncrona é processada, o usuário sempre será capaz de interagir com páginas localizadas em outras abas.

Uma vez instanciado, um objeto XMLHttpRequest pode ser utilizado para gerar requisições para o servidor sobre os protocolos HTTP (*Hypertext Transfer Protocol*) ou HTTPS (*HyperText Transfer Protocol Secure*). A diferença entre HTTP e HTTPS é que, no segundo, os dados que trafegam entre o navegador e o servidor são criptografados através do protocolo TLS (*Transport Layer Security*).

Uma requisição, criptografada ou não, pode ser síncrona ou assíncrona. Em uma **requisição síncrona**, o navegador aguarda até que o servidor envie todo o conteúdo de uma resposta, ou seja, existe um sincronismo entre a requisição do navegador e a resposta do servidor. Nesse caso, os usuários não podem interagir com uma página enquanto o navegador estiver esperando por uma resposta.

Por outro lado, em uma **requisição assíncrona** o navegador fica desbloqueado logo após disparar uma requisição para o servidor. Esse mecanismo permite que, por exemplo, um usuário interaja com elementos da interface enquanto a resposta não chega. Um exemplo disso pode ser observado no sistema de e-mails do Google, o Gmail. Por meio da técnica de *pooling*, o Gmail cria, constantemente, requisições para verificar a existência de novos e-mails no servidor. Dessa forma, enquanto um novo e-mail não chega, os usuários podem interagir com outras funcionalidades do sistema.

> ## » CURIOSIDADE
>
> Na ciência da computação, *polling* é a atividade de verificar, de tempos em tempos, a situação de um recurso. Essa técnica foi inicialmente empregada em sistemas operacionais com o objetivo de verificar o status de dispositivos de entrada e saída. Atualmente, *polling* é utilizado em aplicações Ajax com o intuito de verificar alguma condição de um sistema no lado do servidor.

> ## » PARA REFLETIR
>
> O que acontece com a rede se um sistema Web utilizar *pooling*?

Para criar uma requisição através de um objeto XMLHttpRequest, o primeiro passo é abrir uma conexão com o servidor Web. O método **open**, responsável por realizar essa tarefa, possui três parâmetros obrigatórios:

Método do HTTP: uma string que indica o tipo de método utilizado na requisição HTTP (geralmente GET ou POST).

URL (*Uniform Resource Locator*): um endereço de uma página Web no formato de string.

Tipo de sincronismo: um parâmetro boleano, em que true indica requisições assíncronas e false, requisições síncronas.

Um exemplo de utilização do método open é apresentado no código a seguir.

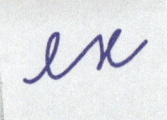

>> EXEMPLO

```
<script type="text/javascript">
  // Instanciando um objeto XMLHttpRequest
  if (window.XMLHttpRequest) {
    xmlhttp = new XMLHttpRequest();
  }
  else {
    // Instanciando o objeto XMLHttpRequest para o IE5, IE5.5 ou IE6
    xmlhttp = new ActiveXObject("Microsoft.XMLHTTP");
  }
  // Abrindo a conexão com o servidor
  xmlhttp.open("GET", "http://localhost/teste.php?nome=fulano", true);
  xmlhttp.send();
</script>
```

>> **NO SITE**
Para indicar ao servidor o tipo de conteúdo que será enviado em uma requisição HTTP, é necessário consultar a lista de tipos MIME no ambiente virtual de aprendizagem Tekne: www.bookman.com.br/tekne.

Após criar o objeto XMLHttpRequest, é necessário abrir uma conexão com o servidor por meio do método open. Nesse último código é mostrado um exemplo em que é disparada uma requisição assíncrona por meio do método GET para o script teste.php. Note que o exemplo também apresenta uma passagem de parâmetro por meio da variável nome.

Para enviar uma requisição HTTP/HTTPS para o servidor, é obrigatório utilizar o método send. Esse método possui apenas um parâmetro opcional que é usado no envio de dados no formato de string para o servidor. Normalmente, esse parâmetro é utilizado para enviar valores por meio do método POST do HTTP. Nesse último exemplo, após abrir a conexão, o método send envia a requisição para o servidor Web. Porém, como o exemplo usou o método GET do HTTP, nenhum dado será transmitido por intermédio da passagem de parâmetros do método send.

Por outro lado, para criar uma requisição por meio do método POST, seria necessário alterar o código do exemplo anterior. A modificação pode ser feita da seguinte maneira:

>> EXEMPLO

```
xmlhttp.open("POST","http://localhost/teste.php", true);
xmlhttp.setRequestHeader("Content-type","application/x-www-form-urlencoded");
xmlhttp.send("nome=fulano");
```

Requisições por meio de POST exigem a utilização do método setRequestHeader, que permite especificar o tipo de dado a ser enviado para o servidor. Assim, essa configuração é realizada por meio da manipulação do cabeçalho da requisição HTTP. Os parâmetros do setRequestHeader são:

Nome: uma string referente a uma diretiva de cabeçalho HTTP.

Valor: uma string que indica um valor de cabeçalho de acordo com os tipos do MIME.

> **» IMPORTANTE**
> Cada vez que o método open é invocado, o cabeçalho da requisição configurado é removido, sendo necessário utilizar novamente o método setRequestHeader para reajustar o cabeçalho para um novo envio.

» CURIOSIDADE

MIME (*Multipurpose Internet Mail Extensions*) são tipos criados originalmente para envio de e-mails através do protocolo SMTP (*Simple Mail Transfer Protocol*). Porém, esses tipos foram expandidos para outros protocolos, como o HTTP/HTTPS. Os tipos MIME definem formatos de texto, áudio e imagens, entre outros que trafegam na Internet.

» Agora é a sua vez!

Analise se as sentenças abaixo são verdadeiras ou falsas.

1. O método open do objeto XMLHttpRequest permite apenas o encaminhamento de requisições assíncronas para um servidor Web.
2. O método send do objeto XMLHttpRequest é responsável por abrir a conexão com um servidor Web.
3. Para enviar uma requisição HTTP POST por meio de Ajax, é necessário configurar o cabeçalho da mensagem de resposta por meio do método setRequestHeader do objeto XMLHttpRequest.

❯❯ Recebimento de uma resposta do servidor

Uma vez realizada a requisição HTTP, é necessário receber o conteúdo proveniente do servidor. A resposta HTTP enviada pelo servidor pode conter dados em diversos formatos: texto, HTML, XML, JSON, etc. A informação recebida, portanto, pode ser utilizada para alterar partes de uma página HTML sem a necessidade de recarregar todo o documento. Isso é possível por meio do DOM (*Document Object Model*), que possibilita a manipulação de todos os elementos de uma página de uma maneira programática.

Assim, para codificar o tratamento de dados retornados pelo servidor, é preciso programar uma função para ser executada quando o navegador receber o retorno do servidor. O objeto XMLHttpRequest possui uma propriedade chamada de onReadyStateChange, capaz de armazenar uma função que será executada a cada momento que o status da propriedade readyState for alterado. Um exemplo de utilização dessas duas propriedades combinadas pode ser visto no exemplo a seguir.

❯❯ EXEMPLO

```
<script type="text/javascript">

    // Instanciando um objeto XMLHttpRequest
    if (window.XMLHttpRequest) {
        xmlhttp = new XMLHttpRequest();
    }
    else {
        // Instanciando um objeto XMLHttpRequest para o IE5, IE5.5 ou IE6
        xmlhttp = new ActiveXObject("Microsoft.XMLHTTP");
    }

    // Abrindo a conexão com o servidor
    xmlhttp.open("GET", "http://localhost/teste.php?nome=fulano", true);
    xmlhttp.send();

    xmlhttp.onreadystatechange = function(){
        if (xmlhttp.readyState == 4 && xmlhttp.status == 200){
            // código que irá manipular o dom da página
        }
    }

</script>
```

Após instanciar o objeto XMLHttpRequest e abrir a conexão com o servidor, esse exemplo mostra uma forma de criar a função em JavaScript para tratamento do retorno dos dados por meio da propriedade onReadyStateChange.

A função de retorno associada será executada quando o status da propriedade readyState for alterado. Essa propriedade indica, por intermédio de valor um inteiro, a situação do processamento da requisição entre o navegador e o servidor. Os valores possíveis para readyState são:

- 0: requisição não inicializada.
- 1: conexão estabelecida com o servidor.
- 2: requisição recebida.
- 3: solicitação de processamento.
- 4: resposta pronta.

Portanto, a função apresentada no exemplo implementa uma estrutura condicional para testar se a resposta está pronta. Em outras palavras, é verificado se a propriedade readyState já assumiu o valor 4.

Além disso, o objeto XMLHttpRequest possui a propriedade status, que também ajuda a averiguar se a resposta do servidor está pronta para ser processada pela função de retorno. A propriedade status retorna os códigos da resposta do HTTP enviados do servidor para o navegador. Existem diversos códigos de status do HTTP. Por exemplo, se acontecer um erro no servidor, o navegador receberá o código 500, se o usuário tentar acessar uma página protegida, o código será 403. Assim, se o processamento não tiver falhas, o servidor enviará o código 200 juntamente com o conteúdo processado pelo servidor.

>> EXEMPLO

Quando um servidor Web responde a uma requisição de um navegador, a resposta consiste de uma linha de status, um cabeçalho de controle, uma linha em branco e o conteúdo da mensagem. A seguir, é apresentado um exemplo simples de uma resposta do servidor:

```
HTTP/1.1 200 OK
Content-Type: text/plain

Ajax (Asynchronous Javascript and XML)
```

Nesse exemplo, a linha de status contém o código 200. Isso significa que a requisição foi corretamente processada no servidor e que o navegador receberá o conteúdo. O exemplo também mostra um cabeçalho indicando que o conteúdo será um texto. Geralmente, os navegadores apresentam apenas o conteúdo para os usuários. Entretanto, é importante perceber que, além de diversos códigos de status, existem várias informações de controle que trafegam no cabeçalho do HTTP. Compreender o funcionamento do protocolo ajuda no desenvolvimento dos sistemas Web.

> **NO SITE**
> Para saber mais sobre o protocolo HTTP, seus métodos e mensagens, acesse o ambiente virtual de aprendizagem Tekne.

Finalmente, para obter o conteúdo da resposta do servidor, é imprescindível utilizar o objeto XMLHttpRequest por meio das propriedades **responseText**, para recuperar informações em texto, ou **responseXML**, para obter dados em XML (eXtensible Markup Language).

>> EXEMPLO

```
xmlhttp.onreadystatechange = function(){
if (xmlhttp.readyState == 4 && xmlhttp.status == 200){

document.getElementById("minhaDiv").innerHTML = xmlhttp.responseText;
}
}
```

O exemplo acima mostra a função desenvolvida anteriormente, porém, com um tratamento para os dados retornados. Uma vez que a resposta está pronta, utiliza-se a propriedade responseText para obter o conteúdo retornado pelo navegador. No exemplo, o conteúdo é atribuído para um elemento div, identificado por minhaDiv, que apresentará o conteúdo da resposta para o usuário. Note que um conhecimento de DOM é importante para permitir a apresentação do conteúdo.

>> Agora é a sua vez!

Analise se as sentenças abaixo são verdadeiras ou falsas.

1. A propriedade onReadyStateChange armazena uma função de retorno que será chamada sempre que a propriedade readyState mudar de valor. Desta forma, se readyState for igual a 1, é possível implementar uma mensagem que informe ao usuário o estabelecimento de uma conexão com o servidor Web.
2. A propriedade responseText é utilizada para obtermos um status do servidor Web.

JavaScript Object Notation

O **JSON** (*JavaScript Object Notation*) (JSON, 2013) é um formato para troca de dados bastante empregado em aplicações Ajax. JSON é um subconjunto da notação de objetos em JavaScript, o que faz os dados em JSON serem facilmente manipulados pela linguagem JavaScript.

A notação JSON é bastante simples, sendo os dados escritos como pares de chaves e valores separados por vírgulas, como no exemplo a seguir.

>> EXEMPLO

```
"nome": "Caroline", "sobrenome": "Silva"
```

O exemplo acima representa a atribuição do código JavaScript exposto a seguir.

>> EXEMPLO

```
var nome = "Caroline";
var sobrenome = "Silva";
```

Para criar um objeto JSON é necessário delimitar a expressão com a adição de duas chaves, conforme exemplo.

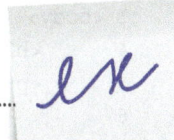

>> EXEMPLO

{"nome":"Caroline","sobrenome":"Silva"}

Entretanto, se a aplicação necessitar de um array de objetos, é mandatário acrescentar colchetes como delimitadores da coleção. Dessa forma, o exemplo a seguir ilustra a criação de um array contendo dois objetos.

>> EXEMPLO

```
[ { "nome": "Caroline", "sobrenome": "Silva" },
  { "nome": "Cristiane", "sobrenome": "Machado" } ]
```

Portanto, por meio de uma notação simples, os dados em JSON podem representar coleções inteiras de objetos. Para converter os dados no formato JSON em objetos JavaScript, é necessário utilizar as funções eval ou parse. A função **eval** é capaz de avaliar qualquer expressão JavaScript. Seu uso sem uma análise cuidadosa pode resultar em uma falha de segurança, pois a aplicação pode receber um código malicioso que será posteriormente executado.

» CURIOSIDADE

JavaScript Injection (injeção de JavaScript) é o processo no qual um código em JavaScript é inserido em uma página Web com o objetivo de explorar alguma vulnerabilidade do sistema. Quando mal utilizada, a função eval abre uma possibilidade para que códigos mal intencionados sejam executados em uma página Web. Consulte o Capítulo 10 deste livro para saber mais sobre segurança em aplicações Web.

Já a função **parse** interpreta apenas expressões em JSON, ou seja, não possui a capacidade de executar comandos do JavaScript. Um exemplo da transformação de dados JSON para objetos JavaScript por meio da função parse pode ser observado a seguir.

» EXEMPLO

```
1  <!DOCTYPE html>
2  <html>
3  <body>
4      <h2>Exemplo JSON</h2>
5      <p>
6          Nome: <span id="nome"></span><br>
7          Sobrenome: <span id="sobrenome"></span><br>
8      </p>
9      <script type="text/javascript">
10     var txt = '[ { "nome": "Caroline", "sobrenome": "Silva" },';
11     txt = txt + ' { "nome": "Cristiane", "sobrenome": "Machado" } ]';
12
13     var array = JSON.parse(txt);
14
15     document.getElementById("nome").innerHTML = array[0].nome;
16     document.getElementById("sobrenome").innerHTML = array[0].sobrenome;
17     </script>
18 </body>
19 </html>
```

Figura 9.2 Resultado da execução do exemplo da pág. 222.
Fonte: dos autores.

Nesse último exemplo, os dados no formato JSON são atribuídos para uma variável chamada de txt (linhas 10 e 11). Na linha 13, é utilizada a função parse para transformar os dados em um array de objetos `JavaScript`. O array é então empregado para que o conteúdo seja apresentado ao usuário. Assim, as linhas 15 e 16 utilizam o primeiro objeto do array – identificado pelo valor zero entre os colchetes – para realizar uma atribuição de nome e sobrenome para elementos do HTML por meio da propriedade innerHTML. O conteúdo é mostrado para o usuário nas linhas 6 e 7 do exemplo, ou seja, por intermédio das TAGs de span. A Figura 9.2 ilustra o resultado da execução desse script.

Como pode ser observado nesse último exemplo, a manipulação dos dados em JSON é algo relativamente simples. Entender o funcionamento de JSON facilita a utilização do Ajax, uma vez que os dados trocados entre cliente e servidor podem obedecer esta notação. A próxima seção apresenta um exemplo simples, porém completo, da integração entre Ajax, JSON e PHP (PHP: *Hypertext Preprocessor*).Para saber mais sobre a linguagem PHP, consulte os Capítulos 7 e 8 deste livro.

Integração Ajax, JSON e PHP

As seções anteriores deste capítulo tiveram como objetivo apresentar os detalhes de funcionamento do Ajax e da notação JSON. A partir dessas noções, apresentaremos um exemplo simples, que tem o objetivo de fornecer uma visão geral do funcionamento integrado dessas tecnologias.

Nesse exemplo, foi criada uma página Web com apenas um botão, que será responsável por apresentar dados de clientes. O resultado da execução desse exemplo pode ser observado na Figura 9.3, em que a imagem de cima mostra a página

Situação inicial da página

Situação depois de pressionar o botão

Nome: Caroline Sobrenome: Silva
Nome: Cristiane Sobrenome: Machado

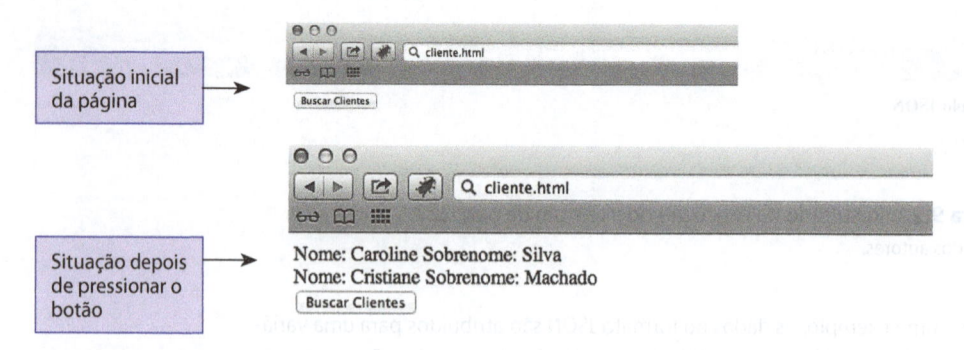

Figura 9.3 Exemplo simples de Ajax, JSON e PHP.
Fonte: dos autores.

em um estado inicial, e a imagem de baixo apresenta a lista dos clientes após o usuário ter pressionado o botão.

Para enviar os dados para a página Web, foi escrito um pequeno script em PHP chamado de server.php, conforme apresentado a seguir. Este código tem o objetivo de retornar informações de clientes no formato JSON. Dessa forma, um array de clientes é criado nas linhas 3 e 4 e, posteriormente, enviado para o navegador na linha 7. Cabe salientar que normalmente os dados são provenientes de alguma fonte de dados (arquivos, banco de dados, diretórios, etc.) e, posteriormente, transformados para o formato JSON.

>> EXEMPLO

```
1   <?php
2     // String em PHP no formato JSON
3     $clientes = '[ { "nome": "Caroline", "sobrenome": "Silva" },
4     { "nome": "Cristiane", "sobrenome": "Machado" } ]';
5
6     // Enviando os dados para a página Web
7     echo $clientes;
8   ?>
```

A página Web que solicita os dados dos clientes e apresenta as informações recebidas do script server.php é apresentada a seguir. Uma vez pressionado, o botão na linha 54 executa a função buscaClientes, passando o fluxo da execução do código para a linha 10. Entre as linhas 13 e 19, é instanciado o objeto XMLHttpRequest, representado pela variável xmlhttp. Já na linha 22, é associada ao objeto xmlhttp a função respostaClientes para tratamento do retorno dos dados pelo servidor.

Note que a propriedade onReadyStateChange é utilizada para criar um vínculo entre o objeto xmlhttp e a função de retorno. Na linha 25, o objeto xmlhttp é configurado por meio do método open para enviar uma requisição assíncrona ao programa "server.php" por meio do método GET do HTTP. Finalmente, na linha 26, o objeto xmlhttp dispara a requisição para server.php por meio do método send.

» EXEMPLO

```
1   <!DOCTYPE html>
2   <html lang="pt-br">
3   <head>
4     <meta charset="ISO-8859-1">
5     <script type="text/javascript">
6
7       var xmlhttp = null;
8
9       // Função para buscar os clientes
10      function buscaClientes() {
11
12        // Instanciando o objeto XMLHttpRequest
13        if (window.XMLHttpRequest) {
14          xmlhttp = new XMLHttpRequest();
15        }
16        else {
17          // IE5, IE5.5 ou IE6
18          xmlhttp = new ActiveXObject("Microsoft.XMLHTTP");
19        }
20
21        // Informando a função para tratamento do retorno
22        xmlhttp.onreadystatechange = respostaClientes;
23
24        // Enviando a requisição
25        xmlhttp.open("GET","http://localhost/server.php",true);
26        xmlhttp.send();
27      }
28
29      // Função que trata a resposta do servidor para a busca de clientes
30      function respostaClientes(){
31        if (xmlhttp.readyState == 4 && xmlhttp.status == 200){
32
33          // Recebendo dos dados em JSON e transformando para objetos em
JavaScript através da função parse
```

(continua)

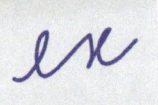

>> **EXEMPLO** *(CONTINUAÇÃO)*

```
34          var array = JSON.parse(xmlhttp.responseText);
35
36          // Montando o resultado
37          var resultado = "";
38          for (x in array){
39            resultado = resultado + "Nome: " + array[x].nome +
40              " Sobrenome: " + array[x].sobrenome + "<br/>";
41          }
42
43          // Apresentando o resultado por meio do DOM
44          document.getElementById("clientes").innerHTML = resultado;
45        }
46      }
47    </script>
48  </head>
49  <body>
50    <!-- Div para apresentar o resultado -->
51    <div id="clientes"></div>
52
53    <!-- Botão para buscar os dados de clientes no servidor -->
54    <button type="button" onclick="buscaClientes()">Buscar Clientes</button>
55  </body>
56  </html>
```

Depois que o programa server.php for executado no servidor, a lista de clientes é enviada para página Web e tratada pela função `respostaClientes`. Assim, o fluxo do retorno inicia na linha 30. Na linha 31 é testado, através das propriedades readyState e status, se o retorno é referente ao recebimento de dados. Os dados no formato JSON armazenados na propriedade responseText são transformados em objetos JavaScript na linha 34 por intermédio da função parse. Logo, os dados são concatenados e preparados para a exibição entre as linhas 37 e 41. Finalmente, na linha 44, a lista de clientes é adicionada por meio de DOM na div clientes, a qual se encontra na linha 51 do código.

Agora é a sua vez!

Analise se as sentenças abaixo são verdadeiras ou falsas.

1. Ajax utiliza uma combinação de padrões de Internet, como objeto XMLHttpRequest, XML, PHP, JavaScript, DOM e CSS.
2. A classe ActiveXObject deve ser utilizada para instanciar o objeto XMLHttpRequest para os navegadores IE6, IE5, etc.
3. A propriedade status do objeto XMLHttpRequest armazena o código de retorno do HTTP.
4. Ajax não evita a utilização de *pooling* em algumas aplicações com interface Web.
5. Quando a propriedade readyState possuir valor igual a 4, é possível afirmar que a reposta ainda está sendo processada pelo servidor Web.

REFERÊNCIAS

AJAX tutorial. [S.l.]: W3Schools, [2013]. Disponível em: <http://www.w3schools.com/ajax/>. Acesso em: 25 ago. 2013.

GARRETT, J. J. *Ajax*: a new approach to web applications. [S.l.]: Adaptive path, 2005. Disponível em: <http://www.adaptivepath.com/ideas/ajax-new-approach-web-applications/>. Acesso em: 15 ago. 2013.

INTRODUCING JSON. [S.L.]: JSON, [2013]. Disponível em: <http://www.json.org>. Acesso em: 25 ago. 2013. Página de referência do formato JSON.

XMLHttpRequest. [S.l.]: W3C, [2012]. Disponível em: <http://www.w3.org/TR/XMLHttpRequest/ >. Acesso em: 25 ago. 2013

André Peres

capítulo 10

Introdução à segurança em sistemas Web

A segurança computacional é um processo contínuo de análise e aprimoramento dos sistemas em busca da correção de falhas. É uma área dinâmica, que envolve a malícia e a inteligência de atacantes, desenvolvedores, responsáveis pela infraestrutura de TI e profissionais de segurança. Neste capítulo, você aprenderá os conceitos básicos de segurança computacional e algumas técnicas de segurança para o desenvolvimento de sistemas Web.

Objetivos de aprendizagem

» Compreender os conceitos básicos de segurança.
» Identificar os ataques mais comuns a sistemas Web.
» Reconhecer as técnicas para ampliar a segurança de sistemas Web.

≫ Introdução

Assim como a busca pelo conhecimento, a procura pelo aperfeiçoamento da segurança computacional é constante – um processo contínuo.

É muito complicado medir a segurança de um sistema. Imagine um carro com alarme cujo led pisca bem forte no painel. Esse alarme é um mecanismo de segurança, mas como medir sua eficiência? É necessário saber quantas vezes o carro deixou de ser roubado por causa dele. Não basta saber quantas vezes o alarme disparou e evitou o roubo, mas deve-se considerar também quantas vezes um ladrão passou pelo carro, viu a luz do led piscando e, por causa dele, desistiu do roubo.

A falta de segurança, por outro lado, é bem mais fácil de ser medida. Se o carro foi roubado, mesmo com alarme, pode-se assumir que esse mecanismo não foi seguro o suficiente.

A razão pela qual não se consegue atingir um estado 100% seguro em um sistema é que todo o sistema computacional possui falhas (e assumir isso já é um bom começo para o entendimento de segurança). Eis alguns exemplos de falhas em sistemas Web:

• Um bug de software no sistema desenvolvido, no servidor Web, no servidor de banco de dados e no sistema operacional.

• Uma utilização maliciosa do protocolo HTTP ou de outro protocolo de rede utilizado.

• Uma configuração malfeita em um firewall.

• Uma senha de um usuário que é fácil de adivinhar.

Também é necessário ter consciência de que, após testar um sistema em busca de problemas, não se pode comprovar sua segurança. É possível comprovar apenas a inexistência de falhas de segurança no que já foi testado. Precisa-se buscar sempre a mitigação das falhas por meio de análises de segurança realizadas de forma adequada.

Para minimizar a exposição dos sistemas computacionais é essencial que exista certo grau de formalismo nas etapas de análise e desenvolvimento dos sistemas. É necessário que se especifiquem todos os possíveis estados que o sistema deve apresentar no seu funcionamento normal. Após essa formalização, considera-se que, quando o sistema está em um estado não previsto, tem-se o comprometimento da segurança (identifica-se a falha).

O problema dessa formalização é que, na maioria dos casos, a segurança não é o aspecto principal de um software. A inclusão de mecanismos de segurança requer tempo e custo. Em contrapartida, o comprometimento da segurança é um proble-

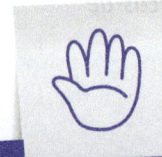

> ≫ **ATENÇÃO**
> Deve-se considerar que existem falhas em sistemas computacionais e que é essencial detectar quando uma delas precisa ser explorada.

> ≫ **IMPORTANTE**
> A busca pelo equilíbrio entre o investimento em segurança e o benefício almejado faz parte do processo de análise.

ma que pode ocasionar danos sérios tanto para o desenvolvedor quanto para a empresa para qual o sistema foi desenvolvido.

A seguir, serão identificadas algumas questões relativas especificamente aos sistemas Web e aos mecanismos de segurança capazes de ampliar o nível de segurança desses sistemas.

> **» ATENÇÃO**
> Considere sempre o prejuízo que o comprometimento da segurança pode trazer à imagem de uma empresa, tanto os relacionados com processos judiciais que serão criados por clientes quanto os relacionados com processos de negócio da empresa.

» Atributos de segurança

Para compreender o que significa um comprometimento de segurança, precisamos primeiro saber quais são os atributos de segurança que devem ser garantidos.

» Autenticidade

Segurança computacional pode ser definida como a gestão da restrição de acesso de recursos de um sistema computacional. Para controlar o acesso, deve-se garantir de uma maneira inequívoca quem está tentando realizá-lo. Os mecanismos de autenticidade são a garantia de identidade do usuário.

O exemplo mais simples de mecanismo de autenticidade (ou autenticação) é o par usuário/senha. Pode-se realizar a autenticação com algo que o usuário:

- conhece (como uma senha);
- possui (como um token USB de autenticação, smart card, etc.);
- apresenta (como impressão digital, varredura de retina, etc.).

A garantia de que um usuário é realmente quem diz ser é imprescindível para a manutenção da segurança.

» Confidencialidade

Qualquer dado que não é público deve possuir algum mecanismo para garantia de confidencialidade. Um dado confidencial é aquele ao qual somente pessoas autorizadas possuem acesso. Esse tipo de informação deve ser protegido de acesso não autorizado tanto em trânsito na rede quanto armazenado em qualquer tipo de mídia (banco de dados, servidor de arquivo, backup, etc.).

>> Integridade

Além da confidencialidade, os dados possuem critérios de controle de alteração. A alteração de dados deve ser realizada apenas por pessoas com os privilégios de acesso para essa ação. Qualquer alteração indevida em dados (armazenados ou em trânsito) é uma violação de sua integridade e deve ser detectada.

>> Disponibilidade

Os dados e sistemas devem estar disponíveis sempre que requisitados. É necessário criar mecanismos de segurança para garantir que um sistema continuará em operação mesmo que um de seus componentes falhe. Um exemplo é a utilização de *clusters* de servidores, em que, caso exista a falha em um deles, os demais assumem suas funções e o sistema permanece operacional.

>> Manutenção da segurança

Para selecionar e manter os atributos de segurança em um sistema, desde a fase de análise até o dia a dia, existe um tripé de sustentação que é formado por: políticas, mecanismos e cultura.

>> Política de Segurança da Informação (PSI)

É um conjunto de normas (documentos) que definem requisitos de segurança, regras de uso, procedimentos, guias e punições em caso de descumprimento das regras. Esses documentos são a base para a definição dos atributos de segurança necessários.

Durante a fase de análise do sistema a ser construído, devem ser levantadas quais as regras de uso do sistema, quais as necessidades de autenticidade, de confidencialidade, de integridade e de disponibilidade de cada aspecto do sistema. Não é uma boa prática desenvolver todo o sistema e, somente no momento da implantação, decidir colocar toda a estrutura em *clusters*, definir quais registros (*logs*) são importantes, ou resolver cifrar algum dado no banco. Isso provavelmente trará problemas.

>> Mecanismos

Mecanismos são todos os produtos de hardware e software necessários para que as políticas definidas possam ser aplicadas e para que as tentativas de violação sejam detectadas.

Se a PSI define que um sistema necessita de alto grau de disponibilidade, será necessária a aquisição de mecanismos de hardware e software para garantir esse atributo. Só é possível decidir quais mecanismos são necessários após a definição da PSI.

>> Cultura

A cultura de segurança diz respeito ao conhecimento de segurança computacional que os usuários e os responsáveis pelo sistema possuem. De nada adianta uma PSI bem definida e um conjunto de mecanismos altamente sofisticados se um usuário (por puro desconhecimento da importância da segurança do sistema) utilizar uma senha fraca. A conscientização dos usuários sobre a importância da segurança do sistema deve receber a mesma atenção que a definição da PSI e a implantação dos mecanismos.

> **>> IMPORTANTE**
> Uma corrente é tão forte quanto o elo mais fraco. Deve-se ter o mesmo cuidado na política, nos mecanismos e na cultura. Esses conceitos formam a base para que se possa começar a trabalhar a segurança em sistemas computacionais.

>> Agora é a sua vez!

1. Quais são os atributos de segurança?
2. Qual é a relação entre política, mecanismos e cultura de segurança?

» Comprometimento de segurança em sistemas Web

Para realizar uma análise dos possíveis pontos de comprometimento da segurança dos dados em um sistema Web, considere o acesso a um sistema de duas camadas (aplicação/banco de dados) a partir de um usuário remoto. Imagine que esse usuário está enviando dados sensíveis ao sistema, como, por exemplo, um número de cartão de crédito, conforme a Figura 10.1.

Considerando o atributo de segurança confidencialidade, ao digitar o número do cartão de crédito, pode haver o comprometimento da confidencialidade desse dado nas seguintes situações (dentre outras):

• Alguém pode olhar o número digitado pelo usuário, acompanhando sua digitação no teclado.

• Entre o teclado e o computador pode haver um dispositivo de captura USB do tipo *keylogger*, que salva todos os caracteres digitados no teclado e os envia ao atacante.

• No computador do cliente, pode haver um software malicioso (vírus, verme, cavalo de troia, etc.) que captura os dados e os envia por meio da rede para um atacante.

• Entre o cliente e o servidor Web pode haver um atacante interceptando os dados em trânsito.

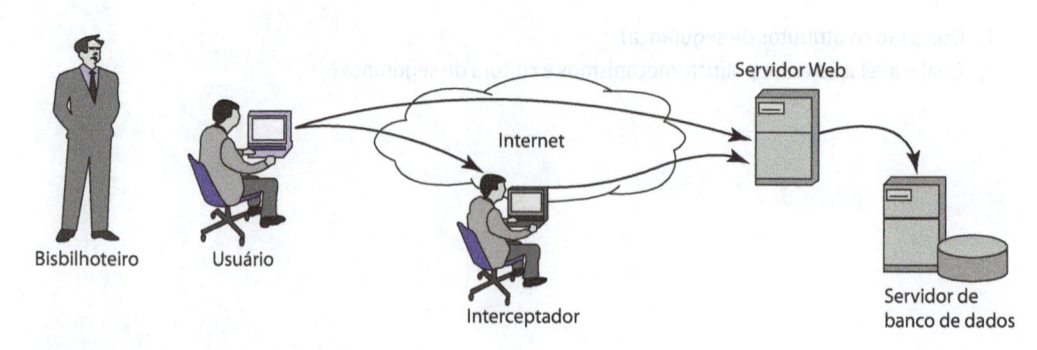

Figura 10.1 Acesso a um sistema Web.
Fonte: dos autores.

- O servidor Web pode apresentar um software malicioso que rouba os dados recebidos, ou pode ter sido invadido e o código do sistema Web alterado.

- O servidor de banco de dados também pode conter um software malicioso ou ter sido invadido.

- A base de dados do servidor de banco de dados pode ter sido copiada por um funcionário malicioso, ou a mídia de backup dos dados pode ter sido roubada.

- A senha do usuário pode ter sido adivinhada por um atacante, que possui agora acesso ao sistema e aos dados.

Como se pode notar, existem diversas formas de captura de uma informação confidencial. Precisa-se identificar qual é a responsabilidade de quem hospeda o sistema e o que pode ser feito em relação à utilização de mecanismos de segurança de dados.

Nos casos do bisbilhoteiro, do *keylogger* e do software malicioso no computador do cliente, há pouco que se possa fazer. É um problema de cultura, e o recurso disponível é repassar informações sobre a necessidade de cuidados de segurança a esse usuário.

Quanto aos dados em trânsito, devem ser utilizados sempre protocolos que realizam a cifragem dos dados sensíveis que trafegam na rede. O protocolo HTTPS é de simples implementação e não existe motivo para que ele não seja utilizado.

Analisando as possibilidades do comprometimento dos servidores Web e de banco de dados, vê-se que esses sistemas podem sofrer ataques de diversos tipos, como *buffer overflow*, negação de serviço, exploração de protocolos, etc. Neste capítulo, não abordaremos todos esses ataques. Por enquanto, basta que você saiba que eles existem e que os servidores devem possuir um processo de manutenção da segurança desde sua instalação (instalação segura, atualizações de segurança em dia e monitoramento constante).

Considere que todos os usuários utilizam senhas adequadas. Assim como a manutenção da estação cliente, esse é um problema de cultura de segurança. Da parte dos desenvolvedores, precisa-se de um mecanismo que detecte uma tentativa de ataque de força bruta (adivinhação de senha por tentativa e erro ou de forma automática utilizando um sistema, seja por script ou manual) e que impeça o atacante de conseguir o acesso. Também é possível forçar o usuário a criar senhas complexas (letras maiúsculas e minúsculas, números, caracteres especiais, etc.), não aceitando senhas fracas no sistema. Adicione sempre esses mecanismos em seus sistemas.

O sistema a ser desenvolvido pode ser tratado como um conjunto de entradas, um código que realiza o processamento dessas entradas e um conjunto de saídas. Sem acesso ao servidor, o atacante não possui meios para alterar o código de processamento e, portanto, tem apenas as entradas de dados no sistema para manipular e realizar o ataque.

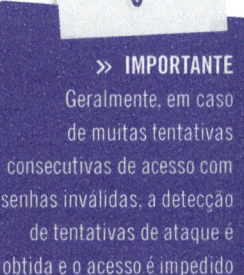

>> **IMPORTANTE**
Geralmente, em caso de muitas tentativas consecutivas de acesso com senhas inválidas, a detecção de tentativas de ataque é obtida e o acesso é impedido por meio do bloqueio da conta do usuário.

A noção básica de segurança que todo desenvolvedor deve ter é a de que *um atacante não utiliza o sistema da forma esperada*. Em sistemas Web em que existe um cliente (navegador) e um servidor Web, o atacante provavelmente alterará de todas as formas possíveis os campos transmitidos via rede. A forma de alteração mais comum é a de extrapolar o tamanho limite de um campo. Imagine um campo de CEP, CPF ou telefone, por exemplo, que geralmente possui tamanhos fixos e definidos. Um atacante pode facilmente inserir em um pacote forjado valores com o número de caracteres acima do esperado pela aplicação.

» PARA REFLETIR

Imagine situações como a inserção de vários megabytes de dados em um campo de telefone, por exemplo. Seu sistema está apto a suportar essa entrada?

Uma boa prática no desenvolvimento de sistemas é a simples validação do número de caracteres de todas as entradas de dados do sistema. Essa simples verificação seria suficiente para corrigir um grande número de problemas de segurança.

Nos sistemas Web, existem três métodos de entrada de dados:

• GET: utilização da URL da página como meio de transmissão dos dados.

• POST: utilização da área de dados da requisição da página como meio de transmissão.

• Cabeçalho HTTP: utilização de um cookie.

> » **IMPORTANTE**
> Sempre faça a validação de todas as entradas do sistema. Inclua os campos ocultos (*hidden fields*) nessas validações, pois eles também são fontes comuns de ataques e podem ser facilmente editados pelo atacante.

Com relação aos métodos de entrada, a primeira análise a ser feita é a verificação de que o sistema não permite que um atacante possa alterar parâmetros da URL comprometendo algum atributo de segurança. Imagine a seguinte URL: http://www.exemplo.com.br/view?userID=1234. Se o atacante alterar o valor do parâmetro userID, terá acesso diferenciado no sistema? Isso representa um ataque à autenticidade? Também é importante verificar se a simples adição de algum parâmetro na URL pode levar o sistema a um estado vulnerável como, por exemplo, a inclusão de algo como "?admin=true" no final da URL.

A descoberta de parâmetros internos de um sistema não é algo complexo para um atacante. Uma simples busca no mecanismo de busca Google por "filetype=inc intext:admin=false" pode revelar o código de diversos sistemas. E esse é um exemplo simples utilizando o método GET. As mesmas observações servem para o método POST e os cookies.

A utilização dos cookies é comum para manter dados de autenticação e controle de sessão, com o armazenamento desses dados no cliente. Mesmo o cliente editando esses dados, os privilégios ou a autenticação do usuário não serão alterados.

Um usuário não deve ser capaz de comprometer qualquer atributo de segurança por meio da manipulação dos dados contidos em um cookie. Da mesma forma que os demais mecanismos de entrada de dados, verifique os tamanhos e o conteúdo de todos os parâmetros existentes no cookie para evitar que o sistema entre em um estado não previsto.

> ## » CURIOSIDADE
>
> O controle de uma sessão de usuário (do momento do login até o logout) pode ser feito através de parâmetros de URL ou cookie. Qualquer que seja sua escolha, os dados mais sensíveis da sessão (nome de usuário, permissões de acesso ou outras informações que identificam o usuário) devem ser armazenados na aplicação, e não do lado do cliente. Além disso, o valor de identificação da sessão (ID) deve ser complexo o suficiente para que um atacante não consiga adivinhar esse valor. Não se baseie em mecanismos como Base36, Base64, etc., pois não são mecanismos de criptografia.

Não entraremos em mais detalhes neste capítulo a respeito de outras formas de entradas de dados como, por exemplo, transferência de arquivos ou tratamentos de XML, Json, etc. Verifique em seu sistema todos os tipos de entradas e faça as devidas validações. Busque a literatura adequada para tratamentos de segurança específicos das entradas de dados do seu sistema. Existem também ferramentas que testam sistemas Web em busca de vulnerabilidades. Pesquise sobre essas ferramentas e faça testes. Lembre-se de sempre realizar testes de segurança em um ambiente adequado, nunca utilizando sistemas em produção.

Dos diferentes tipos de ataques nas entradas de dados do sistema, alguns ganharam notoriedade pela possibilidade do atacante obter acesso direto ao banco de dados e/ou obrigar o sistema a executar códigos maliciosos inseridos pelo atacante. Vamos analisar alguns exemplos de ataques que possuem relação com o sistema proposto neste livro.

» Agora é a sua vez!

1. Como é possível comprometer a confidencialidade de um dado em um sistema Web?
2. Quais as formas de troca de dados entre um navegador e um sistema Web?

Implementação básica de segurança em LAMP

> **DEFINIÇÃO**
> O XSS é a exploração de uma entrada de dados que será apresentada posteriormente no navegador do usuário como, por exemplo, um comentário em um blog.

Vamos analisar a instalação de um servidor LAMP (servidores configurados com Linux, Apache, Mysql e PHP) utilizando o Linux Ubuntu Server versão 12.04.1 LTS. Partimos da instalação padrão, que já possui em sua configuração inicial a preocupação de deixar o sistema com um grau de vulnerabilidade baixo, controlando e desabilitando parâmetros que poderiam levar o sistema a um estado inseguro. Mesmo com esses cuidados, vamos considerar um tipo de ataque que ganhou fama nos últimos anos: o *cross-site scripting*, ou **XSS**.

No XSS, o usuário malicioso, analisando tanto a entrada de dados quanto a saída fornecida pelo sistema, insere no campo adequado os comandos que serão interpretados pelo navegador. Iniciamos nossa análise com um exemplo simples: um sistema composto por um formulário contendo dois campos, usuário e senha, e um código em php em outro arquivo para tratamento dessas informações. Os arquivos são index.html e codigo.php, listados a seguir.

>> EXEMPLO

```
Arquivo index.html
<HTML>
<body>
<form action="codigo.php" method="GET" />
<p>Usuario: <input type="text" name="usuario" /> <br />
<p>Senha: <input type="password" name="senha" /> <br />
<p><input type="submit" /></p>
</form>
</body>
</HTML>

Arquivo codigo.php
<?php
$usuario=$_GET['usuario'];
$senha=$_GET['senha'];
echo "<p> usuario: $usuario</p>";
?>
```

O acesso ao arquivo index.html apresenta um formulário simples com dois campos: nome e senha. Ao entrar com o nome e senha, os dados são transmitidos como parâmetros (estamos utilizando o método GET) para o programa codigo.php, o qual apresenta ao usuário o valor entrado no campo usuario.

A Figura 10.2 apresenta o arquivo index.html sendo acessado pelo navegador. Nessa tela, o nome de usuário "João" é inserido. Após a entrada dos dados e envio, o sistema apresenta a tela da Figura 10.3.

Retorne agora à tela inicial e, em vez de colocar um nome qualquer, insira o seguinte código:

```
<script>alert("problema!")</script>
```

> **» DICA**
> Teste esse programa utilizando, de preferência, os navegadores Firefox ou IE, pois outros, como o Chrome, podem não apresentar os resultados esperados.

Você acaba de realizar um XSS, e a saída será a da tela da Fig. 10.4.

Exibindo o código fonte da página no navegador, temos:

```
<p> usuario: <script>alert("problema!")</script></p>
```

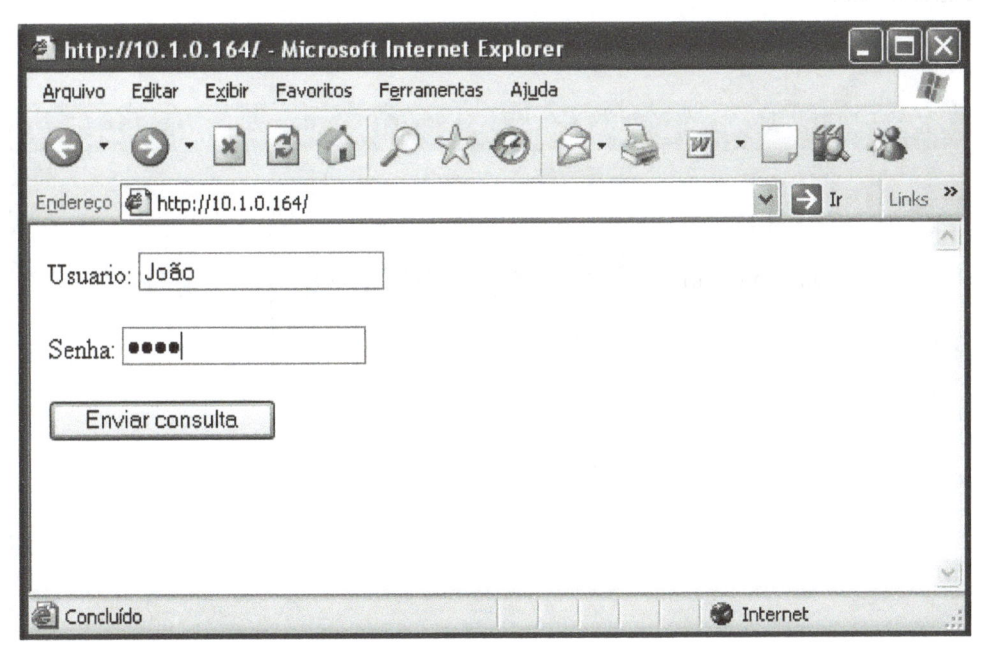

Figura 10.2 Entrada de dados de usuário em um formulário.
Fonte: dos autores.

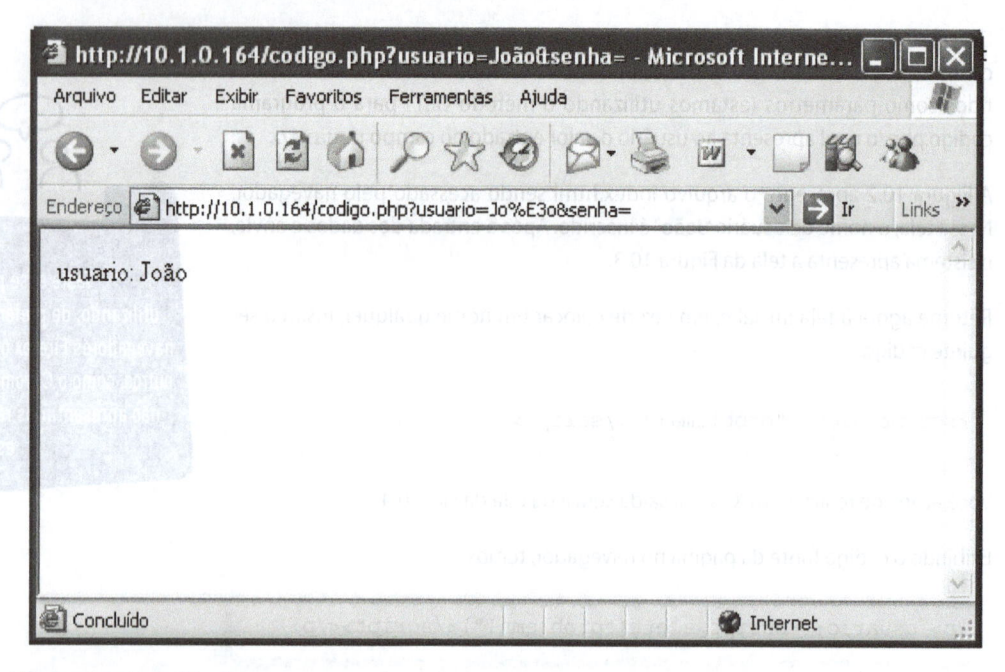

Figura 10.3 Saída do programa codigo.php com entrada simples.
Fonte: dos autores.

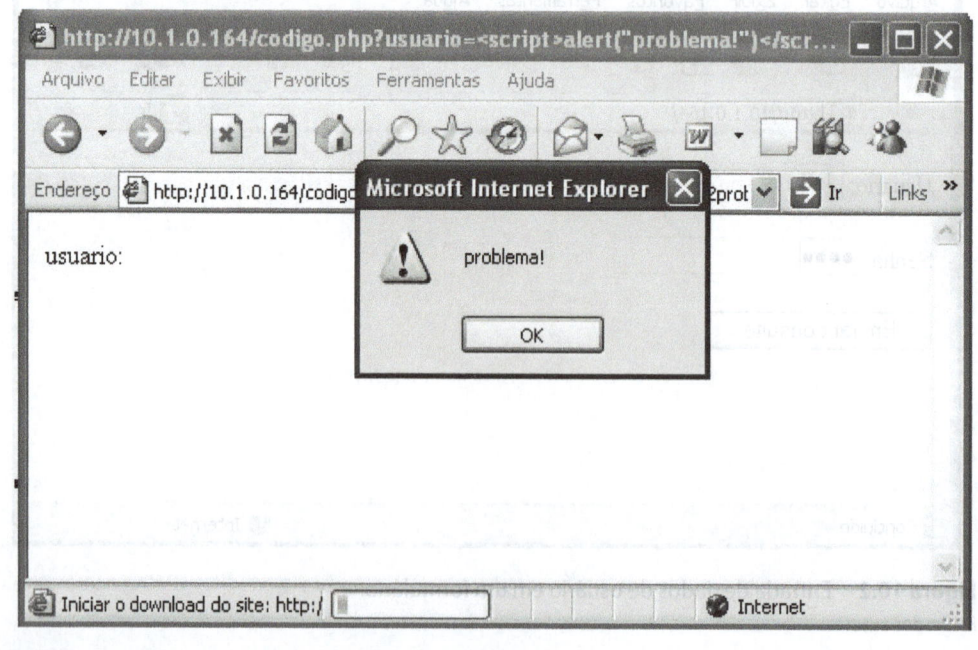

Figura 10.4 Saída do programa codigo.php com XSS.
Fonte: dos autores.

Esse código é exatamente a saída que programamos para nosso sistema, com o código digitado no campo `usuario`. Note que não existe erro na codificação, nem na interpretação pelo navegador. Tudo está de acordo com o que foi especificado. O problema é que o sistema está sendo utilizado de uma forma maliciosa.

Diversos exemplos de scripts, geralmente bem mais nocivos, podem ser obtidos na Internet. Se um script for utilizado como entrada em um comentário de um blog, por exemplo, fará que todos os navegadores que acessarem a página do blog o executem.

Como o script é executado no navegador, o atacante pode obter informações que esse programa possui – como dados de cookies – e enviá-los através da Internet, ou forçar que o usuário seja redirecionado para outra página. O atacante também pode utilizar código HTML, como no exemplo a seguir. Esse código realiza o redirecionamento do navegador. Teste-o no sistema apresentado.

» EXEMPLO

```
<meta http-equiv="refresh" content="0; url=http://www.google.com.br/">
```

Da mesma forma que o XSS, um atacante pode inserir comandos na área de dados que são utilizados para operações com o banco de dados. Esse tipo de ataque é conhecido como SQL Injection.

Vamos configurar um banco de dados simples para testar esse tipo de vulnerabilidade. Veja a seguir um exemplo de criação do banco no Linux Ubuntu Server. Inicialmente você precisa acessar a interface mysql utilizando o usuário "root" e a senha cadastrada no momento da instalação do banco.

» EXEMPLO

```
root@tekne:/var/www# mysql -u root -p
Enter password:
Welcome to the MySQL monitor. Commands end with; or \g.
Your MySQL connection id is 36
Server version: 5.5.24-0ubuntu0.12.04.1 (Ubuntu)

Copyright (c) 2000, 2013, Oracle and/or its affiliates.
All rights reserved.
```

(continua)

>> EXEMPLO *(CONTINUAÇÃO)*

Oracle is a registered trademark of Oracle Corporation and/or its affiliates. Other names may be trademarks of their respective owners.

Type 'help;' or '\h' for help. Type '\c' to clear the current input statement.

```
mysql> create database sistema;
Query OK, 1 row affected (0.01 sec)

mysql> use sistema;
Database changed

mysql> CREATE TABLE usuario
    -> (
    -> UID int,
    -> Nome varchar(255),
    -> Endereco varchar(255)
    -> )
    ->;
Query OK, 0 rows affected (0.04 sec)

mysql> show tables;
+-------------------+
| Tables_in_sistema |
+-------------------+
| usuario           |
+-------------------+
1 row in set (0.00 sec)

mysql> INSERT INTO usuario (nome,endereco) VALUES ("fulano", "rua xis, 1");
mysql> INSERT INTO usuario (nome,endereco) VALUES ("joao", "rua dois, 2");

mysql> select * from usuario;

+------+--------+--------------+
| UID  | Nome   | Endereco     |
+------+--------+--------------+
| NULL | fulano | rua xis, 1   |
| NULL | joao   | rua dois, 2  |
+------+--------+--------------+
2 rows in set (0.00 sec)
```

>> EXEMPLO

```
mysql> CREATE USER 'testeusr'@'localhost' IDENTIFIED BY 's3nh4';
Query OK, 0 rows affected (0.00 sec)

mysql> GRANT ALL ON sistema.* TO 'testeusr'@'localhost';
Query OK, 0 rows affected (0.00 sec)

mysql> quit;
Bye
```

Com esses comandos, o banco de dados "sistema" foi criado e alguns dados foram inseridos. Também foi criado um usuário "testeusr" que pode realizar qualquer tipo de operação nesse banco. A senha de acesso do usuário "testeuser" é "s3nh4".

Vamos agora alterar o arquivo codigo.php para que o sistema realize uma consulta simples no banco de dados. Segue o novo arquivo codigo.php.

>> EXEMPLO

```
<?php
$usuario=$_GET['usuario'];
$senha=$_GET['senha'];
echo "<p> usuario: $usuario</p>";

$link = mysql_connect("localhost", "testeusr", "s3nh4");
mysql_select_db("sistema", $link);

$query = "SELECT * FROM usuario WHERE nome = '".$usuario."'";
$result = mysql_query ($query);

while ($line = mysql_fetch_array($result, MYSQL_ASSOC)){
    foreach ($line as $value){
       echo "$value\n";
    }
}
mysql_free_result($result);
mysql_close($link);
?>
```

Agora, quando o usuário entra com um nome, o sistema realiza a consulta no banco de dados e apresenta as informações cadastradas para aquele usuário. Entrando com o nome "fulano", temos a saída ilustrada pela Figura 10.5.

Vamos agora explorar a possibilidade do envio de comandos para o banco de dados através do sistema. Entre com seguinte nome de usuário:

```
fulano' or nome = 'joao
```

Observe a posição das apóstrofes. Estamos inserindo no comando SQL novos parâmetros que irão formar a *query* a seguir, que trará como resposta a tela da Figura 10.6.

```
SELECT * FROM usuario WHERE nome = 'fulano' or nome = 'joao'
```

Analisando o problema, chegamos à conclusão de que a fonte da ação maliciosa está no seguinte fato: dados que deveriam ser tratados como uma string de dados estão sendo tratados como código pelo navegador e pelo sistema.

Para o sistema ter o controle sobre os dados, existem comandos de adequação das entradas que impedem a inserção de scripts, html e comandos SQL. No PHP, o comando htmlspecialchars é responsável pela adequação dos campos de entrada em strings no sistema e corrige os problemas de inserção.

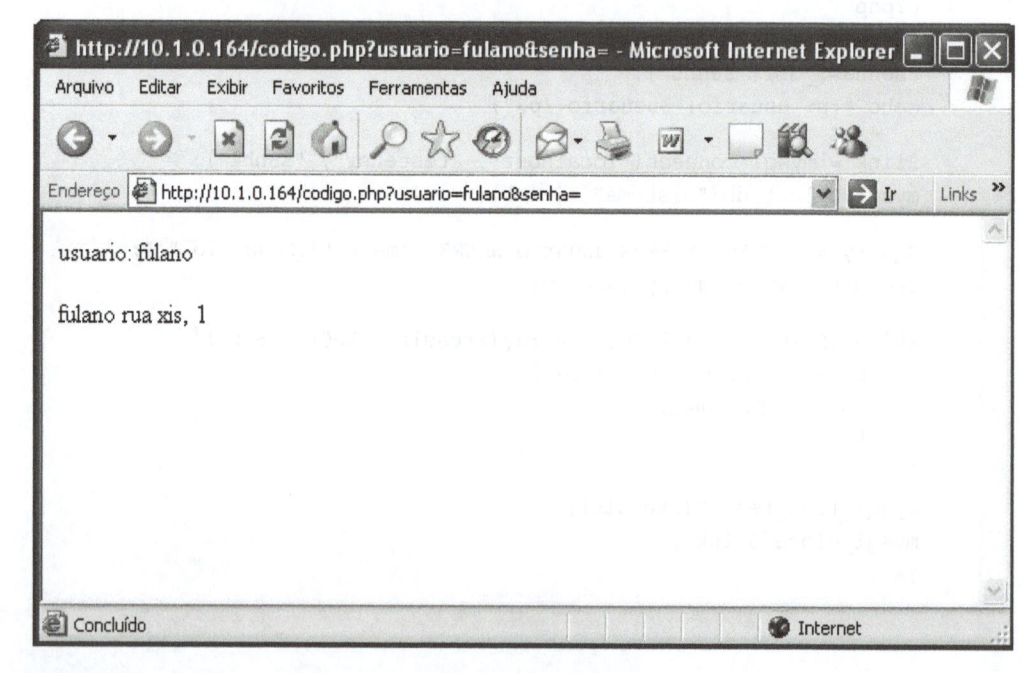

Figura 10.5 Sistema realizando consulta no banco de dados.
Fonte: dos autores.

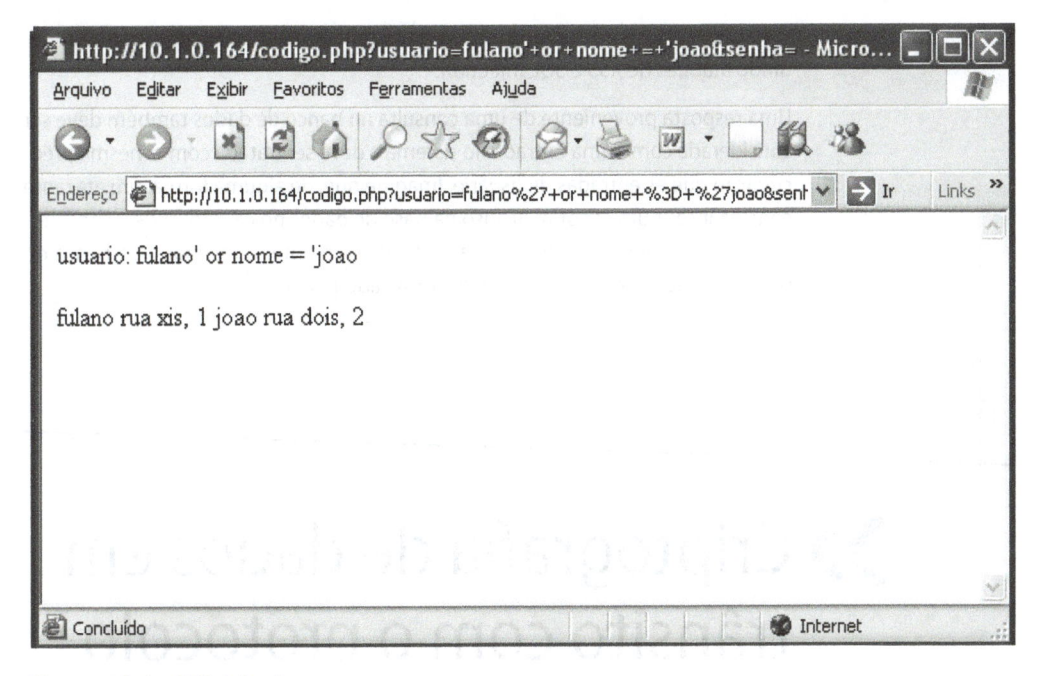

Figura 10.6 SQL Injection.
Fonte: dos autores.

Se alterarmos o código

```
$usuario=$_GET['usuario'];
```

para

```
$usr=$_GET['usuario'];
$usuario = htmlspecialchars($usr, ENT_QUOTES, 'UTF-8');
```

não será mais possível executarmos as inserções de código script, html ou SQL. O que foi digitado no campo usuário será tratado como string tanto pelo sistema quanto pelo navegador.

Analisando o código-fonte da página ao inserir o código

```
<script>alert("problema!")</script>
```

verificaremos que essa entrada fica

```
&lt;script&gt;alert(&quot;problema!&quot;)&lt;/script&gt;
```

Tratando todas as entradas do sistema utilizando esse comando, estamos impedindo ataques de XSS e SQL Injection.

Uma resposta proveniente de uma consulta no banco de dados também deve ser considerada como uma entrada no sistema e deve ser tratada com a mesma preocupação que as entradas de usuário. Imagine que, de alguma forma, um atacante consiga inserir um script malicioso na base de dados no campo `endereço residencial`, por exemplo. O sistema deverá, ao obter o resultado da busca no banco de dados, tratar essa string da forma adequada.

» Criptografia de dados em trânsito com o protocolo HTTPS

Para garantirmos um bom nível de confidencialidade entre navegador e servidor Web, devemos utilizar o protocolo HTTPS (*HyperText Transfer Protocol – Secure*). O protocolo HTTPS utiliza um mecanismo de criptografia mista, criando um canal criptográfico entre navegador e servidor. Para que você possa entender como o canal criptográfico é estabelecido, vamos analisar alguns conceitos básicos sobre criptografia.

A **criptografia** utiliza técnicas para transformar um texto qualquer (denominado texto claro) em um texto inteligível (texto cifrado), garantindo que uma pessoa não autorizada não consiga decifrá-lo.

Para que seja possível cifrar o texto claro, e, posteriormente, para que uma pessoa autorizada possa decifrá-lo, utilizamos um algoritmo de cifragem e outro de decifragem. O **algoritmo de cifragem** deve ser alimentado pelo texto claro e uma chave de cifragem, originando o texto cifrado. Um **algoritmo de decifragem** é alimentado pelo texto cifrado e uma chave de decifragem, gerando novamente o texto claro. A Figura 10.7 apresenta um esquema do processo de criptografia.

Em relação às chaves de cifragem e decifragem, temos duas possibilidades:

Algoritmos criptográficos de chaves simétricas: o algoritmo utiliza a mesma chave para cifrar e decifrar os dados. São algoritmos de grande desempenho (rápidos) e simples implementação. A segurança se baseia na garantia de que um usuário não autorizado não terá acesso à chave. Seu principal problema está na

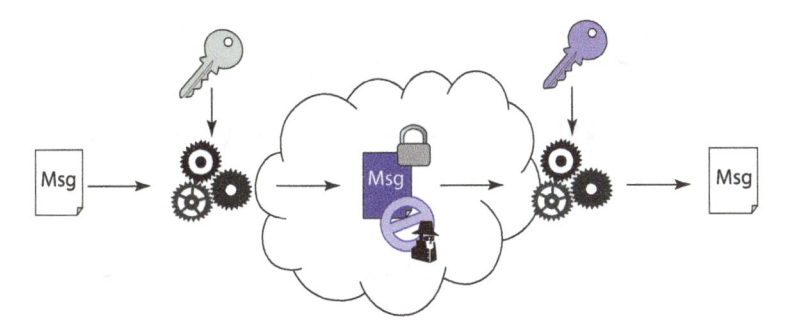

Figura 10.7 Esquema de criptografia.
Fonte: dos autores.

necessidade de troca de chaves segura entre origem e destino (como o envio da chave de um lado para o outro sem que um atacante a capture).

Algoritmos criptográficos de chaves assimétricas: o algoritmo utiliza uma chave para cifrar e outra para decifrar. Quando uma chave cifra os dados, somente a outra chave é capaz de decifrar. Também é denominado **algoritmo de chave pública** (temos uma chave denominada pública e outra chave denominada privada). São mais complexos na implementação e apresentam menor desempenho quando comparados com algoritmos de chave simétrica, porém resolvem o problema de troca de chaves. Se um usuário A quer enviar um texto claro de forma confidencial para um usuário B, irá cifrar esse texto com a chave pública de B. Somente B possui a chave privada capaz de decifrar o texto. Mesmo que o atacante possua a chave pública de B, não conseguirá decifrá-lo.

O protocolo HTTPS utiliza os dois tipos de algoritmos para a criação de um canal cifrado entre navegador e servidor Web. A seguir, está esquematizado um passo a passo dessa concepção.

• Inicialmente, o servidor possui um par de chaves assimétricas (pública e privada).

• Ao iniciar a conexão, o navegador requisita ao servidor que envie sua chave pública.

• Ao receber a chave pública do servidor, o navegador gera uma chave simétrica aleatória e cifra essa chave com a chave pública do servidor, gerando um texto cifrado.

• Neste momento, somente a chave privada do servidor é capaz de decifrar essa informação. O navegador pode então enviar o texto cifrado ao servidor, que irá utilizar sua chave privada na decifragem e na obtenção da chave simétrica gerada pelo navegador.

• A partir daí, tanto o servidor quanto o navegador possuem uma chave simétrica para cifragem e decifragem de mensagens, criando o canal criptográfico.

A Figura 10.8 apresenta a criação do canal HTTPS entre navegador e servidor Web.

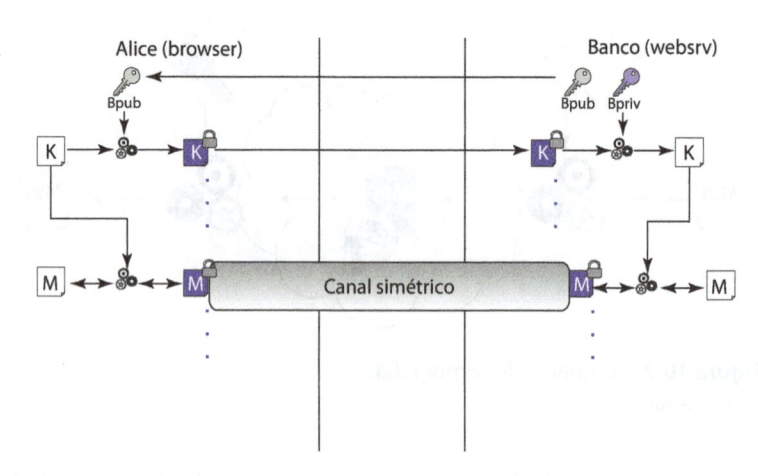

Figura 10.8 Criação de sessão HTTPS.
Fonte: dos autores.

> **» DICA**
> Existem diversos tipos de ataque de falsificação, como ARP Spoof e DNS Spoof.

Analisando a Figura 10.8, notamos que seria possível um atacante falsificar a identidade de um servidor Web criando um par de chaves pública/privada falso. O atacante convence o navegador de que ele é o servidor através de um ataque de falsificação, e o navegador, em vez de trocar dados com o servidor autêntico, requisita ao atacante pela chave pública. O atacante se comporta como se fosse o servidor e cria o canal criptográfico com o navegador.

Após a criação desse canal com o navegador, o atacante institui uma conexão com o servidor real, se fazendo passar pelo navegador. Neste momento, o atacante possui um canal criptográfico com o navegador e outro com o servidor Web autêntico, intermediando a troca de dados entre os dois. Esse ataque é conhecido como **man-in-the-middle** (homem no meio). A Figura 10.9 apresenta seu funcionamento.

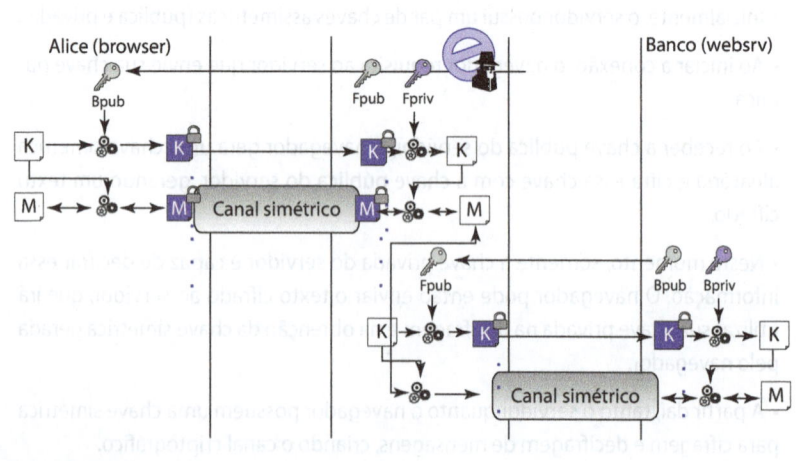

Figura 10.9 Ataque *man-in-the-middle*.
Fonte: dos autores.

A realização do ataque se torna possível, nesse esquema, porque o navegador não consegue identificar um par de chaves falso. Para que seja possível criar uma relação de confiança entre navegador e servidor Web, desenvolveram-se entidades denominadas "**Autoridades Certificadoras**", capazes de gerar certificados que garantem a procedência de uma chave pública. As "Autoridades Certificadoras" (ou CA's, do inglês *Certification Authority*) são conhecidas pelos navegadores e, portanto, são confiáveis.

Sempre que o navegador receber uma chave pública de um servidor que não possui um certificado válido, será apresentada ao usuário uma mensagem alertando para esse fato. O usuário terá a responsabilidade de optar pelo estabelecimento ou não do canal criptográfico.

Em ambientes de desenvolvimento ou de testes, é comum (e adequada) a utilização de certificados não confiáveis. Ao colocar o sistema em produção, recomenda-se a certificação da chave pública através de uma CA.

Existem muitos detalhes de implementação do HTTPS, das CA's, da construção de infraestruturas de chaves públicas (ou PKIs, do inglês *Public-Key Infrastructure*) e dos possíveis ataques ao HTTPS que não foram descritos aqui. Pesquise sobre esses assuntos para compreender melhor como funciona essa estrutura de segurança tão importante na Internet. Aprenda como acionar o módulo HTTPS no servidor Web que irá hospedar o sistema que você está desenvolvendo e force sua utilização sempre que houver troca de informações sensíveis.

Para habilitar o módulo HTTPS no servidor apache2 do Linux Ubuntu Server que estamos utilizando como exemplo, faça as seguintes alterações:

1. No arquivo /etc/apache2/ports.conf, adicione a linha em negrito:

```
NameVirtualHost *:80
Listen 80

<IfModule mod_ssl.c>
    # If you add NameVirtualHost *:443 here, you will also have to change
    # the VirtualHost statement in /etc/apache2/sites-available/default-ssl
    # to <VirtualHost *:443>
    # Server Name Indication for SSL named virtual hosts is currently not
    # supported by MSIE on Windows XP.
    NameVirtualHost *:443
    Listen 443
</IfModule>

<IfModule mod_gnutls.c>
    Listen 443
</IfModule>
```

2. No diretório /etc/apache2/sites-enabled/, crie um link simbólico executando o seguinte código:

```
ln -s /etc/apache2/sites-available/default-ssl /etc/apache2/
sites-enabled/000-default-ssl
```

3. Edite o arquivo /etc/apache2/sites-enabled/000-default-ssl alterando a segunda linha:

```
<IfModule mod_ssl.c>
<VirtualHost *:443>
    ServerAdmin webmaster@localhost
...
```

4. Crie dois links simbólicos para habilitar o módulo no apache:

```
ln -s /etc/apache2/mods-available/ssl.conf /etc/apache2/mods-enabled/ssl.conf
ln -s /etc/apache2/mods-available/ssl.load /etc/apache2/mods-enabled/ssl.load
```

5. Reinicie o apache com o comando:

```
/etc/init.d/apache2 restart
```

Agora basta utilizar no navegador a url iniciando por "https://" em vez de "http://". Lembre-se de que essa é uma configuração básica do módulo apenas para os exercícios propostos neste livro. Busque mais informações sobre a configuração do apache antes de colocar um servidor em produção.

» Agora é a sua vez!

1. Defina XSS e descreva um exemplo.
2. Qual é a diferença entre criptografia simétrica e assimétrica?
3. Quais as vantagens e desvantagens entre os dois tipos de criptografia?
4. Qual é o motivo de se utilizar a criptografia simétrica em conjunto com a assimétrica em uma conexão SSL?
5. Como funciona e como evitar um ataque do tipo *man-in-the-middle*?

Autenticação de usuários

Toda a segurança em sistemas Web se baseia no controle de acesso a dados e sistemas. Segurança computacional, como vimos, é o emprego de mecanismos para controle e restrição de acessos.

A única forma de saber quem pode acessar um recurso é por meio da utilização de mecanismos de identificação dos usuários e sistemas. Esses mecanismos de autenticação devem ser seguros a ponto de impedir a falsificação de identidade por parte de um usuário malicioso.

Em sistemas Web, o método de autenticação mais comum e simples de implementar é a utilização de um nome de usuário e de uma senha de acesso. Esses dados devem ser informados pelo usuário para que o sistema possa receber suas solicitações e responder adequadamente de acordo com os respectivos privilégios.

Considerando que essas informações são repassadas da aplicação cliente (navegador) para o sistema hospedado no servidor Web, devemos levar em conta as possíveis vulnerabilidades apresentadas na Figura 10.1. Os cuidados com segurança que qualquer desenvolvedor deve possuir iniciam na utilização de mecanismos de proteção da senha do usuário no trânsito entre navegador e servidor. O mecanismo mais adequado para essa transmissão é o protocolo HTTPS apresentado anteriormente.

Com a adoção do HTTPS, a preocupação recai sobre o recebimento da senha do usuário pelo sistema. O ideal é que o sistema Web não receba a senha do usuário diretamente em texto claro, já que a senha pode ser revelada com a eventual alteração do sistema por um atacante ou um administrador malicioso. Da mesma forma, a senha do usuário não deve ser armazenada no banco de dados em texto claro. O administrador do banco (ou alguém que consiga obter acesso a ele) não pode ter conhecimento dessa informação.

O exemplo que iremos utilizar se baseia no esquema apresentado na Figura 10.10.

Considerando a Figura 10.10, vamos analisar como é feito o cadastro de um novo usuário no sistema. O usuário informa seu nome de acesso e senha em um formulário. Antes do envio desses dados para o sistema Web, deve-se calcular o HASH (resumo matemático) da senha.

O sistema recebe, então, o nome de usuário e o resultado da operação de HASH da senha. Não é possível ao sistema identificar que senha (em texto claro) foi digitada pelo usuário.

Podemos considerar que, neste momento, já seria possível armazenar o nome de usuário e HASH da senha diretamente no banco de dados. Um usuário com acesso

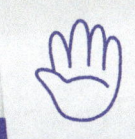

> **» ATENÇÃO**
> Algoritmos de HASH são utilizados para geração de um resumo matemático de tamanho fixo de um conjunto de bytes (texto origem) de qualquer tamanho. O HASH gerado possui tamanho fixo, e a alteração de um bit no texto origem acarreta em uma alteração significativa do HASH. A partir do valor do HASH, não deve ser possível identificar o texto origem. O mesmo texto origem gera sempre o mesmo valor de HASH.

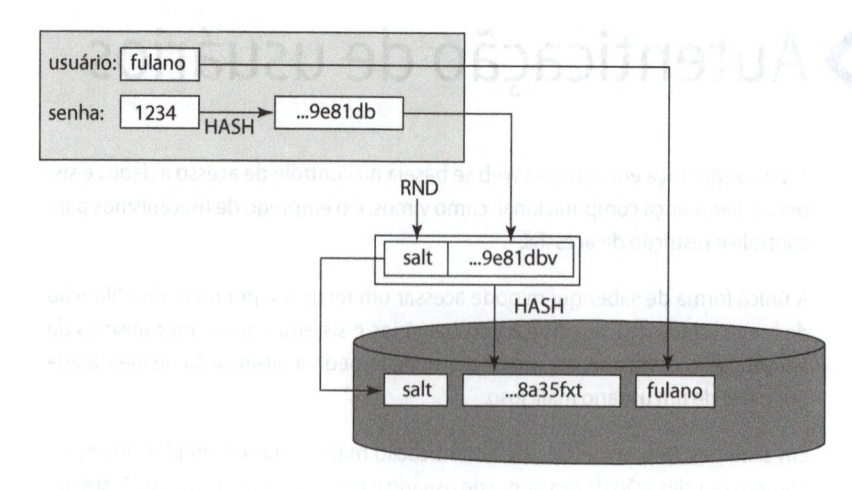

```
usuário: fulano
senha:   1234  --HASH--> ...9e81db
                              |
                            RND
                              ↓
                         salt  ...9e81dbv
                              |
                            HASH
                              ↓
                    [ salt  ...8a35fxt  fulano ]
```

Figura 10.10 Esquema de autenticação (cadastro de usuário).
Fonte: dos autores.

ao banco de dados não possuiria os valores das senhas em texto claro. Esse seria um mecanismo de autenticação relativamente adequado, porém vamos considerar algumas possibilidades:

1. Mais de um usuário utilizando a mesma senha. Seria simples para alguém com acesso ao banco de dados identificar essa situação (dois usuários com os mesmos valores de HASH na senha).
2. Um atacante calculando o HASH de cada palavra de um dicionário de senhas (arquivo texto contendo as senhas mais comuns – e consequentemente denominadas "fracas") e verificando se existe alguma dessas senhas na base de dados.

Para aumentar o nível de segurança, utiliza-se uma forma de incrementar a complexidade da descoberta de senhas por meio da utilização do SALT que funciona da seguinte forma: o sistema calcula um valor aleatório denominado SALT e concatena esse valor com o HASH da senha enviado pelo usuário. O sistema calcula o HASH desta concatenação SALT+HASH_SENHA e armazena o valor resultante na base de dados. Além desse valor, o SALT também deve ser armazenado na base.

Assim, um atacante com um dicionário de senhas terá muito mais trabalho para verificar a existência de uma senha fraca. Ele terá que fazer o processo de cálculos de HASH com o SALT de cada usuário para cada palavra de seu dicionário (existe um acréscimo de complexidade e tempo).

Sempre que o sistema deseja verificar a autenticidade de um usuário, será realizado o seguinte processo:

1. O usuário envia o nome de usuário e HASH da senha para o sistema, da mesma forma que no cadastro.

> **» IMPORTANTE**
> Com a utilização do SALT, dois usuários que possuem a mesma senha terão valores diferentes armazenados na base de dados, pois possuem SALT diferentes.

2. O sistema localiza o usuário na base de dados, pelo nome de usuário.
3. O sistema busca na base de dados o valor do SALT cadastrado para aquele usuário.
4. O sistema concatena SALT + HASH da senha enviado e calcula o HASH desta concatenação.
5. O sistema compara o resultado do cálculo com o valor armazenado na base de dados.
6. Se o valor for o mesmo, significa que o usuário digitou a senha correta.

>> CURIOSIDADE

Se você utiliza um sistema que possui alguma forma de recuperação de senha (opção "esqueci minha senha") por meio de uma mensagem/e-mail, saiba que sua senha está armazenada em um banco de dados em texto claro e que o administrador do sistema possui acesso a ela. Em sistemas preocupados com a segurança, sua senha não pode ser recuperada e, caso você esqueça a senha, o administrador deverá criar uma nova, temporária, a ser trocada no próximo acesso.

Existem diversos esquemas de autenticação diferentes desse. Cada método possui mecanismos e níveis de segurança diferentes. Esse exemplo possui um nível de segurança adequado para aplicações simples (existe preocupação com os requisitos básicos, porém apresenta algumas vulnerabilidades que serão apresentadas no texto).

>> APLICAÇÃO

Vamos identificar uma forma de implementar esse esquema de autenticação.

Inicialmente, apague a tabela antiga (`drop table`) e crie uma nova tabela `usuario` no banco de dados "sistema". Digite na interface do mysql:

```
use sistema;
drop table usuario;
create table usuario (
id INT NOT NULL AUTO_INCREMENT PRIMARY KEY,
user VARCHAR(20) NOT NULL,
pass VARCHAR(256) NOT NULL,
salt VARCHAR(256) NOT NULL )
ENGINE = InnoDB;
```

(continua)

» APLICAÇÃO *(CONTINUAÇÃO)*

Para o cadastro de um novo usuário, utilizamos um formulário no arquivo form_cadastro.php:

```
<!-- utilizamos uma biblioteca externa para calculo do hash sha512 -->
<!--http://crypto-js.googlecode.com/svn/tags/3.1.2/build/rollups/sha512.js
-->
<!-- foi feito o download da função e salvo no arquivo sha512.js -->

<script src="sha512.js"></script>
<script type="text/javascript" src="hash.js"></script>

<script>
if (window.location.protocol != "https:")
    window.location.href = "https:" + window.location.href.
substring(window.location.protocol.length);
</script>

<?php
if(isset($_GET['error'])) {
    echo 'Error Logging In!';
}
?>

<form action="cadastra_usr.php" method="get" name="login_form">
    Usuário: <input type="text" name="usuario" /><br />
    Senha: <input type="password" name="senha" id="password"/><br />
    <input type="button" value="Login" onclick="calc_hash(this.form, this.
form.senha);" />
</form>
```

Note que, inicialmente, são adicionados dois arquivos contendo scripts. O arquivo sha512.js contém uma função com código necessário para calcular o HASH (algoritmo SHA512) de uma string.

O arquivo hash.js possui o código em JavaScript para realização do processo de cálculo de HASH da senha e envio dos dados para a aplicação (veremos o código em seguida).

Logo após, existe um script que força a utilização do protocolo HTTPS pelo navegador, redirecionando a página acessada e, por fim, o código que monta o formulário com nome de usuário e senha.

» APLICAÇÃO

Ao clicar no botão de envio, o navegador realiza a função `calc_hash` do código existente no arquivo hash.js:

```
function calc_hash(form, password) {
  // precisamos criar um novo campo input no form que será o hash da senha
  var p_hash = document.createElement("input");
  form.appendChild(p_hash);
  p_hash.name = "p_hash";
  // utilizamos a opção hidden para incrementar um pouco mais a segurança
  // não confie nisso como sendo realmente oculto ao atacante experiente
  p_hash.type = "hidden";
  // aqui utilizamos a biblioteca externa do google codes
  p_hash.value = CryptoJS.SHA512(password.value);

  // para não enviar a senha
  password.value = "";
  // envia os dados
  form.submit();
}
```

> » NO SITE
> Para acesso ao arquivo sha512.js, visite o ambiente virtual de aprendizagem Tekne: www.bookman.com.br/tekne.

Esse script criará um novo campo no formulário denominado p_hash (*password hash*). Esse campo será do tipo oculto (*hidden*) e terá como valor o HASH da senha utilizando o algoritmo SHA-512. Após o cálculo do HASH, o campo password é alterado, ficando com uma string vazia. Isso é feito para que, ao enviar o formulário para o sistema, a senha não seja transmitida em texto claro.

No final do script, o formulário é enviado para o sistema (código cadastra_usr.php). O arquivo cadastra_usr.php contém:

```
<?php
$link = mysql_connect ("localhost", "testeusr", "s3nh4");

# seleciona o banco de dados teste
mysql_select_db("sistema", $link);

$usr=$_GET['usuario'];
$sen=$_GET['p_hash'];
```

(continua)

» APLICAÇÃO *(CONTINUAÇÃO)*

```
$usuario = htmlspecialchars($usr, ENT_QUOTES, 'UTF-8');
$senha = htmlspecialchars($sen, ENT_QUOTES, 'UTF-8');

$query = "SELECT * FROM usuario WHERE 'user' = '$usuario'";
$result = mysql_query($query);

$result_num = mysql_num_rows($result);

if (mysql_num_rows($result) >= 1){
    echo "usuário já cadastrado";
}
else {
    $salt = hash('sha512', uniqid(mt_rand(1, mt_getrandmax()), true));
    $senha_bd = hash('sha512', $senha.$salt);
    $query = "INSERT INTO usuario (user,pass,salt) VALUES
('$usuario','$senha_bd','$salt')";
    $result = mysql_query($query);
    echo "cadastro realizado";
}
?>
```

Inicialmente, é realizada a conexão com o banco de dados, e são obtidos os valores de nome de usuário e HASH da senha digitada. Para que não ocorra um ataque de *injection*, os valores são convertidos. É realizada uma consulta na base de dados para identificar se o nome de usuário já está cadastrado.

Caso não exista o nome de usuário cadastrado na base, é feita a geração de um número aleatório. Para que esse número aleatório possua sempre o mesmo tamanho de caracteres para todos os usuários, calcula-se o HASH desde valor, obtendo-se o SALT.

É calculado, então, o HASH do HASH da senha enviada concatenada ao SALT. Esse valor é armazenado na base de dados junto com o nome de usuário e SALT gerado.

Para realizar a **autenticação do usuário**, um esquema similar deve ser utilizado. Inicialmente, o mecanismo de autenticação deve coletar o nome de usuário e senha de acesso. Para essa etapa, também é preciso utilizar um formulário que será preenchido pelo usuário. Da mesma forma que no processo de cadastro, é preciso:

1. Forçar a conexão a utilizar o protocolo HTTPS (o servidor Web deve possuir o módulo HTTPS habilitado).
2. Enviar o cálculo de resumo (HASH) da senha do usuário em vez de enviar a senha em texto claro para o servidor.
3. Verificar se a senha do usuário está correta, de acordo com os valores armazenados no banco de dados.

APLICAÇÃO

O arquivo login.php possui o formulário para envio de usuário/senha:

```
<!-- utilizamos uma biblioteca externa para calculo do hash sha512 -->
<script src="sha512.js"></script>
<script type="text/javascript" src="hash.js"></script>

<!-- força a utilização do HTTPS -->
<script>
if (window.location.protocol != "https:")
    window.location.href = "https:" + window.location .href.substring
(window.location.protocol.length);
</script>

<?php
if(isset($_GET['error'])) {
    echo 'Error Logging In!';
}
?>

<form action="verifica_login.php" method="get" name="login_form">
    Usuário: <input type="text" name="usuario" /><br />
    Senha: <input type="password" name="senha" id="password"/><br />
    <input type="button" value="Login" onclick="calc_hash(this.form, this.form.senha);" />
</form>
```

Após o cálculo do HASH da senha realizado pelo código em hash.js, os dados são enviados ao código verifica_login.php:

```
<?php
$link = mysql_connect ("localhost", "testeusr", "s3nh4");

# seleciona o banco de dados teste
mysql_select_db("sistema", $link);

$usr=$_GET['usuario'];
$sen=$_GET['p_hash'];

$usuario = htmlspecialchars($usr, ENT_QUOTES, 'UTF-8');
$senha = htmlspecialchars($sen, ENT_QUOTES, 'UTF-8');

$query = "SELECT pass,salt FROM usuario WHERE 'user' = '$usuario'";
$result = mysql_query($query);
```

(continua)

>> APLICAÇÃO *(CONTINUAÇÃO)*

```
$result_num = mysql_num_rows($result);

if (mysql_num_rows($result) == 1){

while ($banco = mysql_fetch_array($result)){
    $password = hash('sha512', $senha.$banco['salt']);
    if ($banco['pass']==$password){
      echo "<p> senha válida !";
    }
    else {
      echo "<p>senha inválida !!!!";
    }
}
}
else {
    echo "usuário não cadastrado!";
}
?>
```

Nesse código, é realizada a conexão com o banco de dados, e os valores de nome de usuário e HASH da senha são obtidos e convertidos para evitar *injection*.

Logo após, é feita a consulta na base de dados em busca do nome de usuário informado. Ao encontrá-lo, utiliza-se o valor do SALT cadastrado para concatenar-se com o HASH da senha informado e calcular-se o novo HASH dessa concatenação. O resultado da operação é, então, comparado com o valor armazenado na base de dados e, caso seja igual, é sinal de que o usuário digitou a senha correta.

Utilizando esse mecanismo, é possível alcançar os seguintes objetivos atingidos em relação à segurança:

• A senha em texto claro só existe no navegador do usuário e não é transmitida na rede.

• A transmissão do nome de usuário e HASH da senha é realizada com a utilização de criptografia (https).

• O código do sistema não possui acesso à senha.

• A senha não está em texto claro na base de dados.

O exemplo apresentado possui, porém, algumas vulnerabilidades:

• Possibilidade de ataque *man-in-the-middle*, se não forem utilizados certificados assinados por CA.

>> **DICA**
A geração do HASH do número aleatório para usuário não cadastrado não adiciona segurança ao processo, sendo apenas uma forma de manter uma estrutura homogênea na base de dados.

- Para o sistema, o HASH da senha é a senha, ou seja, se o atacante obtiver o valor do HASH da senha, poderá autenticar-se, mesmo sem conhecer a senha em texto claro.

- A utilização de SALT apenas retarda um ataque de dicionário.

- Não existe proteção contra senhas fracas.

- Não existe proteção contra força bruta.

Conclui-se, então, que o exemplo apresentado deve ser utilizado como um ponto de partida ao desenvolvedor, servindo como referência inicial e fonte de testes de segurança do processo de autenticação. A adoção desse mecanismo, ou a escolha de protocolos de autenticação mais complexos e seguros, depende principalmente do nível de segurança necessário para o sistema.

» Agora é a sua vez!

1. Como funciona e qual o objetivo do algoritmo de HASH?
2. O que motiva a utilização do SALT?
3. Como um sistema deve armazenar a senha de um usuário em um banco de dados?
4. Como é possível validar uma senha informada pelo usuário?
5. Como funciona um ataque de força bruta?

» Armazenando dados cifrados no banco de dados

De nada adianta termos um mecanismo de autenticação que protege as senhas de usuários no banco de dados se os dados em si estão desprotegidos. Um atacante que obtém acesso ao banco não está apenas em busca de senhas.

Os SGBDs (Sistemas Gerenciadores de Banco de Dados) atuais contam com comandos de criptografia de dados diretamente na base. O mysql, por exemplo, conta com a possibilidade de criptografia de campos em uma tabela utilizando o algoritmo AES (*Advanced Encryption Standard*). O AES é um algoritmo de chave simétrica, robusto e que não possui, até o momento, vulnerabilidade conhecida.

Para cifrar um campo, basta realizar sua inserção utilizando o comando `AES_ENCRYPT` ("valor", "chave"), onde "valor" é o valor do campo a ser armazenado, e a "chave" é o segredo a ser utilizado para cifragem do valor. Para exemplificar, vamos adicionar um campo denominado "cpf" na tabela `usuario`. Esse campo deverá ser armazenado de forma confidencial na base (deve ser cifrado). Para adicionar o campo, no console do mysql, digite os comados a seguir.

» EXEMPLO

```
ALTER TABLE usuario ADD cpf varbinary(128) DEFAULT NULL;
```

Note que esse campo é do tipo `varbinary`, pois o valor a ser armazenado será composto por um valor binário, resultado da operação de cifragem (e não caracteres alfanuméricos da tabela ASCII). O tamanho também é importante. Deve-se criar um campo com pelo menos 128 bytes para armazenar o resultado da operação.

Vamos analisar agora o comando SQL que insere o valor "123" cifrado pela chave "abc" no campo abaixo.

» EXEMPLO

```
INSERT INTO usuario (user,cpf) VALUES ("teste", AES_ENCRYPT("123","abc"));
```

Esse comando criará um novo registro com os campos `user=teste` e `cpf=valor 123 cifrado`. Para verificar como o cpf foi armazenado, basta executar, no console do mysql, o comando demonstrado a seguir.

» EXEMPLO

```
select user,cpf from usuario where user = "teste";
+-------+------------------+
| user  | cpf              |
+-------+------------------+
| teste |        ' jS  j$ 1 |
+-------+------------------+
1 row in set (0.00 sec)
```

O valor do cpf só será acessível se for utilizado o comando de decifragem AES_DECRYPT, com o emprego da mesma chave de cifragem, conforme a seguir.

» EXEMPLO

```
select user,AES_DECRYPT(cpf,"abc") AS cpf_dec from usuario where user = "teste";
+-------+---------+
| user  | cpf_dec |
+-------+---------+
| teste | 123     |
+-------+---------+
1 row in set (0.00 sec)
```

Nesse exemplo, criamos um novo campo, cpf_dec, para apresentação do valor decifrado do campo cpf. A inserção desses comandos SQL no código php, ou em outra linguagem, é idêntica a dos demais exemplos deste livro.

Como todo algoritmo de chave simétrica, o AES possui sua segurança vinculada à proteção do acesso à chave e à complexidade da chave. Certamente, você não utilizará algo simples como "abc".

> » **DICA**
> Ao lidar com um sistema Web, deve-se considerar que o acesso ao código fonte revela a chave. É preciso certificar-se de que a chave nunca esteja em um arquivo acessível pelo atacante.

» Agora é a sua vez!

1. Que tipos de campos devem ser cifrados? Cite alguns exemplos.
2. Que cuidados devemos ter com a senha utilizada para cifrar e decifrar dados do banco de dados? Cite exemplos.

❯❯ Registros de atividades e problemas

Como último elemento básico de segurança de um sistema, é necessário considerar o monitoramento, para que haja gerência sobre o que acontece no sistema. A forma mais elementar de monitorar um sistema é pela geração de **registros de atividades** em um sistema de registros (*log*). Você deve estar preparado para responder a perguntas como:

- Quem estava utilizando o sistema ontem, às 22h?

- Quem utilizou o sistema para acessar a base de clientes no último mês?

Em ambientes linux, o **syslog** é o processo responsável pela gerência de *logs*, e qualquer sistema pode utilizar o syslog para gerar seus próprios registros. No php, o comando syslog faz esse registro de forma simples e eficiente.

Para registrar um acesso ao sistema por um usuário, por exemplo, podemos alterar o código verifica_login.php para registrar o sucesso ou fracasso de uma autenticação, adicionando no código as seguintes informações.

❯❯ EXEMPLO

```
...
    if ($banco['pass']==$password){
       echo "<p> senha válida !";
       syslog(LOG_INFO, "usuário:".$usuario." acessou o sistema com sucesso!");
    }
    else {
       echo "<p>senha inválida !!!!";
       syslog(LOG_WARNING, "sennha inválida do usuário:".$usuario."!");
    }
...
```

O comando syslog no php possui dois parâmetros. O primeiro indica a prioridade do registro que está sendo realizado (utilizamos o INFO e o WARNING no exemplo), e o segundo possui a mensagem a ser registrada. As possíveis prioridades são:

- LOG_EMERG: registro de defeito no sistema, que impede sua utilização.

- `LOG_ALERT`: registro de necessidade de intervenção imediata.
- `LOG_CRIT`: registro de condição crítica.
- `LOG_ERR`: registro de erro no sistema.
- `LOG_WARNING`: registro de alerta.
- `LOG_NOTICE`: registro de notificação.
- `LOG_INFO`: registro de informação.
- `LOG_DEBUG`: mensagem de verificação.

> **» IMPORTANTE**
> No Linux, os registros serão armazenados no arquivo /var/log/sysog.

O sistema de registros pode ser empregado para acompanhar, identificar erros e realizar auditorias nos sistemas. Como vimos no início deste capítulo, é necessário que, na fase de análise de requisitos, sejam identificados os pontos (ações e dados) sensíveis do sistema. Qualquer ação que ocorra nesses pontos deverá ser registrada.

É muito importante que, antes do desenvolvimento de um sistema, os requisitos de segurança sejam identificados e as regras de uso sejam especificadas. O desenvolvedor deve preocupar-se com os mecanismos a serem adotados para que as necessidades de segurança sejam garantidas.

Neste capítulo, vimos uma introdução sobre os conceitos básicos de segurança da informação, os problemas mais comuns em sistemas Web e como contorná-los, além de algumas dicas e técnicas capazes de tornar os sistemas Web mais seguros. O desenvolvedor deve se preocupar com os mecanismos a serem adotados para que as necessidades de segurança sejam garantidas. O objetivo é servir como uma referência inicial, pois cada aplicação exige uma pesquisa de técnicas específicas para o sucesso da aplicação.

» Agora é a sua vez!

1. Que tipos de ações devem ser registradas?
2. Como são registrados eventos em um sistema Web em PHP?

> **LEITURAS RECOMENDADAS**
>
> HOPE, P.; WALTHER, B. *Web security testing cookbook*: systematic techniques to find problems fast. Sebastopol: O'Reilly, 2008.
>
> SHIFLETT, C. *Essential PHP security*: a guide to building secure web applications. Sebastopol: O'Reilly, 2005.